Verlag Ulmer Manuskripte

Wissenschaft, Wirtschaft und Kultur
im Zeichen des Ulmer Münsters

Lesefährten

Mit viel Liebe
für
Nicole, Jörg und Valentina

Barbara Jung
S. 104 ff.

Ffm, 24/06/02

CIP-Titelaufnahme der Deutschen Bibliothek

Die Stunde des Vaters und andere Kriminalgeschichten. - Albeck: Verl. Ulmer Manuskripte, 2002
(Lesefährten)
ISBN 3-934869-01-7

http://www.ulmer-manuskripte.de

Titelbild mit freundlicher Genehmigung Pictor International Ltd.
Satz: Verlag Ulmer Manuskripte
Druck: DIP Digital Print, Witten
Printed in Germany
ISBN 3-934869-01-7

Die Stunde des Vaters

und andere Kriminalgeschichten

Lesefährten

Verlag Ulmer Manuskripte
Albeck bei Ulm 2002

Inhalt

Die Stunde des Vaters

Hans van Ooyen

Die Beine übereinandergeschlagen, saß er unter dem Sonnensegel des Straßencafés und sah zu den Passanten auf dem Bürgersteig, nahm sie aber nicht wahr.

Fünf Jahre waren vergangen, seit er zum letzten Mal ihre Hand gehalten hatte. Klein und kühl war sie gewesen, und er berührte sie wie jemand, der nicht glauben kann, was er sieht. Ihre Hand aber blieb kühl und leblos, und er stand da neben dem toten Mädchen, das seine Tochter gewesen war, sah ihr verbranntes Gesicht und das versengte Haar und sagte ihren Namen, den Namen nur und immer wieder ihren Namen.

Die Leiche wurde nach Ankara überführt. Mit den Männern seiner Familie, mit den Freunden und den Nachbarn holte er sie auf dem Flughafen ab. Der Sarg war kleiner, als er ihn sich vorgestellt hatte, und er breitete die Fahne darüber aus, bevor die Männer ihn in den Wagen der Ambulanz hoben. Zwei Polizeifahrzeuge setzten sich vor den Krankenwagen, und er folgte mit den Männern seines Dorfes im Bus. Die Fahrzeuge der Journalisten schlossen sich dem Konvoi an, und so fuhren sie viele Stunden lang durch das verschneite Hochland zur Küste.

Sie brachten das tote Mädchen zurück ins Dorf, und die Frauen schrien und weinten, als der Sarg ins Haus getragen wurde, und sie weinten und schrien die ganze Nacht hindurch. Am nächsten Morgen trugen die Männer den Sarg durch die Straßen zum Friedhof, und Tausende schlossen sich ihnen an, aber nun weinte und schrie niemand mehr. Als er den Körper seiner Tochter aus dem Sarg hob und in das Grab hinabsenkte, war es, als hielte die Menge den Atem an.

Als er nach Hause gekommen war, hatte er sich geschworen, nie wieder in die Stadt zurückzukehren, in der man seine Tochter verbrannt hatte. Dann aber, nur wenige Wochen nach dem Begräbnis, reiste er doch nach Deutschland zurück, allein diesmal. Seine Frau und die drei Kinder ließ er bei seinen Eltern.

In einem anderen Teil der Stadt gab man ihm eine neue Wohnung. Zuerst arbeitete er weiter in der Schule und fuhr fort, den Kindern der Türken ihre Sprache beizubringen, wie er es all die Jahre zuvor getan hatte. Aber ein Jahr nach seiner Rückkehr gab er die Stelle plötzlich auf und eröffnete in der Nähe seiner Wohnung ein Lebensmittelgeschäft.

Keiner seiner Freunde verstand diesen Entschluß, denn sie wußten, wie gern er Lehrer gewesen war und wie sehr er darunter gelitten hatte, daß die Kinder in der Fremde ihre Sprache kaum noch beherrschten. Er schwieg aber beharrlich auf alle ihre Fragen, und nach einigen Monaten fragte ihn niemand mehr nach seinen Gründen, schon deshalb nicht, weil sich der Laden gut machte und ihm bescheidenen Wohlstand eintrug. In diesen Jahren gönnte er sich keinen freien Tag. Er besuchte die Eltern, die Frau und die Kinder in Ankara nicht, obwohl sie ihm häufig schrieben, wie sehr sie sich alle nach ihm sehnten. Er antwortete nur jedesmal, sie müßten die Zeit abwarten, der Tag werde kommen, an dem er wieder bei ihnen sein werde, und dann sollte es nichts mehr geben, was sie trennen könnte.

Der Tag, auf den er fünf Jahre gewartet hatte, kam wirklich, und damit veränderte sich alles.

Es war gegen elf.

Er war gerade damit beschäftigt, das Obst vor dem Laden neu zu ordnen und einige leere Kisten wegzuräumen, als eine der Verkäuferinnen ihm sagte, er werde am Telefon verlangt.

Er nahm die leeren Kisten mit hinein und stellte sie im Gang ab, der zu seinem kleinen Büro führte.

„Ja", sagte er in die Sprechmuschel.

„Mehmet?" fragte eine Männerstimme auf der anderen Seite.

Er erkannte sie sofort.

„Sei mir gegrüßt, Bahattin", sagte er. „Wie geht es dir? Ich habe lange nicht von dir gehört."

„Es geht mir gut", antwortete der andere. „Ich werde bald nach Hause fahren. Ich habe meinen Vater lange nicht gesehen, und ich freue mich sehr darauf. Und du? Was macht dein Laden?"

„Ich habe etwas Ärger mit dem Amt wegen der Wagen, die vor dem Haus parken", antwortete Mehmet. „Sie wollen, daß ich einen Parkplatz anlege, aber da ist gar kein Platz auf dem Grundstück, und es ist nicht meine Schuld, daß die Kunden auf dem Bürgersteig parken. Aber das ist wohl nur der übliche Ärger, wenn man ein Geschäft hat."

„Wie geht es deinem Vater?"

„Er ist alt, und er hat die Gebrechen der alten Leute."

Sie schwiegen.

„Du weißt doch von Ömer", sagte Bahattin dann. „Der Bruder von Yussuf."

„Ich kenne ihn", sagte Mehmet. „Ist er noch im Gefängnis?"

„Ja. Deshalb rufe ich an."

Wieder schwiegen sie.

„Du weißt, er sitzt im selben Gefängnis wie der Mann, der deine Demet auf dem Gewissen hat", sagte Bahattin.

„Nun sprich schon, was gibt es?"

„Er wird morgen entlassen."

„Bist du sicher?" Mehmet konnte die Aufregung nicht verbergen. „Sag schon, bist du ganz sicher?"

„So sicher man sein kann. Ömer ist vielleicht nicht der Mann, dem man seine Tochter zur Frau gibt, aber ein Lügner ist er nicht."

Mehmet sagte nichts.

„Du hast mir gesagt, daß ich dir gleich Bescheid geben soll, wenn ich etwas erfahre", fuhr Bahattin fort. „Was willst du nun tun?"

„Ich werde zu dir kommen", antwortete Mehmet. „Können wir uns noch heute treffen?"

„Du bist wie mein Bruder", sagte Bahattin ohne Zögern. „Mein Haus ist dein Haus, das weißt du."

„Danke."

Sie schwiegen, denn sie verstanden sich ohne Worte.

„Ich nehme das nächste Flugzeug", sagte Mehmet dann.

Er verabschiedete sich und legte auf.

Dann buchte er die nächste Maschine nach Frankfurt und sagte den Verkäuferinnen, daß er für einige Tage fort müsse, um dringende Geschäfte zu erledigen. Er tat, als bemerkte er ihr Erstaunen nicht, und gab ihnen Anweisungen für die Zeit seiner Abwesenheit. Dann ließ er sich nach Hause bringen und packte eilig ein paar Sachen ein.

Er erreichte die Maschine gerade noch rechtzeitig und landete eine Stunde später auf dem Frankfurter Flughafen. Von dort rief er Bahattin an, und kurz darauf standen sich die beiden Männer in dem italienischen Restaurant am Meeting-Point gegenüber.

Sie umarmten und küßten einander wie Brüder.

„Schön, daß du gekommen bist", sagte Bahattin. „Du warst lange nicht hier."

Mehmet nickte.

„Es tut gut, dich zu sehen", sagte er.

Sie tranken einen Espresso zusammen, und Bahattin berichtete, was er über den Mann wußte, der Mehmets Tochter auf dem Gewissen hatte.

Es war nicht viel, denn, so erklärte er, die Leute im Gefängnis redeten nicht gern über Ihresgleichen, und sie wurden schnell mißtrauisch, wenn man ihnen Fragen stellte. Auch sei Ömer in einem ganz anderen Teil des Gefängnisses untergebracht und habe kaum Kontakt zu den Männern aus dem Block, in dem der Mann einsaß.

„Was hat dieser Ömer erzählt?" fragte Mehmet ungeduldig. „Gibt es etwas, das mir nützen kann?"

Bahattin schlürfte seinen Kaffee.

„Nun red' schon!" drängte Mehmet. „Was weißt du noch über ihn?"

„Er soll ein rauher Typ sein", antwortete Bahattin. „Man sagt, daß er die Drecksarbeit für die Knastmafia erledigt. Du mußt mit allem rechnen, wenn du dich mit ihm anlegst."

„Ich rechne seit fünf Jahren damit", sagte Mehmet ernst. „Das macht mir keine Angst."

Er dachte daran, wie lange er gewartet hatte.

Fünf mal dreihundertfünfundsechzig Tage.

Aber die Tage waren nicht so schlimm gewesen, denn da hatte es den Laden gegeben, die Fahrt zum Großmarkt an jedem Morgen, die vielen Gespräche mit den Kunden und das Einsortieren der Ware, den Streit mit der Stadtverwaltung und die zahllosen Geschichten der Verkäuferinnen.

Schlimm waren die Nächte gewesen, die Nächte, in denen er wachgelegen und an seine kleine Demet gedacht hatte, die Nächte, in denen er wieder und wieder erleben mußte, was mit seiner Tochter geschehen war, die Nächte, in denen er schreiend aus dem Schlaf gefahren war, die Nächte, in denen er am Fenster gestanden und auf die dunkle Straße herabgeblickt hatte, diese fünf mal dreihundertfünfundsechzig Nächte, in denen er fünf mal dreihundertfünfundsechzig Tode gestorben war, die Nächte, in denen er fünf mal dreihundertfünfundsechzig Morde begangen hatte, fünf mal dreihundertfünfundsechzig Morde an jenem Mann, der seine Demet auf dem Gewissen hatte.

„Sag mir, wie ich dir helfen kann!" forderte Bahattin und legte Mehmet die Hand auf den Unterarm. „Du wirst jemanden brauchen, auf den du dich verlassen kannst."

Mehmet blickte Bahattin in die Augen.

„Ich weiß, daß ich in dir einen solchen Freund habe", sagte er. „Aber das ist eine Sache, die ich allein tun muß. Ich habe fünf Jahre gewartet, und jetzt ist der Tag gekommen. Ich werde tun, was ich tun muß."

Sie schwiegen.

Mehmet bestellte noch zwei Espresso.

Dann erzählte Bahattin ihm von der Klinik, in der er als Anästhesist arbeitete, von seiner letzten Reise zur Familie, von den Kindern und von seiner Frau Mechtab, die inzwischen beim Rundfunk eine eigene Sendung in Türkisch moderierte. Während der ganzen Zeit berührte er das Thema, das der Grund für ihr unerwartetes Zusammentreffen war, mit keinem Wort mehr. Als er Mehmet alles erzählt hatte, was ein Mann seinem Freund erzählt, wenn er ihm nach langer Zeit gegenübersitzt, verließen sie das Restaurant und fuhren zu Bahattins Wohnung.

Die folgenden Stunden verbrachten die beiden mit freundschaftlichem Geplauder, und am Abend kam Mechtab nach Hause und bereitete ihnen das Essen - gefüllte Weinblätter und Salat, Lammbraten mit wildem Reis und gedünsteten Auberginen, lauwarme Baklava mit einem Sirup aus Zucker, Zitronensaft und Honig. Mehmet, seit Jahren daran gewöhnt, sich aus einer der Imbißbuden in der Nähe seines Ladens zu versorgen, aß mit großem Appetit und meinte, er wisse erst jetzt wirklich, worauf er verzichten müsse, seit er seine Frau in Ankara zurückgelassen hatte. Lange sprachen sie von der türkischen Küche und von den Restaurants, in denen man an warmen Abenden unter Bäumen sitzen und sich mit den Freunden den Genüssen des Erzählens, des Essens und des Trinkens hingeben konnte. Während sie sich gegenseitig mit solchen Geschichten den Mund wäßrig machten und die Sehnsucht nach den vertrauten Straßen und Plätzen und Menschen wieder wachriefen, die jeder von ihnen viele Male gespürt hatte, erledigten die Kinder ihre Schularbeiten und zeigten Mehmet einige der Bilder, die sie gemalt hatten.

Als die Kinder dann im Bett waren und die beiden Männer für kurze Zeit allein beim Tee saßen, kam Bahattin wieder auf den Grund ihres Treffens zu sprechen.

„Was hast du nun vor?" fragte er. „Was wirst du tun, um es ihm heimzuzahlen?"

Mehmets Blick wurde düster.

„Er wird seiner Strafe nicht entgehen", sagte er, und dabei ballte er die Rechte zur Faust. „Ich werde den Mörder meiner Tochter nicht mit fünf Jahren davonkommen lassen. Das ist gewiß. Er wird meiner Vergeltung nicht entgehen!"

Bahattin nickte und schwieg.

„Ich habe fünf Jahre Zeit gehabt", sagte Mehmet, als spräche er zu sich selbst, „fünf Jahre für meine Rache. Kannst du dir vorstellen, in wie vielen Nächten ich wachgelegen und mir die schlimmsten Tode für ihn ausgedacht habe?"

Bahattin nickte wieder.

„In allen diesen Nächten habe ich nur vor einem wirklich Angst gehabt", fuhr Mehmet fort. „Weißt du, wovor?"

Er sah seinen Freund an, und dieser hielt seinem Blick stand.

„Davor, daß mein Schmerz sich abkühlen könnte", sagte er dann. „Man sagt, die Zeit heile alle Wunden. Das war meine größte Angst, daß ich eines Tages erwachen könnte und den Schmerz nicht mehr spüren würde. Daß ich ihm gegenüberstehen könnte, ohne zu wissen, warum ich zurückgekommen bin. Daß ich vergessen könnte, was er mir angetan hat. Das war meine Angst."

Mehmet machte eine Pause, gab Würfelzucker ins Teeglas und beobachtete, wie die Stücke zerfielen.

„Aber die Wunde ist nicht verheilt", sagte er dann. „Sie brennt wie am ersten Tag. Die fünf Jahre, die hinter mir liegen, waren nicht vergebens."

Er rührte in seinem Glas.

Mechtab kam herein und bemerkte die ernsten Gesichter der Männer. Sie warf ihrem Bahattin einen fragenden Blick zu, aber der tat, als verstünde er sie nicht.

„Ich hoffe, du bleibst ein paar Tage", sagte sie zu Mehmet gewandt. „Du hast lange nicht von dir hören lassen."

Sie setzte sich an den Tisch und füllte die Schale mit den Kichererbsen auf.

„Ich muß morgen wieder zurück", sagte Mehmet bedauernd und nahm einen Schluck Tee. „Ich kann das Geschäft nicht so lange allein lassen."

Mechtab ahnte, daß es keinen Zweck hatte, ihn zum Bleiben überreden zu wollen. Sie schwieg deshalb, nahm einige Kichererbsen und schenkte den Männern Tee nach.

Dann redeten sie über die alten Zeiten, in denen ihre Freundschaft begonnen hatte, über die Straßen von Ankara, über die Menschen in ihrer Heimat, die Bauern und die Handwerker, die Arbeiter und die Beamten, die Händler und die Soldaten, über Sänger wie Zülfü Livanelli, Ayshe Mine und Sümeyra, über Dichter wie Aziz Nesin, Aras Ören und Fakir Baykurt, über neue Filme und Theaterstücke und natürlich über Zeki Müren, die lebende Legende, die die buntesten Gewänder, den auffälligsten Schmuck und die schrillsten Auftritte liebte und von der es hieß, sie sei halb Mann, halb Frau.

Am nächsten Morgen verabschiedete Mehmet sich früh und ließ sich mit dem Taxi zum Gefängnis bringen. Gegenüber vom Haupttor gab es eine kleine Gaststätte, und er hatte eigentlich vorgehabt, dort das Auftauchen des Mannes abzuwarten, der seine Tochter getötet hatte. Er hatte sie sich schon vor Monaten angesehen und festgestellt, daß sie sich für sein Vorhaben gut eignete; durch eins der Fenster dort hätte er das Tor im Auge halten können, ohne selbst aufzufallen. Aber das Lokal war an diesem Morgen geschlossen, und er mußte sich nach einem anderen Platz umsehen.

Er fand einen Hauseingang in einer Seitenstraße, der ihm Schutz bot und von dem aus er das Haupttor im Auge halten konnte.

Wieder fiel ihm der Tag ein, an dem er den Mörder seiner Tochter zum ersten Mal von Angesicht zu Angesicht gesehen hatte. Das war im Gerichtssaal gewesen, einige Wochen nach seiner Rückkehr aus Ankara. Ein privater Fernsehsender hatte ihm einen bekannten Rechtsanwalt besorgt, den er aus den Spenden finanzieren konnte, die aus dem ganzen Land bei ihm eintrafen. Es sei ein Prozeß von nationalem Interesse, hatte es in den Medien geheißen, denn das kleine türkische Mädchen, das bei dem Brandanschlag umgekommen war, hatte viele Menschen im ganzen Land erschüttert. Das Gericht hatte Mehmet als Nebenkläger zugelassen, und alle seine Freunde hatten ihn zum Prozeß begleitet.

Das Gerichtsgebäude war von Journalisten, Fotografen und Fernsehteams umlagert, und das Gericht mußte Karten für die Plätze im

Verhandlungssaal verteilen. Um den Reportern zu entgehen, betraten Mehmet und sein Anwalt das Gerichtsgebäude durch einen Seiteneingang. Doch vor dem Verhandlungssaal wurden sie gestellt und mit Fragen bombardiert. Mehmet antwortete nicht, bahnte sich schweigend einen Weg durch die Menge und ging zu dem Platz, den der Anwalt ihm zeigte. Er ertrug das Blitzlichtgewitter mit ausdruckslosem Gesicht, legte die Papiere, die er für den Prozeß vorbereitet hatte, auf den Tisch und bedankte sich für die Blumen, die die Vertreterin einer Gruppe gegen Ausländerfeindlichkeit ihm überreichte.

Dann öffnete sich eine Seitentür.

Beamte in Uniform führten den Angeklagten herein, aber wegen der Fotografen konnte Mehmet ihn nicht richtig sehen. Er bemerkte nur, daß sich das Interesse der Reporter auf den Mann verlagerte, der nun zur Anklagebank geführt wurde.

Die Presseleute wurden aufgefordert, alle Bild- und Tonaufzeichnungen einzustellen und ihre Plätze einzunehmen. Widerstrebend leisteten sie der Aufforderung Folge. Auch die Zuschauer, die eine der begehrten Karten für die Verhandlung ergattert hatten, setzten sich.

Das war der Augenblick, in dem Mehmet zum ersten Mal das Gesicht des Mannes vor sich sah, der seine Tochter auf dem Gewissen hatte. Er hatte sein Bild in vielen Zeitungen gesehen, er kannte Fotos aus jeder Entwicklungsphase des Mannes, er hatte alle diese Bilder ausgeschnitten und sie sich oft genug angesehen; er hatte es sich eingeprägt mit jeder Falte und jedem Haar, mit jedem Pickel und jeder Pore, aber es war die eine Sache, ein Gesicht in der Zeitung zu sehen, und eine ganz andere, es direkt vor sich zu haben.

Der Mann sah aus wie ein großer Junge, ein Oberschüler, der jeden Morgen in der Schule verbringt, nachmittags über Hausaufgaben sitzt und am Abend ein Mädchen im Wagen seines Vaters herumkutschiert. In dem dunklen Anzug, den er zur Verhandlung trug, wirkte er wie ein Musterknabe, der alten Leuten über die Straße und Frauen in den Mantel hilft und der sich artig bedankt, wenn seine Mutter ihm bei Tisch den Teller auffüllt.

Ihre Blicke trafen sich für einen Moment, und Mehmet fragte sich wieder, ob Mörder aussehen können wie Musterknaben. Er wußte, daß das die falsche Frage war, aber seit er das Gesicht des Mannes zum ersten Mal gesehen hatte, drängte sie sich immer wieder in seine Gedanken. Und jetzt, hier im Gerichtssaal, wenige Augenblicke vor dem Beginn der Verhandlung, fand er die Antwort. Sie lag in der Art und Weise, wie der Mann die Augen senkte, als er Mehmet bemerkte. Er würde es wieder tun, das konnte Mehmet in seinen Augen lesen, er würde das benzingetränkte Stück Stoff wieder anzünden, und er würde die Flasche wieder durch ein Fenster werfen. Er wirkte wie ein Musterknabe, aber er war ein kaltblütiger Mörder, der wieder töten würde, wenn sich ihm die Gelegenheit dazu böte.

An diesem Tag, an dem er dem Mörder seiner Tochter zum ersten Mal gegenüberstand, hatte Mehmet sich geschworen, daß der Mann eine solche Gelegenheit nicht noch einmal erhalten würde, und jetzt, da er auf ihn wartete, erneuerte er diesen Schwur, wie er es in fünf mal dreihundertfünfundsechzig Nächten getan hatte. Er spürte, wie frisch die Wunden in ihm waren.

Nachdem zwei Stunden vergangen waren, ohne daß das ihm nur viel zu bekannte Gesicht im Tor aufgetaucht wäre, begann Mehmet an Bahattins guten Verbindungen zu zweifeln. Vielleicht hatte er sich verhört, als Yussuf ihm den Termin für die Freilassung des Mannes genannt hatte. Vielleicht hatte dieser Ömer ein falsches Datum aufgeschnappt. Vielleicht hatte das Gericht den Tag der Entlassung plötzlich doch noch verschoben. Vielleicht hatten sie den Mörder seiner Tochter auch schon längst hinausgeschickt, weil sie Mehmets Rache fürchteten. Er erinnerte sich, in einer Zeitung davon gelesen zu haben, daß die Gefängnisbehörden manchmal so verfahren, weil sie sicher sein wollten, daß einem, der seine Haftzeit abgesessen hatte, nichts angetan würde, wenn man ihn in die Freiheit entließe.

Das wäre eine böse Überraschung für Mehmet geworden, denn er hätte dann nicht mehr gewußt, wie er den Mann aufspüren sollte. Natürlich hatte er alle Informationen im Kopf, die über den Mörder seiner Tochter in den Zeitungen gestanden hatten, aber er hätte nicht sagen können, welche davon noch gültig waren und einen Ansatzpunkt dafür bieten würden, seine Spur wieder aufzunehmen. Seine Eltern waren vielleicht längst in eine andere Stadt gezogen, weil sie nicht jeden Tag als die Eltern eines Mörders erkannt werden wollten. Seine Freunde, von denen einige den Zeitungen damals lange Interviews gegeben hatten, lebten vielleicht längst ganz woanders und hatten keinen Kontakt mehr zu dem Mann, der das türkische Mädchen angezündet hatte. Und die Gruppe, der er vor dem Brandanschlag angehört und die ihn erst zum Brandstifter gemacht hatte, gab es vielleicht längst nicht mehr, oder sie hatte sich einen neuen Namen zugelegt und war vielleicht gar nicht mehr daran interessiert, den

Mann wiederzusehen, der fünf von den acht Jahren abgesessen hatte, die ihm der Wurf einer Flasche mit Benzin eingebracht hatte.

Wenn sie ihn schon entlassen haben, sagte Mehmet sich, während er das Tor weiter im Blick hielt, dann findest du seine Spur vielleicht nie wieder. Dann sind alle Tage und alle Nächte, die seit seiner Verurteilung vergangen sind, umsonst gewesen. Dann hast du vergebens gewartet, vergebens den Schmerz wachgehalten, vergebens fünf mal dreihundertfünfundsechzig Tode für ihn erdacht, vergebens in diesem Land ausgeharrt, in dem es nichts gibt, was dich halten könnte. Dann hast du verloren. Dann wird es noch viele Nächte geben, in denen du keinen Schlaf findest, weil ein Gespenst dir seine Hände auf die Kehle legt.

Als er schon fast aufgehört hatte, an das Auftauchen des Mannes zu glauben, öffnete sich neben dem Haupttor eine Tür, und ein Mann kam auf die Straße.

Mehmet erkannte ihn sofort.

Er hatte sich kaum verändert. Sein Haar war noch so kurz, wie er es vor seiner Verhaftung getragen hatte. Im Gesicht war er schmaler geworden, und er bewegte sich etwas unsicherer, als er das während der Verhandlung getan hatte. Er trug Bluejeans und ein dunkelgraues Sweat-Shirt. In der Hand hielt er eine große Leinentasche, wie man sie beim Sport benutzt.

Der Mann stand einen Moment vor dem Tor und sicherte. Die Tür schloß sich hinter ihm, und er setzte sich in Bewegung.

Mehmet folgte ihm mit einigem Abstand.

In den nächsten Tagen wurde er zu einem Schatten. Er folgte dem Mann auf Schritt und Tritt, und obwohl dieser sich oft mißtrauisch umblickte, als wüßte er von seinem Verfolger, blieb Mehmet unentdeckt, vielleicht weil er spürte, was in dem anderen vorging, und jeden seiner Blicke im Voraus ahnte, vielleicht weil er sich in fünf mal dreihundertfünfundsechzig Nächten auf diese Rolle vorbereitet hatte, vielleicht weil Mehmet jede seiner Regungen wahrnahm und ihn beobachtete, wie ein Raubtier sein Opfer im Blick hält. Was auch immer der Grund dafür war, es gab keinen Augenblick, in dem Mehmet die Kontrolle über die Situation verloren hätte.

In dieser Zeit fand Mehmet heraus, wo der Mann unterkroch, wo man ihm Arbeit gab und wo er sich melden mußte, um nicht gegen die Bewährungsauflagen zu verstoßen. Er beobachtete seine ersten scheuen Versuche, wieder Kontakt zu den Menschen außerhalb des

Gefängnisses zu knüpfen, folgte ihm in Gaststätten und Kneipen, in Diskotheken und ins Bahnhofsviertel und hatte bald herausgefunden, was der Mörder seiner Tochter plante.

Zuerst schien es, als hätte der Mann sich vorgenommen, nicht wieder auf die schiefe Bahn zu geraten, sondern künftig das Leben eines braven Bürgers zu führen. Er erschien jeden Morgen pünktlich am Bahnhof, wo die Bewährungshilfe ihm offensichtlich eine Stelle als Packer besorgt hatte, und wenn Mehmet seinen Augen trauen durfte, so arbeitete er hart und fleißig, ganz so, als wollte er sich und der Welt beweisen, daß er in den Jahren hinter Gittern etwas gelernt hatte. Die erste Woche über wohnte er in einem Wohnheim in Bahnhofsnähe und ging nicht aus, vielleicht weil er in der Stadt niemanden kannte, vielleicht aber auch, weil er nach der schweren und ungewohnten Arbeit auf dem Verladebahnhof zu erschöpft war, um noch etwas unternehmen zu können. In diesen Tagen bereitete es Mehmet keine Schwierigkeiten, ihm auf den Fersen zu bleiben.

Dann aber zog der Mann in eine Wohnung im Bahnhofsviertel, und von diesem Tag an veränderte sich sein Verhalten. Er gab den Job an der Verladestelle auf und arbeitete jetzt für einen der Bordellkönige. Sein neuer Arbeitgeber, an den ihn offensichtlich jene vermittelt hatten, denen er im Gefängnis zu Diensten gewesen war, beschäftigte ihn offiziell in einem Abbruchunternehmen, mit dem er seinen Geschäften eine seriöse Fassade gab. Tatsächlich jedoch hielt sich der Mann, der Mehmets Tochter getötet hatte, fast ausschließlich in den Bordellen und Bars des Bahnhofsviertels auf und erledigte dabei die unterschiedlichsten Aufträge für seinen neuen Chef, Aufträge allesamt, bei denen es darauf ankam, daß man nicht zimperlich war. Mehmet beobachtete ihn dabei, wie er Prostituierte einschüchterte und ihnen das Geld abnahm, wie er in den Gaststätten und Restaurants Schutzgelder eintrieb und wie er einigen der Dealer neue Ware lieferte.

Mehmet wußte jetzt, daß der Mann seinen Weg gefunden hatte. Deshalb riskierte er es, ihn für einige Tage sich selbst zu überlassen, und flog nach Hause zurück. Er verbrachte zwei Tage damit, seine Geschäfte zu ordnen. Dann flog er nach Frankfurt und nahm die Spur des Mannes wieder auf.

Er hatte sich nicht getäuscht.

Nichts hatte sich geändert. Der Mann wohnte noch in derselben Wohnung im Bahnhofsviertel, und er ging noch immer derselben Beschäftigung nach. Bei seiner Rückkehr brauchte Mehmet keine Stunde, um ihn aufzustöbern und erneut zu seinem Schatten zu werden.

Seitdem waren zwei Tage vergangen.

Jetzt war es Mittag, und Mehmet saß, die Beine übereinandergeschlagen, unter dem Sonnensegel des Straßencafés, das der Wohnung des Mannes gegenüberlag, und betrachtete die Passanten auf dem Bürgersteig.

Mehmet wußte, daß der Mann in seiner Wohnung war. Er hatte ihn vor zehn Minuten hineingehen sehen und war sicher, daß er allein war.

Er sah auf seine Uhr.

Er winkte der Kellnerin und zahlte.

Dann stand er auf.

Langsam schlenderte er zum Haus gegenüber.

Er drückte die Tür auf und trat ein.

Im Hausflur war es kühl.

Mehmet brauchte einen Moment, bis seine Augen sich an die Dunkelheit gewöhnt hatten.

Er steckte die Hand in die Hosentasche und spürte das kalte Metall der Pistole, die er sich bei einem Zuhälter besorgt hatte. Er umschloß den Griff, ließ die Pistole aber stecken, wo sie war.

Mit dem Aufzug fuhr er in die dritte Etage.

Er stieg aus.

An der Tür, vor der er stehenblieb, fehlte das Namensschild.

Er drückte den Klingelknopf.

Es dauerte eine Weile.

Mehmet hörte drinnen Schritte, die langsam näherkamen. Dann war es still auf der anderen Seite.

„Was ist?" fragte der Mann.

„Ich komme von Freddy", antwortete Mehmet. Den Namen hatte er von Bahattin, der hatte ihn von Yussuf und dieser von Ömer. Freddy war einer der starken Männer hinter den Gefängnismauern.

Die Tür öffnete sich einen Spalt breit, und das Gesicht des Mannes tauchte auf.

Mehmet hatte längst die Pistole gezogen.

Jetzt warf er sich gegen die Tür und drückte dem überraschten Mann die Mündung an die Brust.

„Ganz ruhig!" sagte Mehmet. „Keine Dummheiten, sonst bist du eine Leiche!"

Der Mann trat ein paar Schritte zurück.

Mehmet folgte ihm, die Waffe auf seine Brust gerichtet, in die Wohnung. Mit dem Fuß versetzte er der Tür einen Stoß, daß sie ins Schloß fiel.

„Wer sind Sie?" fragte der Mann. „Was wollen Sie?"

„Später", sagte Mehmet. „Geh da rüber!"

Er deutete auf die Tür, die zum Wohnzimmer führte.

Der Mann gehorchte zögernd. Seinem Blick war anzusehen, daß er über seine Chancen nachdachte. Schritt für Schritt wich er vor Mehmet zurück.

Sie betraten das Wohnzimmer.

„Keine Dummheiten!" sagte Mehmet.

Der Mann schien einen Augenblick darüber nachzudenken, ob er die Tür vor Mehmet zuschlagen sollte. Aber er verwarf den Gedanken sofort wieder, als er in Mehmets Augen sah.

„Da rüber!" sagte Mehmet. „Setz dich!"

Er trieb den Mann zu einem der Sessel hinüber.

„Sie machen einen Fehler!" sagte der Mann.

„Hinsetzen!" wiederholte Mehmet drohend.

Der Mann ließ sich in den Sessel sinken.

Mehmet setzte sich im gegenüber.

Er hielt die Waffe im Anschlag und ließ den Mörder seiner Tochter nicht aus den Augen.

Der Mann zeigte keine Furcht. Sein Blick verriet, daß er darüber nachdachte, was der Fremde von ihm wollte. Eine plötzliche Änderung seines Gesichtsausdrucks machte Mehmet klar, daß er anfing, die Zusammenhänge zu verstehen.

„Sie sind der Vater", sagte der Mann.

Mehmet nickte.

Der Mann sah ihm in die Augen, aber er hielt Mehmets Blick nicht lange stand.

„Wie haben Sie mich gefunden?" fragte er.

Mehmet lächelte.

„Ich bin dir gefolgt, seit du draußen bist", sagte er. „Ich habe jeden deiner Schritte beobachtet seitdem. Ich war dein Schatten."

Der Mann warf Mehmet einen zweifelnden Blick zu.

„Ich war immer in deiner Nähe", fuhr Mehmet fort. „Ich war in deinem Nacken, wohin du auch gegangen bist."

Der Mann wollte etwas sagen, schwieg dann aber.

„Du glaubst mir nicht", meine Mehmet. „Du bist nicht so clever, wie du gern sein möchtest. Du hast nicht mehr mit mir gerechnet. Du hast geglaubt, fünf Jahre sind genug."

Mehmet lächelte wieder.

„Du hast dich getäuscht", sagte er dann. „Fünf Jahre sind eine lange Zeit, wenn man auf etwas wartet, mein Junge. Aber fünf Jahre sind wie ein Tag, wenn es darum geht, den Tod seines Kindes zu vergessen."

„Was haben Sie vor?" fragte der Mann. „Wollen Sie mich umlegen?"

„Alles zu seiner Zeit", antwortete Mehmet.

Er warf einen Blick auf die Armbanduhr, sah dann wieder den Mann an.

„Du hast geglaubt, dieser Türke ist längst in seine Heimat zurückgekehrt", setzte er wieder an. „Bei den Türken kommt es nicht auf ein einzelnes Kind an. Diese Kümmelfresser vermehren sich ja wie die Kaninchen. Was macht es da aus, ob eins stirbt oder lebt. Dort, wo dieser Mann herkommt, da sterben viele Kinder jeden Tag, da kann doch ein einzelnes gar nicht so ins Gewicht fallen, und schon gar nicht, wenn es sich um ein Mädchen handelt. Was zählt bei den Türken schon ein Mädchen! Das hast du geglaubt, und deshalb hast du dir keine großen Gedanken gemacht in diesen fünf Jahren."

Der Mann schüttelte den Kopf, aber Mehmet wußte, daß er Recht hatte.

„Ich weiß, was in dir vorgegangen ist", sagte er und nickte dazu. „Ich habe deine Gedanken gehört, in jeder Nacht habe ich sie gehört, und ich habe immer gewußt, daß der Tag kommen wird, an dem du begreifen wirst, daß du dich getäuscht hast. Ich habe deine Gedanken hören können, und deshalb hattest du nie eine Chance gegen mich. Du kannst deinen Schatten nicht fangen. Das hättest du wissen sollen."

„Was wollen Sie von mir?" wiederholte der Mann. „Ich habe fünf Jahre gesessen dafür."

Mehmet nickte bitter.

„Fünf Jahre sind wie ein Tag", sagte er langsam, fast freundlich, ganz so, als wollte er einem Schüler etwas beibringen, das ihm eigentlich zu einfach schien, als daß er es noch einmal erwähnen müßte. „Deine fünf Jahre machen meine Tochter nicht lebendig. Mit deinen fünf Jahren hast du nicht einmal für das schwarze Haar bezahlt, das du zu Asche verbrannt hast. Aber du wirst dafür bezahlen, für ihre Hände und für ihre Augen, für ihr Gesicht und für ihr Lachen, für jedes einzelne Lachen."

Der Mann suchte den Raum mit den Augen nach einem Ausweg ab.

„Du solltest nicht einmal daran denken", sagte Mehmet. „Meine Kugel ist schneller als deine Hand."

Der Mann blickte auf die Waffe, die noch immer auf ihn gerichtet war.

„Sie können mich nicht einfach umlegen", sagte er. „Sie wissen doch, was dann hier los ist. Sie kommen keine hundert Meter weit."

Mehmet lächelte wieder.

„Du bist dumm", sagte er. „Glaubst du wirklich, ich hätte fünf Jahre gewartet, um dich dann mit einem Schuß wegzupusten?"

Der Mann sah Mehmet an und versuchte, in seinen Augen zu lesen, aber dort war nichts, was ihm weitergeholfen hätte. Dort waren nur zwei Augen, die jede seiner Bewegungen verfolgten und in deren Tiefen ein Haß glühte, wie der Mann ihn noch nie gesehen hatte. Mit diesem einen Blick wurde ihm klar, daß der Türke meinte, was er sagte.

„Was wollen Sie?" fragte er, und seine Stimme zitterte ein wenig dabei. „Was haben Sie vor?"

Mehmet hatte aufgehört zu lächeln.

„Ich will dir eine Geschichte erzähle", sagte er leise. „Von einem kleinen Mädchen, das in Deutschland aufgewachsen ist, von der Tochter eines Türken, der in dieses Land gekommen war, weil er es in seinem nicht mehr ausgehalten hat. Ich werde das Mädchen Demet nennen, das macht es einfacher für dich, meiner Geschichte zu folgen."

Er lehnte sich im Sessel zurück, ließ den Mann aber nicht aus den Augen, zielte weiter mit der Waffe auf seine Brust und auf das Herz, das darin schlug.

„Die kleine Demet war das Liebste, was der Vater hatte", fuhr Mehmet fort. „Jeden Tag in der Schule, wenn er den anderen Kindern Türkisch beibrachte, freute er sich darauf, nach Hause zu kommen, sie auf seine Knie zu heben und sich von ihr berichten zu lassen, was sie den Tag über getan hatte. Und an jedem Tag freute er sich darauf, ihr Lachen zu hören, ihre funkelnden Augen zu sehen und das Staunen darin, wenn er ihr etwas von dem fernen Land erzählte, in dem der Vater und die Mutter einst gelebt hatten. Er konnte sich nichts Schöneres vorstellen, als das Mädchen im Arm zu halten und ihm die Geschichten zu erzählen, die ihm schon sein Großvater erzählt hatte."

„Was soll das jetzt?" unterbrach der Mann ihn. „Sind Sie hergekommen, um mir Geschichten zu erzählen?"

Mehmet ließ sich nicht aus der Ruhe bringen.

„Eines Tages aber", fuhr er fort, „war der Vater am Abend in das Café gegangen, in dem er sich zuweilen mit seinen Freunden traf, um Tavla zu spielen, um seinen Tee zu trinken und um mit den Männern aus seiner Heimat über alles das zu reden, was ihnen in dem kalten Land fremd vorkam. Er hatte sich nicht lange dort aufgehalten, denn er hatte Frau und Kinder zu Hause, und deshalb trank er nie mehr als zwei, drei Gläser Tee."

„Hören Sie auf!" sagte der Mann.

„Du wirst dir diese Geschichte zu Ende anhören", sagte Mehmet ruhig. „An diesem Tag kam jemand in das Café gerannt, ein Junge, dessen Eltern im Nachbarhaus wohnten. Er war sehr aufgeregt und schrie: Feuer! Feuer! Es brennt bei dir, Onkel Mehmet, es brennt! Komm schnell. Und der Mann rannte auf die Straße und lief den Weg zu seiner Wohnung, so schnell er konnte, und er sah schon von weitem das Feuer, das aus den Fenstern schlug, und er sah die Feuerwehr und die Polizei, die vielen Menschen überall und das Licht des Feuers auf dem nassen Asphalt und das Aufflammen und Vergehen des Blaulichts. Und er sah seine Frau und drei der Kinder vor dem Haus, die Frau schreiend und von drei Männern festgehalten, damit sie nicht wieder ins Haus laufen konnte, und er hörte ihre Schreie und sah diese Angst in den Augen seiner Kinder, und jemand sagte ihm, daß die kleine Demet noch im Haus sei, aber daß es wohl keine Chance mehr für sie gäbe. Und er rannte weiter, rannte zum Haus und lief hinein und stieß die Feuerwehrleute zur Seite und kämpfte gegen den Rauch und gegen das Feuer an, kämpfte und kämpfte, kam aber nicht weit, denn das Feuer war schon zu mächtig und versperrte ihm den Weg. Und dann packten zwei Männer in Uniform ihn bei den Schultern und zogen ihn weg, auf die Straße zurück, und dort sank er zusammen und schluchzte und hörte nicht auf zu schluchzen und schluchzte so lange, bis er keine Tränen mehr hatte. Und dann wurde es mit einem Mal sehr still, und er hörte die Stimme eines Mannes. Sie haben das Mädchen, hörte er den Mann sagen, und der Vater blickte auf, weil er noch etwas Hoffnung hatte, und dann erblickte er die Männer mit der Bahre und das Tuch auf der Bahre und unter dem Tuch die Gestalt eines kleines Mädchens, das viel zu klein war für die große Bahre, auf der die Männer es auf die Straße trugen."

Mehmets Augen füllten sich mit Tränen.

„Glaubst du, daß ein Vater das vergessen kann?" fragte er mit erstickter Stimme. „Glaubst du das wirklich?"

Der Mann schwieg.

Mehmet kämpfte mit den Tränen.

„Ich habe mir viele Tode für dich ausgedacht", sagte er dann, nun wieder mit festerer Stimme. „Ich hatte viele Nächte, um jeden Tod zu finden, den ein Mensch sterben kann."

Der Mann blickte auf die Waffe, und jetzt war Furcht in seinen Augen.

„Aber es gibt keinen Tod, mit dem du dafür bezahlen könntest", fuhr Mehmet fort. „Kein Tod dauert lange genug für dich."

Wieder sah Mehmet zur Uhr.

„Nein", sagte er dann. „Ich werde dich nicht töten."

„Sagen Sie endlich, was Sie vorhaben!"

Mehmet nickte.

Er spürte, daß die Nerven des Mannes bloßlagen. Darauf hatte er es abgesehen. Das gehörte zu seinem Plan. Jetzt war genau der richtige Moment gekommen, um sein Vorhaben zu Ende zu bringen.

Er legte die Waffe vor sich auf den Tisch, hielt aber die Hand auf dem Griff.

„Ich habe für dich gemordet", sagte er dann. „Bevor ich hierher kam, habe ich eine der Nutten besucht, bei denen du abkassierst. Diese Blonde, die etwas lispelt, du weißt schon. Sie hat gesagt, sie heiße Tanja. Die kennst du doch."

Mehmet sah die Furcht in den Augen des Mannes.

„Zuerst wollte sie mich nicht hereinlassen", fuhr Mehmet fort. „Sie wolle es nicht mit einem Türken machen, hat sie gesagt. Ein braves Mädchen, nicht wahr? Aber ich habe ihr tausend Mark vorgeblättert, und da hat sie dann doch gefragt, wie sie es mir machen solle."

„Du hast sie ..." Der Mann brachte den Satz nicht zu Ende.

„Sie hat nicht einmal geschrien, als ich ihr das Messer in die Brust stieß", sagte Mehmet in die Stille.

Die Augen des Mannes weiteten sich.

„Es ist gar nicht schwierig", meinte Mehmet und nahm die Hand von der Waffe. „Es geht so einfach wie Licht ausschalten."

Er schwieg.

„Warum haben Sie ..." Der Mann schien zu keinem klaren Gedanken mehr fähig. „Man wird Sie dafür ..."

Mehmet schüttelte den Kopf.

„Nicht mich", sagte er bedächtig. „Bestimmt bekommst du lebenslänglich, denn so eine deutsche Nutte ist sicher mehr wert als eine kleine Türkin."

Der Mann schüttelte den Kopf.

„Ich habe damit nichts zu tun", sagte er und gewann etwas von seiner früheren Sicherheit zurück. „Mich kann man dafür nicht ..."

Mehmet lehnte sich im Sessel zurück.

„Doch, man wird", sagte er. „Ich war nämlich gestern schon mal hier. Du hast es nicht gemerkt, daß das große Messer aus dem Brotkasten fehlt, nicht wahr? Und du hast auch nicht mitgekriegt, daß das Glas, aus dem du gestern getrunken hast, nicht mehr in der Spüle steht."

Der Mann riß die Augen auf.

Mehmet streckte ihm die Hand mit der Armbanduhr entgegen.

„Gerade jetzt hat ein Freund die Polizei angerufen", sagte er dabei. „Und was glaubst du, was die finden wird, wenn sie in das Zimmer der toten Nutte kommt? Da wird ein Messer sein und ein Glas ..."

„Schwein!" schrie der Mann. „Verdammtes Schwein!"

„Ein Glas mit Speichelresten am Rand", fuhr Mehmet unbeirrt fort. „Was glaubst du, wie schnell sie hier sein werden?"

„Verdammte Sau!" brüllte der Mann.

Mehmet lächelte wieder.

In diesem Moment sprang der Mann auf und hechtete nach der Pistole. Tatsächlich war er schneller als Mehmet. Er bekam die Waffe zu fassen, richtete sie auf den Vater des toten Mädchens und drückte ab - einmal, zweimal, dreimal ...

„Du Schwein!" brüllte er dabei. „Du verdammtes Türkenschwein!"

Mehmet brach im Sessel zusammen. Sein Tod dauerte nur Sekunden, denn der Mann hatte gut gezielt. Er stand jetzt über dem Türken und richtete die Waffe auf seinen Kopf. Er atmete schwer, aber in seinem Blick lag ein Ausdruck von Triumph. Doch dieser Ausdruck hielt nur so lange an, bis er von draußen Geräusche hörte. Es waren schwere Schläge, die gegen seine Wohnungstür donnerten.

Der Mann mußte noch lange Zeit darüber nachdenken, warum die Polizei so schnell in seiner Wohnung hatte sein können. Und er verstand auch nicht, daß man ihm nicht den Mord an einer Prostituierten mit Namen Tanja zur Last legte, sondern nur den Mord an einem türkischen Vater.

Von Einem, der so aussah wie Jemand, in Wahrheit jedoch ganz etwas Anderes war.

Urban Blau

Im Erdgeschoß stiegen eine Frau und ein Mann in den Aufzug. Sie zogen über das Kantinenessen her. Der Mann trug Koteletten, die in einen rotschwarzen Kinnbart übergingen.

Anzeigenannahme, dachte ich. Die Luft war stickig.

„Also, mein Hund hätte das Zeug nicht gefressen", sagte der Mann.

„Mein Mann auch nicht", erwiderte die Frau. Sie mochte Ende Dreißig sein, trug ein pinkfarbenes trägerloses Top und einen Minirock. Sie lachte und taxierte mich.

Schwarzes Haar, weißer Leinenanzug, ihr schien zu gefallen, was sie sah. Dann fiel ihr Blick auf meine Schuhe. Braunbeige abgesetztes Deckleder, Zickzackstich, Plateausohlen. Sie verzog ihre rot geschminkten Lippen und ihr Mund sah aus wie eine zertretene Kirsche.

Meine Daueraffäre heißt Baby. Baby ist sehr kostspielig. Sie ist ein 1958er Cadillac Eldorado, ein Cabrio mit kirschroten Ledersitzen. Mein Konto war hoffnungslos überzogen und ich suchte dringend eine spektakuläre Geschichte. Soweit die Fakten, ich kam direkt von dem Termin bei der Bank.

Windinger, der Ressortleiter Lokales bei den Berliner Neuesten Abendnachrichten, blickte ostentativ zur Uhr als ich hereinkam.

Mein Telefon läutete.

„Ja?"

„Ich brauche eine Meldung in Ihrem Blatt", sagte Ungeld. Sein schleppender Tonfall ist unverwechselbar. Er keuchte und schnaufte. „Es geht um Körperteile."

Ungeld, Hauptkommissar in besonderer Verwendung - auf dem Namensschild an seiner Bürotür steht tatsächlich „B. Ungeld, Haukomibv" - Burgbert Ungeld also war verantwortlich für alle Sonderkommissionen, die eingerichtet wurden. Er selbst schien nicht recht zu glauben, was er sagte, denn er fügte hinzu, „Die wurden nämlich gestohlen. Diese Körperteile."

„Wie bitte?" fragte ich verständnislos.

Doch die Sache war rasch erklärt. Die Chirurgie der Uniklinik hatte einen Zwanzigliterbehälter mit Operationsmüll als vermißt gemeldet. Der verschlossene, versiegelte Eimer mit gebrauchten Spritzen, verseuchten Instrumenten und Resten von menschlichen Körpern war zusammen mit anderen bereitgestellt worden, um in die Verbrennungsanlage transportiert zu werden. Er war dort nie angekommen.

Mich elektrisierte die Tatsache, dass sich auf jedem Quadratmillimeter Abermillionen von Krebserregern, Aidsviren und anderen lebensbedrohenden Keimen tummelten.

Ich rieb mir die Hände. Windinger würde mir die Story nur so aus den Händen reißen und meine Geldprobleme wären auf einen Schlag gelöst: Biobombe in Erpresserhand!

Die Firma, die mit dieser Art Müll Geschäfte machte, hieß „Sanorgan". Ich besorgte mir die Namen und Adressen der Leute, die die Behälter transportiert hatten.

Der Fahrer war ein gewisser Gafur Halük, und die Arbeiter hießen Öztürk Suleiman, Oksal Mustafa, Akdeniz Kemal und Dampignaque Georges. Georges Dampignaque war ein Name, der nicht in die Reihe paßte, und ich fuhr los, um mir den Franzosen einmal anzusehen.

Er hatte eine Adresse in Kreuzberg angegeben. Ich kam zu einer Fabrik, die wie das Schloß eines Manufakturfürsten aus dem vorletzten Jahrhundert aussah. Das Haupthaus stand direkt am Spreeufer, und der hier reißende Fluß brandete gurgelnd an die Außenmauern.

Eine schmale Einfahrt führte in den Innenhof, der voller Autos stand. Links lagen die ehemaligen Werkshallen, und vor mir stand ein dreistöckiges Gebäude mit hellerleuchteten Fenstern.

Hinter den Fenstern flanierten Menschen. Es schien um Gemälde zu gehen. Vielleicht schlürfte man ein paar Gläschen Kultur und besorgte dabei den Aufriß für den Abend.

Das Haupthaus zu meiner Rechten hatte fünf Stockwerke. Es sah verrottet aus. Es war die Anschrift, die ich suchte. Der Eingang lag im Dunkeln. Er war mit Brettern vernagelt, doch als ich mich, sagen wir mal, dagegen lehnte, ließen sie sich überraschend leicht zur Seite schieben.

Ich tappte über die Schwelle. Aus dem Haus roch es wie aus einem Magen, der lange nichts verdaut hat. Von irgendwoher drang

Gemurmel. Ich sah mich um. Die Silhouetten hinter den erleuchteten Fenstern warfen lange Schatten in den Hof. Fetzen eines französischen Chansons wehten herüber. Ich lauschte und schüttelte den Kopf, Jacques Brel, sogar der Existentialismus schien wieder in Mode zu kommen.

Ich trat auf lose Bretter. Merkwürdige Adresse, dachte ich und riß ein Streichholz an.

Ich tastete mich voran, und plötzlich hörte ich Schritte aus der Finsternis. Ich erstarrte, kalter Schweiß lief meinen Rücken hinunter. Hastig blies ich das Zündholz wieder aus. In diesem Moment ging irgendwo eine Tür.

Es wurde kein Licht gemacht. Jemand blieb abrupt stehen und zog die Luft durch die Nase ein. Im nächsten Augenblick krachte wie der Schlag mit einem Brett das Licht einer Stablampe in mein Gesicht.

„Verlaufen oder was?" sagte eine tiefe Stimme.

„Nein", erwiderte ich rasch, „ich such nur Georges, ich hab diese Adresse hier von ihm bekommen." Ich hätte mich ohrfeigen mögen, ich stand da wie ein Anfänger.

Der Mann schwieg.

Ich schwitzte. Ich hatte immer gedacht, meine Stadt wie meine Jackentasche zu kennen. Rasch setzte ich auf gut Glück hinzu, „Weil, ich wollte etwas von Georges kaufen."

Das Licht der Stablampe wanderte an mir herunter, verweilte kurz bei meinen Schuhen und kam wieder herauf.

Genußvoll schnalzend und mit einem Anflug von Amüsement in der Stimme sagte der Mann, „Hm... Geschäfte."

Es war klamm und kalt in dem verkommenen Haus, aber ich schwitzte.

Der Mann leuchtete den Weg und meinte, „Georges wohnt hier gar nicht, verstehen Sie? Er kommt nur seine Briefe holen."

„Bekommt er viel Post?" fragte ich.

„Georges?" Der Mann schüttelte den Kopf. „Nein."

Wir gingen über den Hof, und jetzt sah ich, dass der Mann Mitte Vierzig war. Er war von massiger Statur und gut einmeterachtzig groß und hatte eine tiefschwarze, ins Bläuliche spielende Hautfarbe. Er trug ein Gewand aus buntbedrucktem, afrikanischem Stoff und auf dem Kopf eine kreisrunde bestickte Kappe.

Durch eine niedrige Tür, die ich erst jetzt neben der Einfahrt bemerkte, betraten wir eine Wohnung. Der Schwarze drehte den Lichtschalter. Von der Decke fiel blauweißes Neonlicht.

Ich blinzelte. Ein sonderbarer Geruch stieg in meine Nase und brachte mich aus der Fassung. Ich erinnerte mich vage an diesen Geruch, doch ich kam nicht darauf, was es war. Ich fragte mich, wann und unter welchen Umständen ich ihn schon einmal bemerkt hatte.

„Ich mache hier den Hausmeister", sagte der Schwarze und ließ sich in den Sessel fallen, „seh nach dem Rechten und so."

Ich setzte mich auf die eingesunkene Couch. Der Schweiß auf meiner Haut trocknete. Ich fror. Der Raum wirkte trostlos unter dem schattenlosen Neonlicht. Die wenigen Möbel waren formentkleidete Zweckgebilde. Eine Reihe merkwürdiger Puppen weckte meine Aufmerksamkeit. Es waren kleine Figuren aus Holz und Draht und Kleiderresten.

Im Hof wurden Automotoren angelassen. Scheinwerfer wanderten wie Lichtfinger über die Wände. Die Wagen brausten davon.

Ich dachte über den sonderbaren Geruch in diesem Raum nach und versuchte mich an die Melodie des Jaques-Brel-Chansons zu erinnern, die ich vorhin gehört hatte. Ich schob meine Hand in die Jackentasche und spielte mit dem Kleingeld.

Der Schwarze gab sich einen Ruck. Er setzte sich auf und fing an, aus einer Tüte mit dem Aufdruck „Esst mehr Obst" Kirschen zu essen. Die Kerne spuckte er in die Tüte zurück.

„Nimm auch", forderte er mich auf.

Ich gab nur ein Grunzen von mir und schüttelte den Kopf.

Kirschen, dachte ich. Ich dachte, es ist spät, was sitzt du hier rum, mach dich endlich auf den Weg. Es gibt keinen Franzosen, also nimm dir den nächsten auf deiner Liste vor.

Doch ich blieb sitzen und dachte an mein Zusammentreffen mit dem Schwarzen. Ich war in das Haus gegangen und hatte ein Streichholz angerissen.

Und was war vor dem Haus? Noch einmal: Ich stand im Flur... Nein, es hatte keinen Zweck, meine Erinnerung war wie ein Mosaik in einem Traum. Es gelang mir nicht, die einzelnen Teile zusammenzufügen.

Der Schwarze schien auf etwas zu warten. Die Münzen in meiner Tasche klickten. Mein Blick fiel auf die Figuren, und jetzt bemerkte ich, dass einigen die Augen fehlten und anderen Arme oder Beine. Manchen waren Päckchen umgebunden. In andere waren Löcher gebohrt, oder es waren Nägel durch ihre Körper getrieben.

Und mit einem Mal war das Jaques-Brel-Chanson wieder in meinem Kopf: „Voyageurs seuls/ étrangers dans un monde de pierre et de macadam/ la solitude d´une antilope noire...”

„Na los”, sagte der Schwarze und stand auf, „komm schon, zier dich nicht, ich weiß doch, dass du wegen deiner Größe hier bist. Die Frauen lachen über den kleinen Mann, stimmts?”

Er nickte verständnivoll. „Aber das ist eine sehr schwere Sache. Und eine sehr schwere Sache kostet sehr viel Geld.”

Mit einem Mal fiel es mir wie Schuppen von den Augen. Mein Gott, dachte ich, Wie kann man nur so vernagelt sein.

Jaques Brel mit seiner einsamen Antilope in den Städten brachte mich darauf, dass Georges Dampignaque kein Käse aus Frankreich war, sondern natürlich ein Schwarzer aus den ehemaligen Kolonien. So machten auch die unheimlichen Puppen Sinn.

Ich sagte ihm, dass ich ihn wegen des Körpermülls suchte. Ich hielt ihm meinen Presseausweis unter die Nase und überzeugte ihn, dass er es nicht mit den Bullen zu tun hatte.

Dampignaque stammte aus Kongo. Er gehörte zu einem kleinen Stamm, dessen Ältestenrat eines Tages zusammengetreten war und beschlossen hatte, einen jungen Mann in den Geheimnissen des Stammes zu unterweisen, ihn zur Schule und später in die Welt hinaus zu schicken, damit er Geld verdiene und das Volk unterstütze. Die Wahl fiel auf den jungen M´belé. Er wurde zum Mganga ausgebildet, das ist einer „Der so aussieht wie Jemand, in Wirklichkeit jedoch ganz etwas Anderes ist”: Eben ein Doktor, ein Zauberer und Seher, ein Priester, ein Exorzist, ein weißer und schwarzer Magier.

M´belé wurde nach Kinshasa in das Internat der französischen Missionare geschickt. Sie nahmen den jungen Mann auf und tauften ihn zu Ehren des Abtes auf dessen Namen Georges Dampignaque. Später kam er nach Paris und dann nach Berlin, wo er seit über zehn Jahren lebte.

In den letzten Jahren, so berichtete Georges, kamen immer mehr Weiße wegen eines Zaubers. Je unheimlicher, bombastischer und abstoßender er zauberte, desto besser zahlten sie. Er überwand seine

Skrupel und zauberte für Potenz und für Kindersegen und gegen Haarausfall.

Dann wollten immer mehr Leute bösen Zauber. Sie wollten Stellvertretermorde und Krankheiten, um mißliebige Personen loszuwerden. Zuerst zauberte Georges mit Fetischen aus Holz, doch eines Tages wollte jemand einen wirklichen, einen echten Zauber. Er bot Georges so viel Geld, dass dieser sich entschloß, einen Behälter mit Operationsmüll mitgehen zu lassen.

Georges führte mich über schwankende Leitern und Plankenstege in den Keller des verrotteten Hauses. Wir gelangten in einen Raum, der von einer runden, aus Brettern und Fellen errichteten Hütte mit zylindrischem Dach ausgefüllt war. Vor uns befand sich eine lappenverhängte Öffnung. Schrecklicher Gestank schlug uns entgegen.

Dampignaque zündete ein paar Kerzen an. Er zog seine Schuhe aus und bedeutete mir, es ihm gleichzutun.

Ich zögerte, dabei bin ich selbst wirklich alles andere als ein Reinheitsapostel.

„Scheiße, Mann", brummte Georges mißmutig, „ich hab grad erst sauber gemacht und aufgeräumt."

Wir schlüpften in die Hütte. Unmittelbar vor mir wuchs ein bestimmt drei Meter hoher, lehmgeformter Götze aus dem Boden. Dampignaque entzündete eine weitere Kerze und ich unterdrückte einen Schreckensschrei.

Der Fetisch war zu Leben erwacht und grinste verachtungsvoll auf mich herab. Ich meinte sein hämisches Gelächter zu hören. Der Schein der Kerze ließ zuckende Schatten über sein Gesicht flackern.

In einer Plastikschüssel klebten weiße und rote Federn. Auf dem Fußboden bemerkte ich rostbraune Flecke. Und nun wußte ich auch, woran mich der Geruch erinnerte.

In meiner Jugend war er beim Schlachten aus den geöffneten Tierleibern und von dampfendem Blut aufgestiegen. Über der Türöffnung waren ein weißer und ein roter Hühnerkopf angebracht. Wie in Dampignaques Wohnung lagen auch hier überall Fetischfiguren, wundenbesät, mit Nadeln in den Augen und in den Genitalien.

Im Bauch des Götzen befand sich eine Art Altar, und dort erblickte ich, was ich gehofft hatte nicht sehen zu müssen: Abgetrennte Gliedmaßen, Innereien, ein Herz. Von Nägeln durchbohrt, stellvertretend geschändet und gepeinigt für einen Menschen, dem der mörderische Zauber galt.

Natürlich brachte ich Dampignaque nicht zu Ungeld. Nur weil jemand Müll klaut mit ihm zur Polizei?

Ich fuhr mit Dampignaque in die Uniklinik, und er kam in Quarantäne. Mich wollten sie ebenfalls dabehalten, aber ich sagte ihnen, ich hätte keine Zeit.

Der Arzt meinte, das wäre natürlich in Wahrheit ganz etwas anderes. Doch ich hab's nun mal nicht gern, wenn man sich über mich lustig macht, mit mir ist dann nicht gut Kirschen essen, und der Professor hat es schließlich auch verstanden.

Ich fuhr in die Redaktion, schrieb meinen Artikel und ließ die Story auf Windingers Schreibtisch flattern.

Der Ressortleiter las. Dann fragte er stirnrunzelnd, „Und? Was soll das?"

Ich sagte, „Ist das nicht verrückt? So etwas passiert mitten in der Stadt, und niemand hat davon auch nur die geringste Ahnung."

„Verrückt", entgegnete Windinger, „aber nein, das ist einfach nur widerlich." Er schüttelte den Kopf. „Ist das etwa Ihr Ernst, dass Sie unsere Berliner Neuesten Abendnachrichten in eins dieser Revolverblätter umfunktionieren wollen?"

„Mann, Windinger." Ich war weiß vor Wut, und ich war selbst überrascht, wie laut ich schrie, „Das ist die Wirklichkeit da draußen."

Die Wahrheit war natürlich, dass ich unglaublich erbost darüber war, dass mir ganz offensichtlich mein Honorar durch die Lappen ging.

„Ach, hören Sie doch auf", sagte Windinger kühl, „wie lange sind Sie eigentlich schon Reporter? Aber ich erklär es Ihnen gerne noch einmal. Was wirklich ist, bestimmt der Herausgeber und nicht irgendein Zauberkünstler."

Diese Geschichte erschien zuerst als Teil einer Reportagenserie, geschrieben für die Wochenendbeilagen der **Berliner Neuesten Abendnachrichten [BNAN]**.

Der Zocker

Gabi Neumayer

Köln. Der „Zocker" hat wieder zugeschlagen. Sein drittes Opfer wurde am frühen Morgen im Volksgarten von einer Joggerin entdeckt. Neben der strangulierten Leiche fand man einen Würfel – das Markenzeichen des Zockers.

„Hey! Mach uns noch zwei Kölsch!"

Die Kellnerin nickte und verschwand um die Ecke Richtung Tresen. Roman wandte sich seinem Kumpel Ludger zu. Er zündete sich eine Lucky Strike an. „Was wollen wir eigentlich in diesem Laden? Das ist doch nur was für Weiber." Er deutete auf die Wände in Dunkelrot und Gold und auf die mannshohen Kerzenleuchter, die für schummriges Licht sorgten.

Ludger strich sich eine fettige Locke aus der Stirn und ließ das Zweimarkstück über seinen Handrücken wandern. Hin und her, hin und her ...

Roman trat gegen das Tischbein. Die Münze fiel klirrend in den Aschenbecher. „Hey, ich hab dich was gefragt!"

Ludger fischte das Geldstück aus den Kippen und wischte es an seinem Hemd ab. „Seit wann hast du denn was gegen Frauen?"

Roman hatte ganz und gar nichts gegen Frauen. Wenn auch manche etwas gegen ihn hatten. Aber davon ließ er sich in der Regel nicht abhalten.

Ludger zeigte mit leuchtenden Augen zum Spiegel hinüber. „Guck doch mal die da! Geil."

Die Frau, die sich in die Nische beim Spiegel gesetzt hatte und an einem Cocktail nippte, hatte wirklich Klasse. Glattes schwarzes Haar, schwarzes Kleid, roter Seidenschal und ein Körper ... In Romans Kopf begann sein alter Film zu laufen: Er riss ihr das Kleid vom Leib, packte in ihr schwarzes Haar, bog ihren Kopf zurück; sie starrte ihn erschrocken an ...

Roman zog tief an seiner Zigarette. Er warf Ludger einen spöttischen Blick zu und lachte. „Na, für dich ist die jedenfalls eine Nummer zu groß, Mann", sagte er. „Das ist was anderes als die Tussis, die du immer am Bahnhof aufreißt."

Ludger lachte nicht.

Scheiß drauf, dachte Roman. Der Typ hat einfach keinen Sinn für Humor.

Jetzt kramte die Frau in ihrer schwarzen Ledertasche und zog ein Portemonnaie hervor. Roman war fasziniert von ihren blutroten Fingernägeln. Wie die sich wohl anfühlten, wenn sie über seinen Rücken kratzten?

Ludger riss ihn aus seinen Träumen. „Wenn du meinst, dass du auch nur den Hauch einer Chance bei einer hast, die was mit Schirmchen drin trinkt ..."

Roman fuhr blitzschnell herum und packte Ludger am Kragen seines fleckigen Hemdes. „Worum wettest du?"

„Ich wette nicht."

Roman stieß ihn weg. „Weil du ein dreckiger Versager bist!" Er wischte sich die Hand an seiner Jeans ab. „Du könntest doch nicht in hundert Jahren bei einer solchen Frau landen."

„Leck mich!"

Wie auf Kommando griffen beide nach ihren Gläsern und stürzten ihr Bier hinunter. Roman knallte sein leeres Glas als Erster auf den Tisch. Als er sich wieder nach der Frau in Schwarz umsah, verschwand sie gerade um die Ecke. Wahrscheinlich wollte sie zum Klo oder Zigaretten ziehen.

Roman hatte nicht vor, sich diese Gelegenheit entgehen zu lassen. Er lief zur Nische hinüber und vergewisserte sich, dass ihn niemand beobachtete. Niemand außer Ludger, der ihm mit offenem Mund nachstarrte. Roman öffnete die Handtasche der Frau und begann zu kramen.

Was Frauen so alles mit sich rumschleppten! Zwei Zeitungsausschnitte mit halben Anzeigen für Computer und Waschmaschinen drauf - wozu, zum Teufel, brauchte jemand so was? Oder der Beinrasierer; so sahen die Dinger also aus. Zigaretten, Adressbuch, Führerschein, Kreditkarten. Ein schwarzes Knäuel, das sich beim Aufrollen als durchsichtige Seidenstrumpfhose entpuppte. Dann noch ein Geschenkpäckchen mit dem Aufkleber eines Spielwarenladens.

Das gefiel Roman überhaupt nicht. Frauen mit Kindern hatten immer so viel im Kopf, dass sie sich gar nicht richtig auf ihn konzentrieren konnten.

„Hey!"

Er fuhr hoch; Ludger fuchtelte wild mit den Armen. Die Frau kam zurück.

Roman ließ die Tasche fallen und schlenderte betont langsam zu Ludger hinüber. Ludger war eine Memme. Kein richtiger Mann geriet in Panik wegen einer Frau.

„Mann, das war knapp!" Ludger war so aufgeregt, dass er sogar aufgehört hatte, seine Münze wandern zu lassen. Wie eine glänzende Kakerlake hockte sie zwischen seinen Fingern.

Roman ließ sich lässig in seinen Stuhl fallen. „Quatsch. Das war super getimed."

„Und was sollte das?"

„Du hast wohl noch nie eine Frau gehabt, für die du nicht bezahlen musstest, was?"

„Du würdest dich wundern ..."

„Ach ja? Und wie hast du die angemacht? Hast du ihr was mit deiner Münze vorgezaubert?"

Ludger knallte das Zweimarkstück auf den Tisch und schrie der Kellnerin zu: „Ein Bier, aber schnell!"

Roman lachte. „Hey, Mann, beruhig dich, war doch nur Spaß." Er zündete zwei Zigaretten an und hielt Ludger eine hin. Dann klärte er seinen Kumpel auf: „Also, das Spiel läuft so: Wenn du eine todsicher rumkriegen willst, dann kannst du das auf die brutale Tour machen. Du kannst sie aber auch rumkriegen, wenn du was über sie weißt. Und wenn du die Handtasche einer Frau kennst, weißt du so gut wie alles über sie. Die hier zum Beispiel rasiert sich die Beine, hat Kinder, braucht einen Computer und ist wahrscheinlich gerade am Umziehen, weil sie eine Waschmaschine kaufen will."

Ludger war sichtlich beeindruckt.

Roman drückte seine Zigarette aus und stand breitbeinig auf. „Und jetzt beobachte den Meister und lerne!"

Drei Minuten später saß er der Frau in Schwarz gegenüber. Bisher war das Spiel nicht ganz so gelaufen, wie er das geplant hatte.

Er hatte sich vorgestellt und ihr eine Zigarette angeboten. Sie hatte ihn kühl gemustert und gesagt, sie rauche nicht. Er hatte geistesgegenwärtig behauptet, er wolle es sich eigentlich auch abgewöhnen - schon um seinen Kindern kein schlechtes Beispiel zu geben. Ob sie auch Kinder habe? Nein, hatte sie gesagt.

Was war mit der Frau los? War sie etwa mit einer fremden Handtasche unterwegs? Anders konnte er sich das alles nicht erklären.

Er setzte sich. Die Frau betrachtete ihn abschätzig, während er nach einem neuen Gesprächsthema suchte. Mit Kindern war er nicht weit gekommen, über Computer wusste er nicht das Geringste. Blieb noch die Waschmaschine.

„Vielleicht können Sie mir einen Tipp geben: Ich brauche unbedingt eine neue Waschmaschine."

„Tut mir Leid. Ich gebe meine Sachen immer in die Wäscherei." Sie winkte der Kellnerin und bestellte einen neuen Cocktail. Roman schloss sich ihr an - was immer dieses grüne Zeug auch sein mochte.

Als die Kellnerin die Cocktails brachte, stellte sie auch einen Würfelbecher auf den Tisch. Die Frau in Schwarz sah Roman spöttisch an, als könnte sie es kaum erwarten, dass er sich zum Affen machte.

Allmählich hatte er die Nase voll von diesem Spiel. Wenn sie glaubte, dass sie ihn wie einen Idioten behandeln konnte, dann würde er es nicht mehr lange auf die nette Tour versuchen.

Er blickte kurz in den Spiegel. Ludger grinste herüber und reckte den Daumen in die Luft.

Roman hatte keine Ahnung, worum es ging, aber er griff nach dem Würfelbecher und warf: eine Vier. Die Kellnerin würfelte eine Fünf.

„Man kann nicht immer Glück haben", sagte die Frau in Schwarz und würfelte nun ebenfalls. Sie hob den Becher ab, schaute aber nicht hin, sondern fixierte Roman. Auch den Wurf der Kellnerin verfolgte sie nicht. Sie sah die Kellnerin erst wieder an, als die ihr gratulierte: „Sie sind heute Abend einfach nicht zu schlagen! Der Cocktail geht dann also wieder aufs Haus." Sie nahm den Würfelbecher und ging.

Die Frau in Schwarz lehnte sich zurück. „Deswegen komme ich so gern hierher: Ich verliere nie beim Cocktail-Gambling." Sie leerte ihr Glas in einem Zug und stand auf. „Hat mich gefreut, aber es ist spät."

Roman starrte erst sein volles Glas und dann die Frau an. Das Miststück verarschte ihn! Aber wenn sie glaubte, dass er sich das bieten ließ, hatte sie sich geschnitten. Am liebsten hätte er ihr das höhnische Grinsen aus dem Gesicht geschlagen. Aber das konnte er nicht tun. Nicht hier.

Er stand ebenfalls auf. „Ich bringe Sie noch ein Stück."

Die blöde Kuh hörte einfach nicht auf zu lächeln. „Danke, aber das ist nicht nötig."

„Ich weiß, aber eine Frau sollte so spät nicht allein durch eine dunkle Straße gehen. Sie wissen ja: Der Zocker ist da draußen."

„Ich kann mich wehren." Und dann ließ sie ihn einfach stehen.

Roman folgte ihr auf die Straße. Sie sah ihn mit hochgezogener Augenbraue an. „Hören Sie, vielleicht haben Sie sich etwas anderes vorgestellt. Aber ich werde auf jeden Fall allein nach Hause gehen. Warum machen Sie sich nicht mit Ihrem Freund da drin noch einen netten Abend?"

Roman biss die Zähne aufeinander. Als sie ein Stück die Straße hinuntergegangen war, lief er ihr hinterher. Niemand sonst war um diese Zeit hier unterwegs. Die Straßenlaternen beleuchteten den Weg nur spärlich. Die Häuser auf der einen Straßenseite waren dunkel, und auf der anderen Seite erhob sich der Bahndamm.

Roman holte die Frau in Schwarz ein und packte sie grob am Arm. „Schluss mit diesen Spielchen!", stieß er hervor. „Wir werden jetzt Spaß haben. Eine Menge Spaß." Er griff ihr unter das Kleid. Im nächsten Augenblick fand er sich auf dem kalten Boden wieder, und der Nacken tat ihm so weh, dass er aufschrie.

Die Frau stopfte ihm ihren Schal in den Mund. Roman konnte sich nicht rühren, und so blieb ihm nichts übrig, als zuzusehen, wie die Frau den Elektroschocker in ihre Handtasche stopfte, den er für einen Rasierer gehalten hatte. Sie steckte sich seelenruhig eine Zigarette an und blies ihm den Rauch in die Augen. Dann zog sie die Seidenstrumpfhose aus ihrer Tasche und danach das Päckchen.

„Ich hatte noch keine Zeit, es auszupacken", erklärte sie und riss das Geschenkpapier achtlos ab. Sie packte Roman an Schulter und Becken und drehte ihn herum, bis seine Wange über das grobe Pflaster scheuerte.

Ein Stück Papier flatterte neben ihm zu Boden. Es war der Zeitungsausschnitt mit der halben Waschmaschinenanzeige. Die Frau bückte sich und drehte die Anzeige um. „Köln in Panik: Zweites Opfer des Zockers gefunden!" Im nächsten Moment spürte Roman die dünne Seide, die in seinen Hals schnitt. Das Letzte, was er sah, war der Würfel, der über den Bürgersteig kullerte und schließlich neben seinem Kopf liegen blieb. Eine Sechs.

Köln. Der „Zocker" mordet weiter. Heute morgen wurde am Bahndamm in der Eisenstraße die Leiche eines jungen Mannes gefunden. Neben ihm lag ein Würfel, der ihn als Opfer des Zockers ausweist. Doch auch nach diesem Mord hat die Polizei offenbar noch keinerlei Anhaltspunkte für die Identität des Zockers, der nun schon vier junge Männer auf dem Gewissen hat.

Schwimmtraining

Ulrike Rudolph

„Der arme Kerl: Wie ein Häufchen Elend steht er da, die Knie fest zusammengepreßt. Jetzt winkt er und lächelt tapfer. Ich könnte heulen!"

Heide riß die linke Hand hoch und winkte zurück. Dann setzte sie ihren Kampf gegen den Widerstand des Wassers fort, mit zusammengebissenen Zähnen und weit geöffneten Augen. Sie zog schon die achtzehnte Bahn durch das große Becken des Fun-Bades, das die Honoratioren des Kurortes als Touristenattraktion in einen Pappelhain direkt am Rheinufer hatten bauen lassen. Diese Bilderbuchlage interessierte Heide jedoch nicht in geringsten. Sie schwamm konzentriert – immer eine Länge in Rückenlage, zurück im Bruststil. Den Kopf hielt sie angestrengt hoch, so daß er unnatürlich weit aus dem Wasser herausragte. Dabei war ihr auch die Frisur vollkommen gleichgültig. Früher hatte sie den Kopf mehr unter als über Wasser gehabt, ja früher, da hatte sie die alten Damen belächelt, die Gummihauben mit Plastikblümchen trugen. Die wippten lustig beim Schwimmen, doch nach dem Bad sahen die Frauen trotzdem aus wie die zerrupften Hühner. Aber das war in einem anderen Leben gewesen. In den letzten Wochen nahm sie die Damen gar nicht mehr wahr. Heides Blicke klebten nur noch an ihrem Achtjährigen, oder sie tasteten sein direktes Umfeld ab, was bei den durch die leise flatternden Blätter der hohen Pappeln tanzenden Sonnenflecken gar nicht einfach war. Der rasche Wechsel von Licht und Schatten gaukelte ihr in diesem besonderen rheinischen Sommer Bilder vor, die sie mißtrauisch betrachtete. Teilweise schien es gar, als lache ihr Kleiner. Heides Augäpfel schwammen in ihren Höhlen, das Weiße war von roten Äderchen durchzogen. Sie wischte mit dem nassen Handrücken darüber.

„Ich muß mich langsam an den Gedanken gewöhnen, eine Schwimmbrille zu tragen, sonst kann ich bald gar nichts mehr sehen, und das darf nicht sein, gerade hier nicht."

Schon vor einer Viertelstunde hatte sie aufgehört zu zählen, wie oft Joschi ins Wasser sprang. Jetzt kletterte der Kleine wieder aus dem Becken und rannte um die Startblöcke herum zu dem ausladenden Einmeter-Sprungbrett.

„Er soll doch nicht rennen, wie oft habe ich ihm das schon gesagt, das ist viel zu gefährlich ..." In dem Versuch, rascher in die Nähe ihres Sohnes zu gelagen, zog Heide die Arme schneller durch das Wasser und schlug die Beine fester zusammen. „Jetzt balanciert er wieder so weit vorne auf dem Brett herum, gleich wird er fallen und sich verletzen – noch mehr verletzen ..." Heide spürte, wie ihr Herz aus dem Takt geriet und zwang sich zu langsameren Zügen. „Was soll nur werden? In seinen Träumen schreit er nach mir. Und ich kann nichts tun, habe versagt, war nicht da, um ihn zu beschützen vor dieser Bestie!"

Heide rang nach Luft und dachte an ihren Arzt. Sofort versuchte sie, ihre Bewegungen zu drosseln, Joschi war ja sicher im Wasser. „Und Werner – dieser Pragmatiker! Entweder zur Polizei oder Schwamm drüber. ‚Du kannst doch nicht einfach einen Nachbarn anzeigen, nur weil dein Kind sich anders als sonst verhält', hatte er gesagt, und schulterzuckend angehängt, ‚der Junge sagt doch nichts, vielleicht rückt er ja bei der Polizei mit der Wahrheit raus'. Und das als Vater! Joschi würde kaputt gehen, müßte er erklären, warum er sich so eingekapselt hatte, ständig krank war und ins Bett machte, seit dieses widerliche Schwein nebenan eingezogen ist und die Kinder in seinen Keller lockt. ‚Eisenbahn', dass ich nicht lache!"

Heide schüttelte den Kopf in dem sinnlosen Bemühen, den milchigen Schleier vor ihren Augen zu entfernen. Hart spürte sie ihre Schultermuskulatur, und auch ihren Herzrhythmus fühlte sie deutlich, unregelmäßig, holperig. „Ich muß aufpassen," rief sie sich zur Ordnung. „Überanstrengen darf ich mich auf keinen Fall, hat der Doc gesagt, sonst wird's gefährlich und schadet mehr, als daß es nützt." Sie beendete die Bahn und stieg mit zittrigen Knien die Leiter empor. Gerade hüpfte der Kleine wieder vom Einer und tauchte prustend auf. Wie ein kleiner nasser Hund krabbelte er ans Ufer, schüttelte sich das Wasser aus den dunklen Locken und ließ sich neben ihr auf die Liege fallen. „Gehen wir gleich auch noch ins Blubberbecken, Mutti?" fragte er atemlos.

„Solche Fragen hat er früher nicht gestellt! Da ist er einfach losgerannt." Vorsichtig – als sei die Haut darunter offen – löste Heide die nassen Haarsträhnen von der Stirn des Jungen. Sie schluckte und bemühte sich um ein zuversichtliches Lächeln. „Natürlich gehen wir noch rüber, wenn du möchtest, ich muß mich nur kurz ausruhen."

Joschis Gesicht hellte sich für den Bruchteil einer Sekunde auf, nur um sich sofort wieder zu verdunkeln. Seine kleine Hand legte sich in einer zärtlichen Geste auf ihren Unterschenkel. „Aber du mußt dir jetzt gleich Spray auf die Risse tun, ja? Sonst entzünden sie sich wieder."

Heide riß ihre Augen vom Gesicht des Sohnes los und senkte den Blick langsam auf ihre Füße. Die Rhagaden in der Haut zwischen ihren Zehen waren schon wieder größer und tiefer geworden. Das Fleisch schimmerte rosa zwischen den aufgequollenen weißen Rißkanten der Haut hervor – flüchtig dachte sie an den toten Fisch, den sie beim Bezahlen neben dem Kassenhäuschen im flachen Uferwasser des Rheins hatten schaukeln sehen. Sie seufzte, rieb die Stellen an ihren Füßen trocken und suchte in ihrer Badetasche nach der Canifug-Lösung. Schließlich fand sie sie im Seitenfach der Tasche, wo auch ihre Notfallausrüstung gegen Unterzuckerung und das schwarze Plastiketui steckte, ihr „Überlebenspäckchen", wie sie es mit erlahmendem Galgenhumor nannte. Seufzend sprühte sie sich den dünnen Nebel des Breitspektrum-Antimykotikums auf beide Füße. Als ihr der beißende Alkoholdunst in die Nase stieg, war sie froh, keinen Schmerz zu empfinden. „Wenigstens der Körper kann sich schützen," dachte Heide bitter. Gleichzeitig wurde ihr bewußt, daß sie sich schon unverantwortlich lange mit ihren Füßen befaßte. Rasch drehte sie den Kopf zum Sprungturm.

Dort stand Joschi schon wieder vorne auf dem Brett und winkte zu ihr herüber. Heide erstarrte. Das Sprayfläschchen glitt ihr aus den Fingern. Dicht hinter dem Kleinen stand das Schwein! Der neue Nachbar mit der Eisenbahn im Keller. Seit Joschi nicht mehr zu ihm kam, tauchte er gelegentlich hier im Schwimmbad auf. Typisch, er war immer hinter den kleinen Jungs her, glotzte, grinste geil und grüßte Heide, als habe er ein reines Gewissen. Selbst auf die lange Außenrutsche folgte er den Kindern, viel zu dicht rannte er hinter ihnen die gewundene Treppe empor – peinlich in seinem Alter, aber das war dem natürlich gleichgültig. Heide war aufgesprungen und dem Fläschchen hinterher gelaufen, das klirrend über die geflieste Umrandung des Beckens hüpfte, ohne den Blick von Joschi zu nehmen. Sie stolperte über eine Fliesenkante, fing sich aber sofort wieder. Den eingerissenen Nagel an ihrem rechten großen Zeh bemerkte sie nicht. Kurz vor dem Beckenrand bückte sie sich und griff nach dem Spray. Der Mann in dem knappen schwarzen Schwimmslip streckte gerade beide Hände aus und legte sie ihrem Kleinen von hinten auf die Schultern. Heide sah genau, wie der Kleine zusammenzuckte, und sie hörte seinen Schrei: „Mutti", gepeinigt wie nachts im Traum. Dann war er auch schon im Wasser und sie ebenfalls. Mit einer Hand hielt sie sich heftig keuchend am Beckenrand fest, die andere preßte den Kleinen an sich, während ihre Füße automatisch Wasser traten. „Mutti?" Joschi wand sich in ihrem Arm. „Mutti? Was ist los? Ich wollte dir doch nur meinen Kopfsprung zeigen?" Der widerliche Typ stand immer noch am Rand des Einmeterbrettes, das Gesicht zu einer anzüglichen Grimasse mit gefletschten Zähnen verzogen. Später hätte Heide schwören können, daß die Badehose seine gewaltige Erektion kaum zu bedecken vermochte.

„Ist alles in Ordnung, Frau Kistes?" schleimte es in ihr Ohr. Heide schüttelte angewidert den Kopf und gab zögernd den strampelnden Sohn frei. Erst jetzt bemerkte sie, daß das Sprayfläschchen die ganze Zeit in ihrer Hand gewesen war. Der Beckenrand hatte es tief in ihren Ballen gedrückt, wo es deutliche Spuren hinterlassen hatte, von denen sie nichts spürte. Es ging ihr ganz entschieden schlechter, sie mußte sich vorsehen ... Als sie den besorgten Blick des Kleinen sah, lächelte sie ihn an. „Gut hast du das gemacht, ich dachte nur, der ... Herr Dreher hätte dich geschubst?"

„Ach wo, der hat nur gefragt, ob wir zusammen springen sollen, Doppelarschbombe." „Pobombe", dachte Heide mechanisch, während sie gegen den immer stärker werdenden Brechreiz ankämpfte. Der Kinderschänder verschwand gerade Richtung Whirlpool, Gott sei Dank. Sie atmete tief ein und fuhr fort, Wasser zu treten. Ihr Kind war inzwischen schon wieder auf dem Sprungbrett angekommen. „Mutti, Mutti, können wir jetzt zum Blubberbecken?"

„Ja in Ordnung, machen wir". Mühsam zog sich Heide aus dem Wasser, als Joschi noch ein letztes Mal sprang. Da trainierte sie nun seit Monaten, konsequent, genau wie der Arzt es angeordnet hatte, aber sie fühlte sich kein bißchen besser, im Gegenteil. Ihr Stoffwechsel schien immun gegen diese Herausforderung zu sein. Sie wurde immer schwächer und klapperiger. Jetzt hatte sie das Gefühl, gleich umkippen zu müssen. Benommen tastete sie sich an der Liege entlang zu ihrer Badetasche. Wo waren ihre Medikamente noch gewesen? – Ah da! Das Sprayfläschchen glitt in das Seitenfach. Dann nahm sie die Tasche auf. Kleine Blitze schossen durch ihr Blickfeld – oder waren es nur Lichtreflexe durch die Blätter über ihr? –, als sie dem Kleinen zu dem schmiedeeisernen Tor folgte, das den Bereich um den Whirlpool vor dem Ansturm der Besucher des Freibades abschirmen sollte. Joschi ging mit hängenden Schultern vor ihr her, x-beinig seit neuestem. Die Knie streiften aneinander entlang und sie hätte ihn am liebsten wieder in den Arm genommen. Aber seit diesem Vorfall wollte er nicht mehr angefasst werden, war auf Distanz gegangen – auch zu ihr. Heide schluckte und wischte sich erneut über die Augen. Dann sah sie das dampfende Rundbecken. Nur ein Kopf ragte aus dem schäumenden Wasser: das Ekel, konnte das wahr sein? Heide spürte, wie sich ihre Fäuste noch fester zusammenballten. Hätte sie sich auch denken können, daß ihm das gefiel – Geblase von allen Seiten! Hatte er vielleicht auch noch einen Lustknaben dabei? Nein, er war allein.

Das Wasser war heiß im Vergleich zu den anderen Außenbecken. Heide ließ sich zwischen ihrem Sohn und dem Mann ins Wasser gleiten und platzierte sich in dem kleinen Becken so, daß sie dem Schweinehund nicht ins Gesicht schauen mußte: dicht neben ihn. Der Kleine hockte ihnen gegenüber. Heide versuchte sich zu entspannen, aber ihr Herz trommelte einen fremden, abgehackten Rhythmus, der sie ängstigte. Sie hielt beide Hände zu Fäusten geballt eng an ihre Oberschenkel gepreßt. Der Typ neben ihr stöhnte leise. Er hatte den Kopf in den Nacken gelegt und hielt die Augen geschlossen, jedenfalls sah es so aus. Vermutlich aber beobachtete er durch die Schlitze den Kleinen; und wer wußte schon, was seine Hände unter Wasser taten ...

Nein, das hielt sie nicht aus, ihr wurde speiübel. „Komm, wir müssen gehen.“ Heide stieß sich so heftig ab, daß der Kerl neben ihr zusammenzuckte.

Den Kleinen an der einen Hand, die Badetasche in der anderen, steuerte sie wankend auf die Umkleidekabinen zu. Zwei kleine Mädchen kamen ihnen Eis schleckend entgegen und wichen in einem großen Bogen aus. Heide spürte nicht, wie sie ihnen nachstarrten.

„Mutti, was ist los? Du hast ja deinen Pen in der Hand. Hast du den etwa mit im Blubberbecken gehabt?” Heide blieb stehen und suchte den Blick ihres Sohnes. Seine sonst so sanfte Stimme hörte sich plötzlich scheppernd an und er sah so verschwommen aus wie hinter einer Milchglasscheibe. Ihr ganzer Körper fühlte sich an, als gehöre er jemand anderem. Joschi zog seine kleine Hand langsam aus der ihren und drehte ihre Handfläche vorsichtig nach oben. Heide stierte auf den silbrig glänzenden Stift, ihren Insulinapparat, der in ihrer geöffneten Faust zurückgeblieben war. Sie spürte ihn nicht. Darüber mußte sie mit dem Doc reden.

Ein lautes Knirschen ließ sie zusammenfahren. Das folgende blecherne „Eins-zwei-eins-zwei“ trieb ihr trotz aller Übelkeit ein Glucksen in die Kehle. Dann kam ein Räuspern, und eine schrille Frauenstimme plärrte in einem Hochdeutsch, dem die kölsche Herkunft deutlich anzuhören war, aus dem Lautsprecher – direkt über Joschi: „Ist ein Arzt hier? Er soll sofort zum Sanitätsraum neben den Umkleiden kommen. Aber schnell, wir haben hier einen Notfall!”

Heide lehnte sich gegen den Stamm einer Pappel am Weg vor den Kabinen und versuchte gleichmäßig zu atmen. Der Kleine blickte sich um und stieß sie unsanft in die Seite: „Guck mal, Mutti, der Herr Dreher!”

Sie riß die Augen auf und versuchte zu erkennen, was sich inmitten der aufgeregten Menschentraube tat, die sich an ihnen vorbei schob. Zwischen zwei Mädchen hindurch sah sie ihn: Der Scheißkerl schien zu schweben wie in einem Zaubertrick. Er tropfte das rauhe Pflaster des Wegs naß, aber das machte ja nichts, Moos und Gras würden sich freuen. Harmlos sah er nun aus, geradezu friedlich, wie er da lag, auf seiner Bahre. Seine Arme baumelten beschwingt an beiden Seiten herunter. Wieder spürte Heide, wie kitzelnde Gluckser ihren Hals heraufzuperlen versuchten. Jetzt hatte er die Augen weit geöffnet, aber sie starrten keinen Jungs hinterher, sondern blicklos ins Blattwerk der Bäume oder in das dazwischen sichtbare Blau dieses nun auch für ihn so ganz besonderen rheinischen Sommers.

Heide spürte, wie ihre Knie nachgeben wollten. Sanft schob sie ihren Sohn auf die Umkleidekabinen zu. „Komm, wir müssen weg hier. – Sonst erkältest du dich noch!”

Fluchtversuche

Brigitte Tholen

Baumann sah aus dem vergitterten Fenster auf den Hof der Justizvollzugsanstalt. Die Hände umklammerten die Eisenstäbe während er angestrengt auf das Haupttor sah.

Es war heiß draußen. Die Temperatur in der Krankenstation jedoch war angenehm kühl.

Zurzeit war er der einzige Patient. Ein Umstand, der sein Vorhaben begünstigte. In Gedanken spielte er alles noch einmal durch. Eigentlich konnte nichts schief gehen. Das Geld wartete in einem perfekten Versteck auf ihn.

Gleich würde der Müllwagen kommen, und wenn alles gut ging, könnte Baumann in einer halben Stunde die Freiheit sehen. Er kniff seine Augen zusammen. Da, endlich kam der Wagen der Müllabfuhr durch das Tor, fuhr an Trakt 1 vorbei und bog ab zum Hauptgebäude.

Zur gleichen Zeit öffnete sich die Tür zur Krankenstation. Krankenpfleger Krause winkte Baumann nervös zu. Auf dem Flur stand ein Container und mit einem Schwung hechtete Baumann hinein. Krause schüttete die Kübel Müll, die er aus der Küche geholt hatte, darüber und bald war nichts mehr von Baumann zu erkennen.

Während der Container den Flur entlang geschoben wurde, hatte Baumann das Gefühl zu ersticken. Er hielt die Augen geschlossen, der Abfall stank erbärmlich nach vergammelten Essensresten, aber er wagte nicht sich zu bewegen. „Du musst durchhalten", sagte er sich.

Vera hatte in den letzten zehn Minuten mindestens fünf Zigaretten geraucht. Ihr Blick ging immer wieder zur Standuhr, auf der sich der Zeiger nur träge vorwärts zu bewegen schien.

Jetzt, jetzt, war immer seine Zeit. Egal wie, Egal wo, um diese Zeit musste er essen. Immer. Eine Marotte, ein Magenproblem? Ihr war es egal. Hauptsache, er würde jetzt seinen Fisch essen.

Franz war Hobbyangler. Bei ihm bissen die Fische besonders gerne an, pflegten seine Freunde zu sagen. Mit Recht. Niemand hatte solche Fangergebnisse wie er. Oft fuhr er mitten in der Nacht los und kam erst am nächsten Abend spät wieder. Der Fisch wurde dann an Nachbarn und Freunde verteilt. Diesmal würde es anders laufen. Was er wohl jetzt für einen Fisch aß? Forelle, Schlei, Barsch? Gewürzt mit ihrer berühmten Kräutermischung

Baumann versuchte so gut es ging, den Gestank zu ignorieren. Der Container stoppte. Das Geklimper schwerer Schlüssel war zu hören und quietschend öffnete sich eine Tür. Wieder ging die Fahrt weiter, die Rampe herunter in den Hof.

„Na Krause, wie geht's?" Die Stimme des Müllfahrers drang bis zu Baumann.

„Ach wie soll's einem schon gehen bei dieser Hitze. Würde jetzt lieber im See schwimmen oder ein schönes, kaltes Bier trinken."

„Ich auch", lachte der Müllfahrer und übernahm den Container um ihn mit einem Schwung auf eine Hebevorrichtung zu schieben. Er betätigte einen langen schwarzen Griff und Baumann spürte wie es in die Höhe ging. Ein Ruck, ein Stoß und der Container leerte seine Fracht ins Wageninnere.

„Ich hab's geschafft! Ich hab's wirklich geschafft!" Baumann triumphierte, während er kopfüber in weiterem Müll landete. Jetzt war alles nur noch ein Kinderspiel.

Der Müllwagen fuhr an, stoppte kurz vor dem Tor, hupte und Baumanns Fahrt in die Freiheit begann. Langsam wühlte er sich aus dem Abfall nach oben. Es war dunkel im Wageninneren aber seine Augen hatten sich schnell daran gewöhnt. Baumann befreite sich von den Resten, die überall an seiner Kleidung festsaßen. Oh Mann, er würde fürchterlich stinken.

Aber das war im Augenblick nicht das Wichtigste. Schritt für Schritt näherte er sich dem hinteren Teil des Wagens. Eine Klappe am unteren und eine Plane mit Lederschlaufen am oberen Teil, waren jetzt noch die einzigen Hindernisse, die es zu überwinden galt. Aber der richtige Augenblick zählte.

Vorsichtig löste er eine der Schlaufen und schob ein Stück der Plane hoch. Blinzelnd sah er ins grelle Licht und versuchte sich zu orientieren.

Der Müllwagen musste sich kurz vor der letzten Ampelkreuzung in Oldenburg, Richtung Edewechterdamm befinden. Er hoffte, dass der Wagen noch einmal halten musste, denn hier war zurzeit wenig

Verkehr. Ein Sprung und er wäre draußen. Wachsam registrierte er zwei Radfahrerinnen in zehn Metern Entfernung. Das war keine Gefahr.

Das Müllauto verlangsamte die Fahrt und kam zum Stehen. Die Ampel musste auf Rot geschaltet haben. Das war seine Chance. Er zwängte sich zwischen Klappe und Plane und sprang.

Er kam gut auf und mit schnellen Schritten erreichte er den Bürgersteig, sprintete zu einem Hofeingang und blieb mit keuchendem Atem stehen. Mit dem Ärmel seines Hemdes wischte er sich den Schweiß von der Stirn.

Langsam ging er zur Hausecke zurück und sah, dass der Müllwagen gerade wieder die Fahrt aufnahm und auf die Bundesstraße bog.

Jetzt hatte er es wirklich geschafft. Sein Blick fiel auf den Lebensmittelmarkt an der gegenüberliegenden Seite und streifte die Fahrräder in den Ständern. Irgendeinen Trottel würde es bestimmt geben, der seinen Drahtesel nicht abgeschlossen hatte. Ein Fortbewegungsmittel brauchte er jetzt unbedingt.

Baumann überquerte schnell die Straße. Einige Meter vor dem Parkplatz ging er zu einem gemächlicheren Tempo über.

Gleich das zweite Fahrrad war nicht angekettet und besaß nirgendwo ein Schloss. Es passte alles.

Vera ging hinunter in die Küche, setzte Teewasser auf und holte eine Tasse aus dem Schrank. „Guten Appetit Franz", lächelte sie.

Draußen knatterte ein Moped vorbei und Veras Herz geriet kurz aus dem Takt.

„Du musst jetzt ruhig bleiben", ermahnte sie sich. „Es ist entschieden.

Sie dachte kurz an ihr trostloses Leben. Während sie sich ein Kluntjestück in die hauchdünne Tasse legte, sah sie zum Telefon. Ob er sich vorher noch melden würde?

Der Kandis knirschte und splitterte, als sie den heißen Tee darüber goss.

Er hatte vor dieser alten Scheune gestanden, groß, kraftvoll. Als sie ihn ansprach, waren seine Blicke unter halbgeschlossenen Lidern über sie hinweggehuscht. Erst als sie erwähnte, diese Scheune gehöre ihrem Mann, war er aus seiner Trägheit erwacht. Wie ein Tier, das Witterung aufnimmt.

Sie erinnerte sich jetzt überdeutlich an diese Begegnung.

„So, so. Euch gehört also dieser alte Schuppen. Was macht Ihr damit?"

Sie hatte die Schultern gezuckt. „Mein Mann hat sein altes Auto darin. Es läuft nicht mehr. Nun will er es irgendwann nach und nach reparieren und so lange stehen lassen, bis es ein Oldtimer geworden ist."

Diese Scheune hatte letztendlich dazu geführt, wusste Vera heute, dass er sich weiter mit ihr unterhielt.

Gelassen schwang Baumann sich auf das Rad und fuhr in Richtung Papenburg davon. Sie würden ihn erst im Ort suchen, so hoffte er. Nicht auf freier Strecke, wo er für alle sichtbar war. Frechheit siegt.

Bei einem Möbelgeschäft bog er von der Hauptstraße ab. Zwei Kilometer weiter lief der Weg direkt am Küstenkanal entlang. Baumann entschloss sich hier zu fahren, da Bäume und Sträucher dichter wuchsen und die Sicht zur Straße hin versperrten. An einer ruhigen Stelle könnte er baden um sich von dem ekligen Gestank zu befreien.

Hinter einer Biegung, als er das Rad schon wegen des unwegsamen Pfades schieben musste, tauchte der Rücken eines Mannes auf, der auf einem Schemel hockte und konzentriert ins Wasser schaute. Ganz still saß er, als wäre er mit der Natur verwachsen. Links und rechts hatte er Angeln aufgestellt, deren Posen spielerisch über die kleinen perlmuttfarbenen Wellen des Wassers tanzten.

Der Mann hatte Baumanns Kleidergröße, das hatte er mit einem kurzen Blick abgecheckt. Ein Geschenk des Schicksals. Neben dem Angler garte auf einem kleinen Grill ein Fisch. Der köstliche Geruch machte Baumann bewusst, wie groß sein Hunger war.

Im Gras sah er den dicken Ast einer Eiche liegen. Leise ließ er das Fahrrad sinken, nahm das Stück Holz und pirschte sich über den weichen Grünteppich heran.

Ein fester Schlag, der Angler blieb einen Augenblick ruhig sitzen, fiel dann im Zeitlupentempo auf die Seite. Das würde reichen, um ihn die nächsten zehn Minuten außer Gefecht zu setzen. Zur Not musste er noch einmal zuschlagen. Hastig zog Baumann sich aus, sprang kurz ins Wasser um den Geruch loszuwerden. Den zusammengesunkenen Mann behielt er immer im Auge.

Schließlich stieg er aus dem Wasser und entkleidete den Bewusstlosen. In den Hosentaschen fand er noch dessen Brieftasche und Geldbörse.

„Besser kann es gar nicht kommen", frohlockte er.

„Jetzt noch etwas essen." Hungrig inspizierte er den gegrillten Fisch.

Das musste ein Barsch sein. Der würzige Duft ließ ihm das Wasser im Munde zusammenlaufen. Er machte sich nicht die Mühe in der Tasche des Anglers nach Messer oder Gabel zu suchen. Stück für Stück löste er das zarte Fleisch mit den Händen. Immer wieder sich neu die Finger verbrennend, immer wieder neu kühlende Luft darauf zu pusten ... Der Fisch schmeckte köstlich.

Es war ruhig im Haus und auch auf der Straße schien das Leben ausgestorben zu sein. Kein Hund bellte, keine Kinder spielten auf den Rasenflächen. Es schien, als hielte die Welt für einige Zeit den Atem an. Verrückt. Sie schüttelte den Kopf. Was sie sich nur alles einbildete. Sie machte einen schnellen Schritt zum Telefon und nahm den Hörer ab. Das Freizeichen war laut und deutlich zu hören. Vielleicht hatte Arnold noch keine Möglichkeit sich zu melden.

Die Standuhr schlug laut viermal. Erschrocken zuckte sie zusammen. Nur jetzt die Nerven behalten, nicht durchdrehen. Sie nahm eine der Zeitschriften aus dem Ständer und blätterte lustlos darin herum, unfähig sich auf etwas zu konzentrieren, als sie draußen den Motor eines Autos hörte. Den Motor kannte sie doch. Das war ... ja, tatsächlich, da bog schon der BMW um die Ecke und hielt vor dem Haus. Schwankend ging sie ein paar Schritte zum Fenster. Unmöglich, das war ja Franz! Was war passiert? Wieso war er nicht...

Vera lief ins Bad, als sich auch schon der Schlüssel in der Haustür drehte. Ihre Augen wirkten im Spiegel riesengroß und ihre Beine schienen sie kaum noch tragen zu wollen.

„Vera! Bist du da?"

Sie schluckte, versuchte vergeblich zu sprechen. Schritte näherten sich.

„Vera?"

Sie schaffte es schließlich doch. „Ich bin im Bad. Ich komme gleich."

Zitternd öffnete sie den Wasserkran und ließ das kalte Nass über Hände und Gesicht laufen.

Schließlich musste sie das Bad verlassen. Unsicher ging sie ins Wohnzimmer. Aber Franz schien zunächst ins Schlafzimmer gegangen zu sein. Die Schranktüren klapperten und kurz darauf erschien er auf der Treppe.

„Du wirst nicht glauben, was mir passiert ist. Du wirst es mir nicht glauben."

Die rechte Hand an der Stirn sah er sie aufgeregt an. „Ich bin überfallen worden. Man hat mir die Kleider, Geld und Papiere geklaut. Aber ...", triumphierend sah er sie an. „Ich hab alles wieder, dieser Bastard fiel plötzlich tot um."

Vera sagte nichts. Sie stand nur da und starrte ihn an.

„Da staunst du, nicht wahr?" Langsam kam er näher und bemerkte ihr schneeweißes Gesicht. „Reg dich nicht auf. Mir ist nichts weiter passiert."

Bevor Franz weiter erklären konnte, was nun wirklich passiert war, gaben Veras Beine nach. Rasch fing er sie auf, legte sie auf die Couch, strich behutsam über ihre Stirn und hüllte in eine Decke ein.

„Ich wollte dich nicht erschrecken. Bleib erst mal liegen. Wir reden später weiter."

Vera ließ alles über sich ergehen und schloss die Augen.

Als sie erwachte, duftete es in der Wohnung köstlich. Franz kam zu ihr und reichte ihr lächelnd ein Glas Rotwein.

„Komm Vera, ich habe unser Abendessen fertig. Geht es dir ein wenig besser?"

Wortlos nahm sie das Glas und folgte ihm an den Tisch. Es war alles schief gelaufen.

Als sie sich an den fertig gedeckten Tisch setzte, spürte sie plötzlich, wie hungrig sie war. Noch immer in Gedanken versunken aß sie gierig den köstlich zubereiteten Barsch. Franz strahlte sie an: „Schön, dass es dir schmeckt."

Vera blickte hoch und sah, dass er seine Mahlzeit noch nicht angerührt hatte. „Warum isst du nichts."

Er tätschelte kurz ihren Arm. „Mein Magen muss erst mal das Erlebte verdauen." Er hob sein Glas, prostete ihr zu. „Aber nach deinem Appetit zu urteilen, scheint dir die neue Gewürzmischung gelungen zu sein."

Für immer und ewig

Micha Rau

Ich weiß, dass ich hinter ihr her muss. Ich weiß sogar, dass ich *jetzt* hinter ihr her muss. Ich kann nur nicht aufstehen. Ich kann einfach nicht aufstehen, so schwer bin ich. Sie verschwindet in diesem Moment am Horizont, verschmilzt mit anderen Wanderern und entgleitet mir damit unwiederbringlich. Wenn ich nicht aufstehe.

Das Wasser spielt träge um meine Füße, und ich denke verrückte Sachen. Meine Augen tränen, als sie versuchen, die Silhouette am anderen Ende der Welt noch immer zu erfassen. Längst ist sie verschluckt vom Sand, vom Wasser und vom Himmel. Ich denke daran, dass ihre Spur in wenigen Minuten von den Wellen davon gespült wird. Jetzt kann ich die sandig-feuchten Vertiefungen noch verfolgen. Ich denke daran, dass ich ihr nachlaufen könnte. Ich würde sie sicher einholen, ich könnte noch einmal mit ihr reden. Aber es würde nicht das Geringste ändern, außer, dass ich den Schmerz in ihrem Gesicht noch einmal sehen müsste. Es gibt nichts, was ich sagen könnte, das ihr Lächeln zurückbringen würde.

Nie hätte ich gedacht, dass ich lieben könnte. Dass es vielleicht Liebe sein müsste und nicht nur Bewunderung für eine Frau, nicht nur das Gefühl, sich an der Seite eines hübschen Mädchens zu sonnen, nicht nur der Stolz, sie auszuführen, von anderen Männern neidvoll begaffen zu lassen. Das alles hatte ich bis heute genossen in dem Gefühl, unsterblich zu sein.

Ich hatte nie ein Problem, etwa am Samstagabend allein nach Hause zu gehen. Aber wenn ich die langsam verwischende Spur im Sand betrachte, dann hatte ich wohl doch den einen oder anderen Tag Probleme, allein aufzuwachen.

Das war nicht alles. Ich interessierte mich für ihre Körper, ihr Lachen, ihre Bewegungen und wann sie endlich wie weit gehen würden. Aber ich hasste endlose Diskussionen, stundenlanges Gequatsche mit irgendwelchen blöden Freundinnen, einen Haufen Zeugs in meinem Bad, Mütter, die meine Wäsche waschen wollten und Mädchen, die auf einmal grünen Tee auspackten und im Schneidersitz „Ommm..." machten.

Das ist immer noch nicht alles. Was noch fehlt, sind die ganzen Dinge, die *sie an mir* hassten. Da kommt einiges zusammen. Aber warum auch immer, ich mochte das größte Arschloch gewesen sein, und wenn ich´s nicht war, dann versuchte ich es jedenfalls darzustellen. Aber es war weitaus einfacher, *sie* vor die Tür zu setzen, als dass sie selbst auf die Idee gekommen wären, abzuhauen.

Jetzt, wo das Wasser mir zuraunt, *komm doch...*, wo die Wellen den Sand um meine Füße herum wegspülen und ich wie eine schwere Statue einfach einsinke, jetzt kommen mir diese Gedanken. Warum kamen sie nicht früher? Sie tun weh, ich will es nicht wahrhaben, dass ich der Verlierer bin und nicht der Sieger, der ich immer meinte, gewesen zu sein.

Ich denke daran, dass es doch eigentlich egal ist, dass der Moment, in dem ich existiere, nicht einmal die Zeit hat, über mich zu lachen, so kurz ist die Spanne in der scheinbaren Unendlichkeit. Ich denke daran, wie es wohl wäre, wenn mich der Sand, der jetzt die Knöchel umfasst hält, ganz und gar hinunterziehen würde. Aber ich bin feige. Wenn ich schon sterben werde, dann ohne Sand im Hals. Ich lache kurz auf bei diesem Gedanken, und das löst meine Starre ein wenig. Ich habe das Gefühl, als schwebe mein Gehirn ein Stück weit entfernt von meinem Kopf neben mir, und alles, was der Körper tut und empfindet, geschieht wie von Ferne, wie mit der Fernbedienung. Ich will meine Füße vom Sand befreien, und es geht so verdammt schwer, dass ich denke, die Verbindung von hier bis da unten sei abgebrochen. Ich bekomme sie schließlich frei und brauche einige schwere Schritte den Strand hinauf, um endlich festen Boden zu spüren.

Ich lasse mich in den Sand fallen, fühle mich wie eine Schildkröte auf dem Rücken und weiß, ich komme nie wieder hoch. Über mir leben die Wolken, weiß und vor Wut die Ränder ballend. Sie sehen schwer aus. Wer weiß, vielleicht fällt eine runter und klatscht mich breit. Dann müsste ich nicht mehr zurückdenken wie es war, als ich mal meinte, gelebt zu haben und wie es war, als ich es wirklich tat, es nur nicht merkte.

Ich stelle mir vor, welche gewaltige Masse an Erde unter mir liegt und wie sie mich anzieht und aufnimmt. Ein Hund kommt und schnüffelt an meinen Beinen. Dann springt er davon und ich denke, ich muss schon nach Leiche riechen. Komisch, dass man noch etwas Witziges denken kann, wenn einem gerade das Leben geklaut wurde.

Aber das bringt mich voran, und ich hebe den Kopf und schaue aufs Meer, sehe den lautlosen Pelikan in die Sonne schweben. Das macht mich dann doch etwas frei, und ich mache etwas mit mir ab. Mein Freund, denke ich bei mir, du siehst dir die Sache jetzt noch einmal durch und wenn du fertig bist, stehst du auf und entscheidest dich. Dann rennst du nach rechts oder geradeaus. Nach rechts, zu ihr für einen ohnmächtigen, letzten Versuch oder geradeaus, Joe hinterher, meinem stillen Freund, dem Pelikan. Hinein in die Sonne und ins Wasser.

Ich denke mir, vielleicht hilft etwas Alkohol, und diese Aussicht beflügelt mich. Ich komme hoch und stapfe die wenigen Schritte hinauf zu einer dieser Strandbars. Sie haben große Sonnenschirme, aber ich wähle einen Platz mitten im gleißenden Licht und der prallen Mittagshitze. Schließlich will ich nicht lange hier sitzen. Ich muss schnell eine Entscheidung treffen.

Der Stuhl ist heiß, und über der metallenen Tischplatte wabert die Luft. Ich kneife die Augen zusammen und bestelle mir einen Drink. Einen doppelten. Dann zünde ich mir eine Zigarette an und starre aufs Meer. Köpfe rollen in der Brandung auf und nieder. Millionen Splitter meiner zerbrochenen Welt blenden mich. Das Meer ist ein Freund. Es bleibt.

Versonnen betrachte ich die trägen Wellen, und wie von Ferne nehme ich die Gespräche an den Nachbartischen wahr. Mein Drink kommt. Ich kippe das Zeug hinunter und nehme dann einen tiefen Zug von meiner Zigarette. Für den Moment habe ich ein Scheißegal-Gefühl. Ich liebe diese Frau. Sie weiß das. Ich hätte ihr nichts von den anderen erzählen sollen. Dieser Schmerz in ihrem Gesicht. Das wollte ich nicht. Ich bin ein Idiot. Das einzige Mal in meinem Leben, dass ich eine Frau geliebt habe. Jetzt weiß ich es. Zu spät.

Die Bedienung kommt. Ich bestelle noch einen Doppelten. Von dem ersten werde ich gelassener, und vielleicht hilft mir der zweite dabei, hier sitzen zu bleiben. Oder ins Meer zu gehen, wenn es dunkel ist. Oder könnte ich immer noch hinter ihr herlaufen und sie einholen? Vielleicht ist noch Zeit, es ihr zu sagen. Ich schaue auf die Uhr. Ich glaube nicht, dass es noch geht.

Ein Cop fährt mit seinem Strandmotorrad an mir vorbei. Die dicken Ballonreifen hinterlassen eine seltsam fremdartige Spur. Ich denke, ihre Fußabdrücke werden verschwunden sein. Es geht ihr jetzt bestimmt schlecht. Ich bin eigentlich sicher, dass es ihr immer schlechter gehen wird, je weiter sie sich von mir entfernt. Mir geht es genauso. Nur weiß ich, dass es für sie noch schlimmer wird. Frauen vertragen alles schlechter. Ich trinke mein Glas aus. Die Zigarette ist bis auf den Filter runter. Eine habe ich noch.

Mir wird klar, dass ich heute Abend einen Sonnenbrand haben werde, aber das ist völlig unbedeutend. *Sie* hat mir die Haut vom Körper gerissen. Ich bin zerfressen von Wut. Wut auf sie und Wut auf mich. Ich hätte ihr nichts von den anderen sagen sollen. Und eine Frau, die ich liebe, darf nicht einfach gehen. Das hätte sie nicht tun sollen.

Ich nehme meine letzte Zigarette und zelebriere das Anzünden. Ich schließe die Augen und betrachte mein Innerstes. Was ich sehe, gefällt mir ganz und gar nicht. Mein Geist berührt sie. Gleichzeitig rieche ich meinen Schweiß. Es riecht fremd. Ich bestelle meinen letzten Drink.

Längst schon weiß ich, dass ich hier nicht mehr wegkommen werde. Vor zehn Minuten ist die Frist abgelaufen. Bis dahin hätte ich es vielleicht noch geschafft. Sie hätte geschrieen und mich zerkratzt, aber ich hätte eine Chance gehabt. Jetzt ist es definitiv zu spät. Ich frage nach Zigaretten. Die Bedienung schüttelt den Kopf. Also gut. Das war's dann.

Ich höre ein merkwürdiges Piepen, das sich schnell nähert. Ich habe Mühe, die Augen aufzubekommen, aber ich zwinge mich. Ein zweiter Cop fährt vorbei. Unten am Strand, da wo die Wellen ihre Spur in sich aufgesogen haben. Er fährt einfach darüber, weiß gar nicht, was er mir damit antut. Sein Strandmotorrad piept und eine Warnlampe macht die Runde. Er fährt ziemlich schnell, und die Leute greifen sich ihre Kinder. Ich sehe ihm nach und ziehe an meiner Zigarette. Vielleicht noch zwei Züge und einen Schluck, dann habe ich überhaupt nichts mehr.

Mit einem Mal kommen sie von allen Seiten. Auf der Straße, am Strand und auf der Promenade. Sirenen, blaue und gelbe Blinklichter und gellende Durchsagen. Sie alle streben zum Strand. Zum Horizont.

Ein letztes Mal saßen wir beide gerade vorhin noch an eben diesem Tisch und tranken Capuccino. Den Schmerz in ihren Augen werde ich nie vergessen. Und ich glaube, dass auch sie den meinen bis an ihr Lebensende spüren wird.

Träge verfolge ich, wie die Autos, Motorräder, Touristen, Jogger und auch ein paar Hunde zum anderen Ende der Welt jagen. Wie sie förmlich aufgesogen werden von etwas, das es dort hinten geben muss. Schließlich kann ich eine Horde Stecknadelköpfe sehen, die sich am Horizont versammeln. Dort wird sie liegen.

Ich hätte nichts in den Capuccino tun sollen. Ich weiß. Aber ich liebe nur einmal.

Für immer und ewig.

Tote machen keine Ferien

Ulrich K. Hefner

Es war immer dasselbe. Wenn dieses verdammte Telefon klingelte, dann verhieß dies nichts Gutes, und meist klingelte es kurz vor Feierabend. So wie an jenem kalten und tristen Donnerstagabend im März. Ich hatte meinen Mantel schon übergezogen und war gerade im Begriff zu gehen, als mich das schrille Läuten aus meinen Gedanken riss.

Als ich abhob, hörte ich die vertraute Stimme meines Chefs. „Zimmermann", drang das sonore Grollen von Kommissar Falk aus der Muschel. „Ziehen Sie ihren Mantel an und kommen Sie herüber zu mir. Und geben Sie ihrer Frau Bescheid. Ich glaube es wird heute etwas länger dauern. Wir fahren aufs Land."

Was blieb mir anderes übrig. Ich warf noch einen mitleidigen Blick auf meine Kegelschuhe, schnappte mir meinen Hut und verließ mein Zimmer. Eilig hetzte ich durch die langen und nüchternen Gänge. Als ich Falks Büro betrat, stand er schon reisefertig vor seinem Schreibtisch. Er grinste mir ins Gesicht.

„Tja, das ist unser Los", bemerkte er zynisch. „Habe ich Ihnen wieder einmal den Kegelabend verdorben?"

Die Fahrbereitschaft hatte uns einen geräumigen Opel zugeteilt. Falk setzte sich hinter das Steuer und überließ mir den Beifahrersitz. Ich war es gewohnt, denn Falk fuhr immer selbst.

Draußen war es dunkel und kalt. Kommissar Falk zündete sich eine Zigarette an. Er hatte mir weder erklärt, was überhaupt vorlag, noch wohin wir fuhren, aber das wunderte mich nicht weiter. So machte er es immer, nur kein kostbares Wort vergeuden. Schweigend fuhren wir eine Weile. Über die hell erleuchtete Hauptstraße, vorbei an den riesigen Fabrikhallen, die sich in einen strahlenden Neonschimmer hüllten, ging es hinaus aufs Land. Zügig fuhren wir in Richtung Westen. Noch flogen hier und da die Lichter eines Dorfes an uns vorbei, doch als wir ein paar Kilometer hinter Fallersleben auf eine holperige und schmale Landstraße abbogen, wurde es immer einsamer um uns. Kommissar Falk fuhr gemütlich. Gedankenverloren starrte ich aus den beschlagenen Fenstern. Hier und da lagen noch einige Schneehaufen, die vom Licht unserer Scheinwerfer ertappt, vorüberglitzernd in die Dunkelheit abtauchten. Schließlich fuhren wir durch ein kleines Nest. Erst als ich auf einem Straßenschild *„Gifhorn 8 Kilometer"* las, wusste ich ungefähr wieder wo ich war. Denners hieß der verschlafene Ort und er lag direkt am Westerbecker Moor, inmitten der Südheide.

„Jetzt sind wir gleich da. Hinter der Kirche muss es nach links abgehen", murmelte Peter Falk leise in seinen Schnauzbart. Ich hatte es mir bequem gemacht und mich zurückgelegt. Falks Worten entnahm ich die Aufforderung, ihn bei der Suche nach dem richtigen Weg zu unterstützen, also richtete ich mich auf, kniff meine Augen zusammen uns starrte hinaus in die Dunkelheit. Nur wenige halbblinde Straßenlaternen brannten im Ort. Noch immer wusste ich nicht, was wir mitten in der Nacht in dieser Einöde suchten.

„Dort, die Straße!" stieß ich hervor, als Falk ohne abzubremsen an der Kirche vorbeigefahren war. Abrupt stoppte er den Wagen, so dass es mich hart in den Gurt presste. Mit einem unverständlichen Murmeln legte er den Rückwärtsgang ein. *„Klosterkrug 1,5 Kilometer"*, stand in verblichenen grauen Lettern auf einem alten, rostigen Hinweisschild, das im Lichtkegel auftauchte.

„Zimmermann, wir sind gleich da. Sie kümmern sich um die Zeugen, während ich den Tatort besichtigte", sagte Falk mit einer Selbstverständlichkeit zu mir, als ob ich riechen könne, was uns überhaupt in diese gottverlassene Gegend verschlug.

„Aber Chef, was ist denn überhaupt los?" entgegnete ich verdutzt.

„Ach, hab ich das noch nicht gesagt?", bemerkte Falk beiläufig und erklärte einen kurzen Augenblick später: „Wahrscheinlich eine Vermisstensache, aber reichlich mysteriös."

Wenig später endete der Weg direkt in einem geschotterten Hof. Nachdem Kommissar Falk den Wagen vor dem Eingang geparkt hatte, stiegen wir aus. Ein paar Gartenleuchten verströmten ein warmes, gelbes Licht. *„Gasthof Klosterkrug"* leuchtete im gleichen Farbton über dem Eingang des großen reetbedeckten Wohngebäudes. Das Nebengebäude entpuppte sich als Stallung und Scheune. Drei Wagen standen auf dem Parkplatz vor dem Gasthof. Ein Streifenwagen war darunter. Noch bevor wir die breite Steintreppe, die zur Eingangstür führte erreicht hatten, sprang urplötzlich eine wilde, schwarze Bestie mit gefletschtem Gebiss hinter einem Holzstapel hervor und rannte kläffend und knurrend auf uns zu. Starr vor Schreck blieb ich stehen. Ich war zu keiner Bewegung mehr fähig. Erst als ich bemerkte, dass dieses bellende und heulende Höllentier nicht mehr näher kam, und dass an seinem Hals eine silberne Kette im fahlen Licht schimmerte, kehrten meine Lebensgeister zurück. Ich nahm die nächste Stufe und wäre fast gegen meinen Chef geprallt, der unbeeindruckt und locker auf der obersten Stufe stand und mich angrinste.

„Angst? Wir sind doch keine Postboten, Zimmermann."

Ich ärgerte mich über sein überlegenes Lächeln, über seinen überheblichen Blick, über seine herabwürdigende Äußerung, aber am meisten ärgerte ich mich über meine unbeholfene Reaktion.

Gemeinsam betraten wir das Gasthaus, durchquerten den breiten Flur und gingen zielstrebig auf die Glastüre zu, aus der das Licht in den Gang strömte. In der Gaststube saßen drei Männer an einem Tisch. Eine blasse, ältere Frau, deren ergraute Haare wie ein Turban um den Kopf gewickelt waren, stand hinter dem rustikalen Eichentresen und blickte uns mit wässrigen Augen entgegen. Einer der Männer am Tisch erhob sich. Er war klein und dick und steckte in einer moosgrünen Uniformjacke. Er hatte eine Glatze und ein glänzender Film lag auf seiner Stirn. Es war warm in der Gaststube, fast sogar etwas zu warm. Fragend schaute er uns an, dann kam er langsam und gemächlich näher.

„Sind sie die Herren aus Wolfsburg?" fragte er mit krächzender Stimme. „Ich bin Kommissar Falk und das ist mein Kollege Zimmermann", erwiderte mein Chef und streckte ihm die Dienstmarke unter die Nase.

„Gut, ich dachte nicht, dass Sie so schnell hier sind. Ich bin Hauptmeister Gerke vom Polizeiposten in Westerbeck. Ich habe Sie angerufen", sagte der Dorfpolizist und lockerte erleichtert den Hemdkragen.

Der Glatzköpfige führte uns an einen Tisch in der Ecke, bot uns Platz an und beugte sich verschwörerisch vor. Die Geschichte, die er erzählte klang wirklich abenteuerlich. Vor drei Tagen war eine junge, gutaussehende Frau in einem teuren Wagen hier aufgetaucht, hatte sich ein Zimmer genommen und war darin verschwunden. Abends hatte sie in der Gaststube etwas gegessen, danach noch zwei Gläser Wein getrunken, dann war sie auf ihr Zimmer gegangen. Seit dieser Zeit hatte sie niemand mehr zu Gesicht bekommen. Das Zimmer war leer, die Dame war weg und der Wagen ebenfalls. Das alles wäre nicht weiter schlimm und hätte höchstenfalls das Interesse der örtlichen Polizei wegen Zechprellerei erregt, wäre da nicht dieser ominöse hellrosa Fleck gewesen, der den hellen und flauschigen Teppich im Zimmer verunstaltete. Blut sei es, so meinte zumindest der Kollege. Außerdem habe sie noch am selben Abend der Betreiberin des Gasthofes ein teures Kostüm übergeben und sie gebeten, es reinigen zu lassen. Das Kostüm sei das Einzige, was sie in der Pension zurückgelassen habe. Dies alles erschien dem Beamten so ungewöhnlich, dass er sich veranlasst sah, die Wolfsburger Mordkommission zu unterrichten.

„Sollen wir das Zimmer in Augenschein nehmen?" fragte uns der Dorfpolizist erwartungsvoll, nachdem er seinen Bericht beendet hatte. Kommissar Falk nickte. Die anwesenden Männer und die Frau hinter dem Tresen hatten uns die ganze Zeit über neugierig angestarrt. Als nun der Beamte die Frau herbeiwinkte, beeilte diese sich, der Aufforderung nachzukommen. Fast etwas ängstlich kam sie auf uns zu.

„Das ist Frau von Bergen, sie ist die Betreiberin des Gasthofes", stellte uns der Polizist die Dame vor. Zögernd streckte sie uns ihre Hand zur Begrüßung entgegen.

„Ich bin Kommissar Falk von der Wolfsburger Mordkommission, das ist mein Kollege Zimmermann", begrüßte mein Chef die ältliche Frau, bat sie sich zu setzen und forderte sie auf, uns vom vergangenen Dienstag zu erzählen.

Frau von Bergen schilderte uns, dass die junge Frau, sie mochte wohl so Mitte dreißig gewesen sein, kurz nach dem Nachmittagskaffee hier aufgetaucht war und ein Zimmer angemietet hatte. Sie führte lediglich einen kleinen Koffer mit sich. Die Frau war modisch und adrett gekleidet, trug eine weiße Bluse, einen dunkelblauen Rock und hatte lange, blondgelockte Haare. Sie war etwas zu grell und aufreizend geschminkt, machte aber insgesamt einen sehr guten, ja sogar betuchten Eindruck. Frau von Bergen berichtete uns weiter, dass die Frau beabsichtigte, bis zum Sonntag im Klosterkrug zu verweilen. Außerdem trug sie teuren Schmuck. Frau von Bergen schätzte, dass alleine ihre Halskette mehrere tausend Mark gekostet haben musste. Da ihr verstorbener Mann einst Schmuckhändler gewesen war, könne sie den Wert des Colliers einschätzen. Die Frau habe dann im Gasthof gegessen und sei etwa um neun Uhr auf ihr Zimmer gegangen. Kurz danach sei sie noch einmal aufgetaucht und habe Frau von Bergen nach einer Reinigung gefragt. Da Frau von Bergen am nächsten Tage sowieso nach Gifhorn zum Einkaufen fahren musste, erklärte sie sich bereit, diese Besorgung zu erledigen. Kurz drauf habe ihr die junge Frau ein Flanellkostüm gebracht. Es war ein beiges Kostüm, elegant und teuer, und stamme wohl nicht von der Stange, sondern eher aus einer feinen und noblen Boutique. Die junge Frau habe sich nur kurz mit ihr unterhalten, sich dabei aber gewählt ausgedrückt. Sie sprach Hochdeutsch, konnte jedoch ihren Hamburger Dialekt nicht verleugnen. Das Letzte, was Frau von Bergen noch auffiel, war, dass trotz ihres Make-ups ihre Gesichtszüge etwas verlebt erschienen. Kommissar Falk und ich hörten der Erzählung aufmerksam zu und als Frau von Bergen geendet hatte, erlaubte ich mir, nach einem Meldeschein zu fragen. Frau von Bergen entschuldigte sich und ging zu ihrem Tresen. Kurz darauf kehrte sie mit einem ledernen Buch zurück. Sie blätterte die Seiten auf und reichte es mir.

„Sonja Wegert, Hamburg, Rothenbaumchausee 46", las ich laut vor. Damit kannten wir nach all den mysteriösen Erzählungen endlich ihren Namen.

„Oh, ich vergaß zu erwähnen", mischte sich Gerke ein. „Ich habe die Adresse bereits durch die Hamburger Kollegen überprüfen lassen. Dort ist eine Sonja Wegert nicht bekannt. Es gibt noch nicht einmal ein Gebäude an der angegebenen Adresse."

Ich blickte meinen Chef erstaunt an. In seinem Gesicht spiegelte sich Verwunderung. Ein falscher Name, eine falsche Adresse, warum nur?

„Haben Sie sich den Ausweis zeigen lassen?" fragte mein Chef. Frau von Bergen blickte etwas schuldbewusst drein, sie schüttelte den Kopf und stammelte: „Die Frau wirkte so seriös auf mich, ich habe ... ehrlich gesagt habe ich es vergessen." Unbemerkt hatte sich einer der Männer unserem Tisch genähert. In einiger Entfernung blieb er stehen und grinste freundlich und erwartungsvoll zu uns herüber. Falk bemerkte ihn sogleich. Der Mann war um die siebzig Jahre alt, trug eine graue Strickjacke und Kniebundhosen. Seine Augen, die hinter einer dicken Hornbrille glitzerten, blickten wach und aufgeweckt.

„Ja, bitte?" fragte Falk, der erkannte, dass der Alte fast zu platzen drohte, wenn man ihm nicht endlich Gelegenheit zum Sprechen gab.

„Meine Herren, Sie sind doch von der Polizei. Das habe ich gleich gesehen. Ich bin Paul Liebknecht und so etwas wie die gute Seele hier im Haus. Sie kennen sicher meinen Namen. Die Polizei habe ich gerufen. Frau von Bergen traute sich nicht recht, aber ich sagte ihr, dass wir den Fall melden müssen. Schließlich geht es hier um Mord", sprudelten die Worte nur so aus dem Alten hervor.

„Mord? Wie kommen Sie darauf?" antwortete Kommissar Falk gelassen. „Nun, die Frau ist einfach so verschwunden. Der Fleck auf dem Teppich, das ist Blut. Wenn auch jemand versucht haben muss, die Spuren zu beseitigen. Ich erkenne das sofort, ich bin nämlich sozusagen - vom Fach", fügte er nach einer Kunstpause süffisant hinzu.

„Ach so, Sie waren auch Polizist?"

„Nein, nicht direkt", entgegnete der Alte. „Ich bin Paul Liebknecht. Sie haben doch bestimmt schon von mir gehört. Ich bin Kriminalautor und habe schon unzählige Krimis geschrieben. Vor zwei Jahren schrieb ich einen Roman, der von einem verschwundenen Feriengast aus einer einsamen Pension handelt. Er hieß, *Tote machen keine Ferien*. Vielleicht haben Sie schon einmal davon gelesen. Niemals hätte ich gedacht, dass meine Phantasien so schnell Wirklichkeit werden könnten. Sie sehen also, ich kenne mich aus und stehe Ihnen selbstverständlich jederzeit zur Verfügung", sagte der alte Mann stolz, kam auf den Tisch zu und zog sich unaufgefordert einen Stuhl heran.

„Dann waren Sie auch schon im Zimmer des verschollenen Gastes?" fragte Falk unbeeindruckt. Liebknecht nickte auskunftsfreudig.

„Frau von Bergen, wie viele Personen logieren, das heißt, leben hier in diesem Haus?"

„Nun, da ist Frau von Bergen, ihre Tochter Sandra, Peters, ein Vertreter, der letzten Montag hier abgestiegen ist und meine Wenigkeit", antwortete Paul Liebknecht vorlaut.

„Ein Vertreter?" sagte ich nachdenklich.

„Also gut, dann wollen wir uns den ... Tatort ... einmal anschauen", störte Falk meine Gedanken und erhob sich. Hauptmeister Gerke und ich standen auf. Als sich auch Paul Liebknecht erheben wollte, sagte Falk: „Es wäre mir Recht, wenn wir zunächst alleine in das Zimmer gehen könnten. Vielleicht sind ja doch noch einige Spuren vorhanden."

Etwas beleidigt ließ sich Liebknecht zurück auf seinen Stuhl fallen. Es war ihm anzusehen, dass er uns gerne gefolgt wäre. Das Zimmer lag am Ende des dunklen Korridors. Eine goldene 7 prangte an der Tür. Gerke öffnete. Das Zimmer war unverschlossen. Es war ein einfacher und schlichter Raum. Eine altmodische Kommode, ein massiver Eichenschrank, ein frisch bezogenes Doppelbett, zwei Stühle und ein Tisch am Fenster. In der Ecke eine altertümliche Stehlampe mit einem riesigen Schirm. Direkt vor dem Bett ein etwa zwei Meter durchmessender runder Teppich aus hellem Material. Eine Berberimitation. Inmitten des Teppichs ein hässlicher, hellrot bis rosa Fleck, so groß und fast so rund wie ein Autoreifen. Rechts befand sich das Badezimmer, auch dort fehlten jegliche persönlichen Utensilien, die dem Raum etwas Leben eingehaucht hätten. Mein Blick wanderte durch die Räumlichkeiten, strich über die Toilette, glitt über das Waschbecken und durchquerte die geöffnete Duschkabine, bis er sich schließlich wieder dem eigentlichen Wohnraum widmete. Obwohl dieser weiß getüncht war, wirkte er eher düster. Das mochte wohl an der dunklen und rustikalen Möblierung liegen. Auf der Kommode stand ein altersschwacher Fernseher, auf dem ein gehäkeltes Deckchen lag. Darauf befand sich ein massiver zweiarmiger Kerzenständer aus Messing. Auf dem Bett lag das beige Kostüm, noch verpackt in Plastikfolie. *„Reinigung am Markt„* stand in sich regelmäßig wiederholenden blauen Buchstaben am Rand der Folie.

Gemeinsam musterten wir den Fleck. Wie eine grinsende Fratze erschien er mir. Hellrot, rosa, marmoriert. Es könnte Blut sein. Blut, das mit Wasser oder einem Reinigungsmittel bearbeitet worden war.

„Zimmermann, es ist wohl besser, wenn wir die Spurensicherung holen. Rufen Sie bitte in Wolfsburg an. Sie sollen sich sofort auf den Weg machen. Wenn dies wirklich Blut ist, dann stammt es sicher nicht von einem bisschen Nasenbluten", sagte Falk zu mir und strich sich nachdenklich durch die Haare. Ich begab mich zurück in den Gastraum. Als ich den schummrigen Flur entlangging, flutete grelles Neonlicht aus einer offenen Türe. Ich warf einen Blick in den Raum. Es war offensichtlich der Waschraum. Ein Mann mittleren Alters stand mit dem Rücken zu mir an einem Waschbecken und wusch einen Schuh, der andere stand noch voller Schmutz und Erde vor ihm auf dem Boden. Der Mann zuckte zusammen und fuhr erschrocken herum, als ich ihn ansprach. Fast wäre ihm der Schuh aus den Händen gefallen.

„Guten Abend", sagte ich freundlich. „Wohnen sie auch in diesem Gasthaus?" Es war wohl eher eine dumme Frage, doch irgendwie hatte mich diese Szene neugierig gemacht. Der Fremde nickte.

Als ich mich vorstellte und nach seinem Namen fragte, blickte er mich bestürzt an.

„Ich bin ... äh, ... Peters, Robert Peters ist mein Name. Ich wohne seit Montag auf Zimmer Nummer 5. Ich bin Vertreter und hier in der Gegend tätig", stammelte er unsicher. Alles in allem machte Peters einen nervösen und verkrampften Eindruck auf mich. Wir redeten noch eine Weile miteinander. Er erzählte mir, dass er Handlungsreisender sei, der hier die landwirtschaftlichen Gehöfte aufsuchte, um seine Waren an den Mann zu bringen. Vom einfachen Spaten bis zum Mähwerk könne man alles über ihn erstehen. Düngemittel, Zusatzfutter, Insektengifte, Unkrautvernichter, Farben sowie Lösungs- und Holzschutzmittel. Einfach alles, was ein Bauer zu seiner Arbeit so brauchte. Er erzählte aber auch, dass es durch die stetig steigenden Zahlen von Reformhäusern und speziellen Genossenschaftsmärkten immer schwieriger wurde, seinen Schnitt zu machen. Ich würgte die Unterhaltung ab, denn ich hatte einen klaren Auftrag von meinem Chef bekommen.

Als ich im Gastraum telefonierte, schwirrte der Krimischriftsteller wie eine lästige Fliege um mich herum. Obwohl ich fast schon flüsterte, schienen seine Ohren immer länger zu werden.

„Also doch ein Mord. Ich habe es gleich gesagt!" sagte er zu dem anderen, nur unwesentlich jüngeren Mann, der immer noch am Tisch gegenüber dem Tresen saß. Auch Frau von Bergen hatte sich wieder dort niedergelassen. Sie war bleich und wirkte noch ängstlicher als zuvor. Ich legte den Hörer auf und ging auf die Personen zu. Im Zimmer der Verschwundenen gab es für mich nicht mehr viel zu tun, deshalb hörte ich mich noch etwas im Gastraum um.

„Und wer sind Sie, wenn ich fragen darf?" fragte ich höflich den unbekannten Gast, der die ganze Zeit über stumm hinter einem halb geleerten Weinglas am Tisch saß.

„Ach, das ist nur Hansen. Er war früher hier Postbote, doch nun ist er auch schon pensioniert. Er kennt sich im Moor gut aus. Manchmal unternehmen wir zusammen Spaziergänge. Das Moor ist tückisch, müssen sie wissen. Ein falscher Schritt, und schon steckt man knietief im Morast. Und wehe, wenn man da nicht wieder herauskommt. Dort hinter dem Hof in Richtung Stüde gibt es einige Untiefen. Man sagt, wer darin versinkt, der kommt nie wieder zum Vorschein", beeilte sich Liebknecht zu sagen. Mir wurde es nun etwas zu bunt, denn immer wieder drängte sich der Kerl in den

Vordergrund. Ich wollte ihm gerade ein paar passende Worte sagen, als die Türe der Gaststube geöffnet wurde und eine junge Frau, wohl Ende zwanzig den Raum betrat. Sie wirkte müde und schwach. Ihr Gesicht war bleich und ausgemergelt. Mehr Haut als Knochen. Ihre blonden Haare hingen strähnig und ungepflegt herab. Auf ihren Schultern schienen die Belastungen eines harten und bitteren Lebens zu lasten. Sie kam auf den Tisch zu und nickte. Keine Freundlichkeit, kein Lächeln lag in ihren Zügen.

„Das ist meine Tochter Sandra. Sie war im Dorf und hat einige Besorgungen gemacht", erklärte Frau von Bergen, die offenbar meiner Frage zuvorkommen wollte.

„Nun kennen Sie alle Verdächtigen, die in diesem Haus ein und ausgehen, abgesehen von Peters, dem Vertreter", bemerkte Liebknecht mit einem vergnügten Lächeln. Er schien die Situation sichtlich zu genießen. Ich hatte mir schon ein paar passende Sätze für ihn zurechtgelegt, doch noch bevor ich antworten konnte, betraten Kommissar Falk und Gerke den Gastraum.

„Ah, Zimmermann, ich sehe, Sie sind schon voll bei der Sache. Sie wissen ja, was jetzt kommt. Vernehmen Sie bitte die Anwesenden. Getrennt natürlich. Ich werde mich noch etwas mit Frau von Bergen unterhalten. Äh, ... und Zimmermann, bevor ich es vergesse, es ist wohl am besten, wenn Sie zu Hause anrufen. Wir werden die nächsten Tage hier bleiben müssen." Dann wandte er sich der Besitzerin des Klosterkruges zu und bat sie zu sich ins Nebenzimmer.

Ich hasste es, wenn er mit seiner selbstherrlichen Art über mich verfügte. Er war zwar mein Chef und er hatte verdammt viel auf dem Kasten, aber ich war bei Gott kein Schuljunge mehr. Schließlich war auch ich schon über fünfzehn Jahre im Polizeidienst.

Wir arbeiteten die ganze Nacht. Die Spurensicherung traf gegen halb elf im Gasthof ein. Die Männer in ihren weißen Mänteln wirkten missmutig und müde, dennoch gingen sie routiniert ihrer Aufgabe nach. Sie fotografierten, nahmen Fingerabdrücke, suchten nach weiteren Spuren im oder auch hinter dem Haus und vermaßen das ganze Gelände. Nur einmal noch sah ich Frau von Bergen in dieser Nacht, als sie ihren Wachhund in die Scheune sperren musste. Er hatte die ganze Zeit über wild gebellt. Entschuldigend hatte sie mir gesagt, dass er eben immer so auf Fremde reagiere, aber dazu habe sie ihn schließlich auch angeschafft. Wenn man alleine in dieser Einsamkeit wohnt, dann braucht man eben etwas Schutz und Geborgenheit, hatte sie mir erklärt.

Gegen sechs Uhr morgens war ich mit der Befragung der Anwesenden fertig. Die Spurensicherung war schon lange zuvor abgerückt. Als ich mich danach zu Bett begab, erfuhr ich von Frau von Bergen, dass sich mein Chef bereits seit über drei Stunden selig und friedlich zum Schlafen zurückgezogen hatte. Ärgerlich ging ich auf mein Zimmer.

Es war etwa elf Uhr, als es an meiner Tür klopfte. Das Klopfen war so heftig, dass ich erschrocken aus dem Schlafe auffuhr und beinahe aus dem Bett gefallen wäre.

„Zimmermann, wo bleiben Sie denn! Schlafen können Sie auch später noch. Es gibt Arbeit!" drang Falks sonore Stimme durch die Tür. Verschlafen und noch immer endlos müde, stand ich auf.

„Ich komme gleich!" erwiderte ich gähnend. Erst nachdem ich abwechselnd heiß und kalt geduscht hatte, kam ich endlich zu mir.

In der Gaststube saß Falk bereits an einem Tisch. Kaffee dampfte vor ihm und er aß seelenruhig eine Portion Rührei mit Speck.

„Ah, Zimmermann. Schon wach?" empfing er mich mit einem zynischen Lächeln. Oh, ich hätte ihm so gerne ... aber er war nun mal mein Vorgesetzter, und ich muss zugeben, manchmal bewunderte ich ihn sogar. Seine lockere und ungezwungene Art mit der Sache umzugehen, sein messerscharfer Verstand, seine klare Logik. Wäre nicht ich Ziel seiner überheblichen und ab und an sogar arroganten Anspielungen, so hätte ich zugegebenermaßen das ein oder andere Mal sogar mit ihm gelacht. „Was gibt's zu berichten, Zimmermann?" holten mich seine schmatzenden Worte wieder zurück in die Realität. Frau von Bergen kam an den Tisch und ich bestellte mir ebenfalls ein Frühstück, dann erzählte ich ihm, was ich gestern erfahren hatte. Falk hörte mir aufmerksam zu. Ein paar Mal nickte er zustimmend, ein paar Mal kam ein „Soso" oder „Jaja", über seine Lippen. Als ich geendet hatte, räusperte er sich.

„Also, dann fassen wir einmal zusammen", sagte er und lehnte sich im Stuhl zurück. „Am Dienstag, also vor drei Tagen, steigt eine junge, bislang noch unbekannte Frau unter falschem Namen hier in dieser Pension ab. Sie will bis Sonntag bleiben. Sie gibt weiterhin ein Kostüm für die Reinigung bei Frau von Bergen ab und zieht sich am selben Abend, nach einem Abendessen in der Gaststube, bei dem sie von allen Gästen und Bewohnern des Hauses gesehen wird, in ihr Zimmer zurück. Noch am selben Abend oder in der Nacht verschwindet sie spurlos. Genauso wie ihr Wagen. Keiner hört etwas, keiner sieht etwas, keiner bekommt irgendetwas mit. Als Indiz für ein Verbrechen findet sich allein ein roter Fleck auf dem Teppich in ihrem Zimmer, groß genug, um anzunehmen, dass ein Mensch, der eine solche Menge Blut verliert, durchaus ernsthafte Verletzungen erlitten haben könnte. Wenn es überhaupt menschliches Blut ist. Im Haus halten sich zu dieser Zeit außer der Besitzerin, übrigens eine scheinbar ehrliche und glaubhafte Frau, noch ihre Tochter, ein alter Dauergast und ein Handlungsreisender auf, der seit drei Jahren jeweils drei bis vier Mal im Jahr hier absteigt. Andere Personen sind nicht zugegen. Der Ruheständler, der jeden Tag hier im Gasthof einkehrt, ist zu dieser Zeit bereits nach Hause gegangen. Die junge Frau gibt falsche Personalien an und niemand hat sich das Kennzeichen des Wagens gemerkt. Wir wissen nur, dass es ein dunkelblauer und sehr teurer Wagen war. Möglicherweise ein englisches Modell. Lediglich ein Kostüm aus dem Besitz der Verschwundenen bleibt zurück. Ein sehr teures Kostüm übrigens. Das, lieber Zimmermann, ist bislang noch herzlich wenig. Wer, glauben Sie, war es?"

Ich blickte den Kommissar entgeistert an. Woher sollte ich das wissen. Die Anwesenden hier erschienen allesamt zu einer solchen Tat nicht fähig. „Was ist, wenn jemand... ein Fremder ... ein Einbrecher oder so etwas ... wenn also irgendjemand hier eingedrungen ist?" erwiderte ich verlegen. „Mensch, Zimmermann, haben Sie gestern nicht das Spektakel gehört, das dieser Köter unter unseren Fenstern veranstaltet hat. Wie nahe, glauben Sie, kommen sie diesem Haus, ohne dass der Hund anschlägt?"

Ich überlegte. Falk hatte wie immer Recht. Wer aber kam sonst für diese Tat in Frage? Keiner der Anwesenden schien die Frau gekannt zu haben. Keinem war etwas Außergewöhnliches an dem Verhalten der Anderen aufgefallen. Wenn überhaupt jemand zu einer solchen Tat fähig war, dann dieser Peters. Aber was für eine Tat überhaupt. Bislang wussten wir noch nicht einmal, ob es sich bei dem Flecken tatsächlich um menschliches Blut handelte. Vielleicht hatte sie sich ja doch heimlich auf und davon gemacht, aus welchem Grund auch immer.

„Zimmermann, ich sehe, was in Ihnen vorgeht. Sie glauben, dass sich die Frau aus dem Staub gemacht hat, um ihre Zeche zu sparen. Wissen Sie, was sie hier schuldig geblieben ist?"

Ich schüttelte den Kopf. Natürlich wusste ich es nicht. Ich hatte ja gestern nicht mit der Besitzerin geplaudert, sondern mir einige langweilige und schier endlose Geschichten von Liebknecht anhören müssen.

„Ganze 71 Mark", sagte Falk. Nach einer Weile des Schweigens schob er nach: „Das Kostüm kostet übrigens das Fünfzehnfache."

Damit waren auch die letzten Zweifel beseitigt. Niemand, und eine gewitzte Zechprellerin schon zweimal nicht, würde ein solch schlechtes Geschäft machen. Der Frau musste etwas zugestoßen sein. Gerade als Frau von Bergen mein Frühstück brachte, klingelte das altersschwache Telefon hinterm Tresen. Frau von Bergen ging schnellen Schrittes zurück und nahm den Hörer ab. Dann rief sie meinen Chef herbei. Ein Anruf unserer Dienststelle. Falk ließ sich Zeit, aß erst seinen Bissen fertig, bevor er sich erhob und zum Telefon schlenderte. Er meldete sich mit seinem Namen, doch dann hörte er nur noch zu. Wiederum war nur ab und zu ein kurzes „Ja" oder „Soso" zu hören. Endlich konnte ich in Ruhe frühstücken. Es dauerte eine ganze Weile, bis Kommissar Falk das Gespräch beendete. Schließlich kam er zu unserem Tisch zurück. Seine Miene wirkte ernüchternd. Offenbar waren es schlechte Nachrichten gewesen.

„Es gibt keine Zweifel", sagte Kommissar Falk zu mir, als er sich wieder gegenüber platzierte. „Wir ermitteln in einem Kapitalverbrechen. Zweifellos ist es menschliches Blut, das jemand unter den Teppich zu kehren versuchte. Blutgruppe A, Rhesusfaktor negativ. Der Fleck ist durchsetzt von irgendeiner Reinigungssubstanz. Näheres muss noch abgeklärt werden. Außerdem befanden sich Blutspuren an dem schweren Kerzenständer und feine Sekretspuren haften fast überall an den dunklen Möbeln. Die Beweislage deutet darauf hin, dass in diesem Zimmer jemand erschlagen wurde. Ferner wurden an der Unterseite des Fensterrahmens Hautpartikel gefunden. Wahrscheinlich hat jemand eine Person über das Fenster nach draußen gehievt. Dabei blieben kleinste Hautfetzen am Holz des Rahmens hängen. Der Erkennungsdienst hat mehrere Fingerabdrücke gesichert. Insgesamt sieben verschiedene Profile. Die meisten davon sind auswertbar. Das Ergebnis erhalten wir bis spätestens Montag. Außerdem wurde am Tatort bereits sauber gemacht und gewischt."

Mir blieb nur ein erstaunter Blick übrig. Schweigend saß Falk mir gegenüber. Wir waren die Einzigen im Raum und es war so still, dass man sogar eine Stecknadel hätte fallen hören.

„Zimmermann, es bleibt uns nichts anderes übrig, rufen Sie Gerke an. Er soll so viele Leute zusammentrommeln wie möglich. Feuerwehr, Torfstecher, Freiwillige, egal. Das Moorgebiet ist riesig, hier reichen ein paar Hundertschaften nicht aus. Außerdem müssen wir eine Fahndung nach dem verschwundenen Wagen veranlassen. Ich weiß zwar, dass es dünn ist, was wir dafür haben, aber so viele englische Nobelmodelle wird es in dieser Gegend nicht geben."

Ich nickte und zog meinen Block hervor, um mir das Wesentliche zu notieren. Noch bevor ich meinen Stift zücken konnte, fuhr mein Chef fort: „Keiner der Anwesenden darf abreisen. Sie sind alle verdächtig. Erledigen Sie die Anrufe und kommen Sie zu mir zurück. Wir werden uns nachher draußen umschauen."

Jetzt kam die Sache langsam in Gang. Ich richtete mich auf und eilte zum Telefon. Noch bevor ich es erreichte, fiel mir Falks Stimme erneut in den Rücken.

„Ach, Zimmermann, ehe ich es vergesse. Überprüfen Sie alle Personen. Ich muss genau wissen, wen ich vor mir habe. Sie wissen schon. Vergangenheit, Gegenwart und Zukunft. Alles, was wichtig erscheint. Verstanden!"

Ich wandte mich um und nickte meinem Chef zu. Noch während ich die Nummer des Kommissariats wählte, verließ er das Zimmer. Ich rief direkt in unserem Büro an und war froh Radkes Stimme am anderen Ende zu hören. Nachdem ich ihm seine Aufträge erteilt hatte, fragte er, ob wir uns noch lange im Moor herumtreiben würden. Ich bejahte seine Frage. „Und, ist der Alte wie immer nett und charmant zu seinen Mitarbeitern?" schob er seine bissige Frage nach. Ich hatte keine Lust auf Sticheleien und machte ihm verständlich, dass ich die Ergebnisse meiner Anfragen schnellstmöglichst benötigte.

„Du tust mir Leid, Ferien auf dem Bauernhof, und das noch mit dem schrulligen Alten. Ich muss sagen, ich beneide dich nicht", bemerkte Radke noch, ehe wir das Gespräch beendeten. Danach rief ich auf dem Polizeiposten in Westerbeck an. Gerkes Stimme klang entgeistert, als ich ihm meine Bitte eröffnete.

„Wie soll ich ... ich habe doch kein Bataillon. Na, mal sehen ob die Bereitschaftspolizei ... Wissen Sie, Sie machen sich ja überhaupt keine Vorstellung, wie groß dieses Moor ist. Schon ein paar Meter hinter dem Haus beginnt es und erstreckt sich fast bis Gifhorn. Das sind über zehn Kilometer. Ich bezweifle ...", stammelte er hilflos und konsterniert.

„Auftrag vom Chef. Wollen Sie ihn persönlich sprechen?" fragte ich zugegebenermaßen etwas scheinheilig. Ich hasste es, wenn man so ein Theater um klare Anweisungen machte. Außerdem hatte ich dabei immer das Gefühl, es lag daran, dass ich diese Direktiven gab. Aber Gerke kuschte.

Ich suchte nach Falk. Ich schaute in der Küche, im Flur und im Waschraum nach, doch nirgends war eine Spur von ihm. Als ich wieder in die Gaststube ging, hörte ich draußen Stimmen. Anscheinend war Falk vor dem Haus. Ich stürmte hinaus ins Freie und wollte Vollzug seines Auftrages melden, als ich erkannte, dass es gar nicht Falk war, der da draußen zwischen Eingang und Scheune im Hof stand. Es war Peters. Er hielt etwas in den Händen und sprach mit ruhiger Stimme auf die Bestie ein, die am Boden kauerte und die ihr zugeworfenen Bissen genoss. Als mein Blick auf den Hund fiel, verharrte ich. Peters hatte mich offensichtlich gehört, denn er wandte sich zu mir um.

„Kommen Sie ruhig näher, er tut Ihnen nichts. Er ist an der Leine, wenngleich es eine Laufleine ist. Aber ich kenne Hasso. Er ist nur wild und fletscht die Zähne, wenn er einen nicht kennt", rief Peters zu mir herüber. Ich nahm all meinen Mut zusammen und näherte mich langsam. Schließlich wollte ich mich nicht als Feigling erweisen.

„Kennt er Sie denn?" fragte ich noch skeptisch, da ich der Lage immer noch nicht ganz traute. Peters streckte seine Hand aus und öffnete sie. Hundekuchen, kleine braune Kekse. Das war es also, das machte aus einem gefährlichen und zähnefletschenden Wachhund ein zartes und liebevolles Lämmlein.

„Sie wissen doch, ich bin Vertreter. Die meisten meiner Kunden haben einen Hund. Wenn mich Hunde abschrecken würden, dann könnte ich meinen Job an den Nagel hängen. Übrigens, diese Hundekuchen sind ebenfalls aus meinem Warensortiment. Sie haben wohl nicht zufällig einen kleinen pelzigen Freund?"

Ich schüttelte den Kopf. Nein, ich hatte eine Frau und zwei süße Kinder. Diese lagen mir zwar lange schon wegen eines Hundes in den Ohren, aber bei meinem angeborenen Respekt vor diesen vierbeinigen getreuen Gefährten kam mir so ein Tier nicht mal in die Nähe meines Hauses.

„Haben Sie Herrn Falk gesehen?" kam ich auf den Punkt.

„Ja, er kam vor ein paar Minuten zusammen mit Frau von Bergen aus dem Haus. Sie sind zum Schuppen gegangen", antwortete er. Ich war froh für diese Antwort, bedankte mich und wandte mich um. Ich ging langsam, denn diese Viecher verstanden allzu schnelle Reaktionen oftmals falsch. Als ich die Hausecke passiert hatte, war ich irgendwie erleichtert. Ich lief durch das weiche Gras, doch weit und breit war niemand zu sehen. Unweit des Hauses stand der alte Schuppen. Ich lief auf dem ausgetretenen Pfad und tastete mich an der Hauswand entlang. Vorbei an den Fenstern der Gasträume, bis ich hinter den Schuppen blicken konnte. Doch auch dort war niemand zu sehen. Als ich mich umwandte, fiel mein Blick auf ein Fenster. Dies war das Fenster zum Zimmer Nummer 7. Durch dieses Fenster musste die Leiche fortgeschafft worden sein. Ich schaute mich um, bückte mich, suchte nach Spuren, nach einem Hinweis, nach irgendetwas, das mir geholfen hätte, einen Teil des Rätsels zu lösen. Doch ich fand nicht das Geringste. Aber was erwartete ich, bestimmt hatte die Spurensicherung ganze Arbeit geleistet. Neben dem Schuppen hatte der Wagen der Fremden gestanden. Bis dorthin waren es mindestens zwanzig Meter. Als ich mich wieder umwandte, wäre mir beinahe das Herz aus dem Halse gesprungen. Direkt vor mir stand der Hund. Sabbernd, die Schnauze weit geöffnet, die Lefzen hochgezogen, präsentierte er mir sein Gebiss. Es schien fast, als ob er hämisch grinste. Ich zuckte zusammen und schon fing dieses Biest an, lauthals zu knurren. Aus dem Knurren wurde ein Heulen und daraus erwuchs ein infernalisches Bellen.

„Hasso, still!" rief eine feste Stimme im mächtigen Imperativ. Das Bellen wurde leiser und kurz darauf verstummte das Höllenvieh, kniff seinen Schwanz ein und schlich beleidigt von dannen. Erst als der Hund hinter der Ecke verschwunden war, schaute ich nach oben. Am geöffneten Fenster im ersten Stock war das Gesicht des Krimischreibers zu sehen. Nach dem Verhalten des Mannes am gestrigen Tage hätte ich nie geglaubt, einmal so froh zu sein, ihn zu sehen.

„Jaja, Hasso nimmt seine Aufgabe sehr ernst. Sie halten wohl nicht viel von Hunden?" fragte Paul Liebknecht mit sarkastischem Unterton. Ich nickte nur. Obwohl er mir das Leben oder zumindest meine Hose gerettet hatte, war ich an einer Unterhaltung nur wenig interessiert.

„Ich habe gerade meinen Mittagsschlaf gehalten, Sie können froh sein, dass ich entgegen meinen sonstigen Gewohnheiten heute etwas früher zu Bett gegangen bin. Normalerweise pflege ich erst einen längeren Spaziergang zu unternehmen."

Ich dankte meinem mir ganz und gar unsympathischen Retter nochmals und schlich mich mit einer untertänigen Geste davon. Erst jetzt fiel mir die Laufleine des Hundes auf. Der Köter konnte fast das komplette Haus umrunden. Zumindest wusste ich jetzt, wo ich mich aufhalten konnte, um dem schwarzen Ungeheuer zu entgehen. Als ich, versunken in meine Gedanken, am Schuppen vorbeiging, wäre ich beinahe gegen meinen Chef geprallt. Er stand hinter der Ecke, locker an einen Bretterverschlag gelehnt, rauchte eine Zigarre und blickte hinaus auf das schilfige Moor. Obwohl es nun schon nach Mittag war, stiegen dort immer noch einzelne Nebelschwaden auf. Es war düster und kalt. Die Sonne hatte sich schon seit einigen Tagen nicht mehr gezeigt.

„Sehen Sie Zimmermann, so viel zu der Theorie, dass ein Fremder in das Haus eingedrungen ist", bemerkte Falk schmunzelnd. Er hatte offenbar die gesamte Szene beobachtet und sich nicht gerührt. Es ärgerte mich maßlos. Falk schien das zu bemerken, es war ja auch nicht schwer, denn meist sprach mein Gesicht in so einer Situation Bände.

Es wurde früher Nachmittag, als Gerke mit etwa sechzig Mann im Hof des Klosterkruges eintraf. Feuerwehrmänner, Freiwillige und Neugierige aus Denners. Sie trugen lange Stangen bei sich und wussten offensichtlich, was mein Chef beabsichtigte. Frau von Bergen hatte ihren Hund wieder einmal in die Scheune sperren müssen, denn das Vieh wurde beim Anblick so vieler fremder und mit Stöcken bewaffneter Männer dermaßen nervös, dass er sich fast an seiner Leine erhängt hätte. Ich hätte ihm bestimmt keine Träne nachgeweint. Es stellte sich heraus, dass die Männer allesamt Routine in der Durchsuchung des morastigen Geländes hatten. Erst im letzten Jahr hatte sich ein Spaziergänger im Flachmoor verirrt. Er war einen falschen Weg gegangen und hatte das Pech, dass sich ein Wasserkissen unter dem Seggetorf befunden hatte. Schnell war er bis zu den Schultern eingesunken. Seine Rettung hatte er zum einen der flachen Muddeschicht und zum anderen der feinen Nase eines Hundes zu verdanken, der seine Witterung aufnehmen konnte. Mich schauderte bei dem Gedanken. Kommissar Falk wies den Männern Bereiche zu, in denen sie suchen sollten. Ich selbst schloss mich einer Gruppe Feuerwehrmänner an. Bald schon waren meine Halbschuhe durchnässt und von einem klebrigen, schwarzen Schlamm überzogen. Im Moor selbst roch es modrig und die Luft war abgestanden und schal. Ich war froh, als mir einer der Feuerwehrmänner, nachdem wir unseren Abschnitt ergebnislos abgesucht hatten, Gummistiefel anbot. Doch bald schon musste ich aufgeben. Meine Hosenbeine waren derart mit Morast und Wasser durchzogen, dass mir die Kälte schwer zu schaffen machte. Enttäuscht und fröstelnd kehrte ich in den Klosterkrug zurück. Ich war gottfroh, dass Frau von Bergen den Hund immer noch weggesperrt hatte. Müde zog ich mich auf mein Zimmer zurück. Meine Beinkleider waren ruiniert und ich hatte nur diese eine Hose bei mir. Was sollte ich tun? Als ich, nass wie ich war, in den Waschraum ging, in dem ich Peters zum ersten Male getroffen hatte, kam mir Frau von Bergen entgegen. Ich erzählte ihr von meiner misslichen Lage, doch sie sprach mir wieder Mut zu. Sie zerstreute meine Bedenken, denn ich war der Ansicht, dass ich diesen Schlamm nie wieder aus meinen Hosen herausbekommen würde. Ich verschwand im Waschraum und entkleidete mich. In diesem Moment betrat Frau von Bergen den Raum. Ich stand halbnackt, nur in Unterhosen gekleidet, vor ihr. Es war mir mehr als peinlich und ich wäre am liebsten im Erdboden versunken. Frau von Bergen erbot sich, mir meine Hosen zu waschen. Außerdem brachte sie mir frische Beinkleider.

„Sie stammen von meinem verstorbenen Mann", sagte sie, dann fuhr sie fort. „Machen Sie sich keine Sorgen wegen ihrer Hose. Auch aus Herrn Peters feinen Tuchhosen, die fast bis zum Schritt verschmutzt waren, ging der Schlamm restlos heraus."

Sie reichte mir ein paar Pantoffeln und überdies trockene, selbst gestrickte Wollsocken. Dann eilte sie mit meinen Hosen davon. Nachdem ich mich einigermaßen eingekleidet hatte, ging ich in den Gastraum. Dort wurde ich von Falk bereits erwartet. Die Dunkelheit hatte der erfolglosen Suche ein Ende bereitet. Die Männer saßen um die Tische und schlürften an ihrem Grog. Falk hatte sich nicht lumpen lassen und die ganze Meute zu einem Umtrunk eingeladen. Er lächelte mir verschwörerisch zu und lotste mich an einen leeren Tisch. „Sie sehen gut aus in ihren neuen Hosen", bemerkte er süffisant, dann erzählte er mir, dass sich Radke gemeldet hatte. Er war bereits auf dem Weg hierher und brachte interessante Neuigkeiten mit. An Falk schien die Suchaktion spurlos vorbeigegangen zu sein. Er trug noch immer seinen legeren Anzug. Auch die Schuhe waren sauber und trocken. Es schien, dass selbst das Moor diesem Mann nichts anhaben konnte.

Radke traf gegen acht Uhr im Klosterkrug ein. Als ich ihn begrüßte und mich dabei erhob, lachte er lauthals heraus.

„Da musst Du wohl noch ein ganzes Stück wachsen, bis Dir deine Hosen passen", bemerkte er spöttisch. Auch Falk ließ sich zu einem Lächeln hinreißen und ich spürte das Kribbeln in den Haarwurzeln und musste mich beherrschen, dass mir nicht der Kamm vollends anschwoll. Doch Kommissar Falk hatte anderes im Sinn, als sich Radkes lustige Scherze anzuhören. Gemeinsam bat er uns in sein Zimmer. Er wollte, dass diese Unterhaltung ungehört blieb. Radke berichtete, dass er die Personalien der Gutshofbewohner allesamt bis ins Kleinste überprüft hatte. Es schien mir, als wolle er eine Lobrede auf seine wunderbare Ermittlungsarbeit halten, doch Falk würgte sein Selbstlob im Ansatz ab und sagte knurrig: „Zur Sache Radke, wir haben keine Zeit für Scherze!" Was Radke zu berichten hatte, klang wirklich abenteuerlich.

Über den Krimiautor gab es nicht viel zu sagen. Er war ein unbeschriebenes Blatt. Auch Peters kam in keiner Polizeiakte vor. Die Angaben von Frau von Bergen entsprachen ebenfalls der Wahrheit. Ihr Mann war vor vier Jahren bei einem Autounfall gestorben. Sie hatte in Hannover gelebt und war ein paar Monate nach dem Unfall in diese Gegend gekommen. Wenig später hatte sie den Klosterkrug erstanden und sich dem Dasein einer Wirtin und Gasthausbetreiberin gewidmet. Auch sie war unbescholten. Ganz anders verhielt es sich mit ihrer Tochter. Diese hatte eine Strafdatei, die fast so lang war wie eine Rolle Klopapier. Diebstähle, kleinere Einbrüche, Betrügereien, illegale Prostitution sogar und in der Hauptsache Drogendelikte. Sandra von Bergen, die aus erster Ehe stammte und eigentlich Flemming hieß, war ein ganz schönes Luder. Obwohl sie erst 28 Jahre alt war, hatte sie die letzten drei Jahre im Frauengefängnis von Hannover und bei einer Entziehungskur zugebracht. Das warf natürlich ein ganz neues Licht auf den Fall. Dieses schmächtige und blutleere Geschöpf war ein Junkie, und das Tollste daran war, dass ihr Freund, ein gewisser Tom Behrends, ebenfalls einschlägig vorbestraft und rauschgiftsüchtig, nicht weit von hier in Dannenbüttel wohnte. Kommissar Falk hörte mit Interesse zu. Also stimmte seine Theorie, dass es jemand aus dem Hause war. Deshalb ging alles so lautlos und unbemerkt über die Bühne. Es konnte gar nicht anders sein. Dieses kleine Luder hatte ihrem Gaunerfreund erzählt, dass eine betuchte Dame hier abgestiegen war, und der

Verbrecher hatte die Gelegenheit beim Schopfe gepackt. Wahrscheinlich hatte ihn die noch immer unbekannte Frau bei einem kleinen Einbruch in ihrem Zimmer überrascht. Nicht zu fassen, dieses kleine Luder hatte mich angelogen. Von wegen Krankheit und Magersucht. Zuckerkrank, und ich hatte ihr auch noch geglaubt.

„Also gut, dann müssen wir den Kerl finden und eingehend befragen. Die Kleine wird schon wissen, wo Behrends untergekrochen ist", sagte ich zufrieden und auch ein bisschen froh darüber, dass sich der Aufenthalt in dieser Einöde bald schon dem Ende zu neigte.

„Gut", sagte Kommissar Falk. „Wir haben jetzt zwar einen etwas konkreteren Tatverdacht, aber es sind immer noch genügend Fragen unbeantwortet. Wir haben noch keine Leiche, wissen noch nicht, wer die Tote ist und ihren Wagen haben wir auch noch nicht gefunden. Außerdem bleibt dann noch offen, wie der junge Mann ins Haus kam. Hat ihm die Kleine bei der Tat geholfen, oder ist er ganz alleine auf die Idee gekommen. Meine Herren, da ist noch viel Arbeit in dieser Sache zu leisten. Aber Zimmermann, Sie haben Recht, es schadet nichts, wenn wir uns den Kerl erst einmal greifen und das Mädchen etwas unter Druck setzen. Also auf geht's, fangen wir an. Radke, setzen Sie sich in Marsch. Sie wissen, wo dieser Kerl wohnt. Greifen Sie ihn und bringen Sie ihn einfach hierher. Zimmermann, Sie reden mit dem Mädchen. Sagen Sie ihr aber noch nicht, was wir erfahren haben. Stellen Sie sich dumm, das wird so schwer nicht sein. Ich rede unterdessen noch einmal mit Frau von Bergen."

Wieder einer dieser Seitenhiebe. Zusammen mit Radke verließ ich das Zimmer.

„Hast Du das gehört, es würde mir nicht schwer fallen, mich dumm zu stellen. Manchmal möchte ich wieder zurück in mein winziges Büro und mich mit meinen kleinen Betrügern unterhalten. Da waren manche freundlicher zu mir", klagte ich verärgert.

„Nimm' es nicht so schwer. Das mussten wir alle durchmachen. Du bist jetzt der Neue, nun treffen Dich seine Anspielungen. Aber eines sage ich Dir, wenn er Dich nicht leiden könnte, dann würde er sich nur ganz sachlich und knapp mit Dir unterhalten. Sieh es als ein gutes Zeichen", ermunterte mich Radke und klopfte mir antreibend auf die Schulter. Nachdem Radke den Klosterkrug verlassen hatte, war wieder Hassos lautes Bellen zu hören. Erst als sich ein Wagen entfernte, wurde es draußen wieder still. Ich wartete noch ein

Weilchen im schummrigen Flur und dachte nach. Vielleicht hatte Radke Recht. Vor sechs Monaten war ich vom Betrugsdezernat in die Mordkommission gewechselt und Falk hatte meinem Versetzungsgesuch ausdrücklich zugestimmt. Wenn ich mich recht zurückerinnerte, so war es genau wie damals, als ich die Uniform an den Nagel hängte und zur Kripo wechselte.

Ein leises Knarren riss mich aus meinen Gedanken. Ein Schatten huschte aus einer Tür. Ein zarter, schlanker, fast dürrer Schatten. Ich drückte mich tief in eine Nische und der namenlose Schemen glitt an mir vorüber. Die Gestalt trug einen Poncho und hatte die Kapuze tief ins Gesicht gezogen. Dennoch erkannte ich die Wirtstochter sofort, als sie an mir vorüberging. Was hatte sie vor? Sie hatte mich nicht bemerkt. Lautlos verschwand sie durch die Eingangstür hinaus in den Nebel. Ich wartete eine Weile, dann folgte ich ihr. Als ich die Tür öffnete, dachte ich sofort an den Hund. Verdammt, bestimmt würde er wieder wie verrückt bellen. Trotzdem, ich musste es riskieren. So unbefangen wie nur möglich ging ich hinaus ins Freie. Draußen hatte sich eine dicke, milchige Suppe zusammengebraut. Gleichwohl sah ich gerade noch, wie die Wirtstochter hinter dem Schuppen verschwand und in Richtung Westen davonhuschte. Ich ging geradewegs weiter und hielt auf unseren Wagen zu. Es wunderte mich diesmal nicht, als der schwarze Köter an seiner Laufleine hinter dem Haus hervor schoss und mich auf das Übelste verbellte. Unbeeindruckt lief ich voran und hielt auf das offene Hoftor zu. Ich orientierte mich nach links und tastete mich an der halbhohen Grundstücksmauer entlang. Erst als die Mauer endete, konnte ich einen weiteren Haken nach links schlagen. Der Boden war matschig und kalt. Erst jetzt bemerkte ich, dass ich noch immer die alten Pantoffeln trug, die mir Frau von Bergen gegeben hatte. Ich spürte, wie die kalte Feuchtigkeit durch die dicken Wollsocken drang, aber es war mir egal. Ich erinnerte mich an das kleine Wäldchen, das ich heute Mittag bei der Suchaktion im Moor westlich des Anwesens entdeckt hatte. Etwa 400 bis 500 Meter entfernt. Dorthin hatte sich der Schatten davongemacht, also schlug auch ich diese Richtung ein. Es war bald so dunkel, dass man nicht einmal mehr die Hand vor den Augen sehen konnte. Ich wusste auch, dass ich dem Moor gefährlich nahe sein musste, denn der modrige Gestank drang immer stärker in meine Nase. Von Zeit zu Zeit blieb ich stehen und lauschte in die nächtliche Stille. Nichts war zu hören. Da plötzlich, dort in der

Ferne, etwa fünfzig Schritte entfernt, flackerte eine Lampe auf. Erschrocken blieb ich stehen. Ich horchte. Wortfetzen drangen zu mir herüber. Zweifellos unterhielten sich dort ein Mann und eine Frau. Und die Unterhaltung schien heftig, denn sie nahm an Lautstärke zu. Es half nichts, ich ging zu Boden und krabbelte wie ein Hund auf allen Vieren auf das Licht zu. Langsam kam ich näher. Schon verstand ich einiges der Unterhaltung.

„... die nächste Zeit nicht mehr sehen. Es ist zu gefährlich, die Polizei ist in unserem Haus. Wenn sie dahinter kommen, dann ist es aus", sagte die weibliche Stimme, doch der Mann wiegelte ab. Als ich es spürte, war es bereits zu spät. Ich hörte den lauten Knacks, als ein morscher Ast unter meinen Füßen zerbrach. Plötzlich erlosch das Licht. Ich sprang auf und hetzte voran. Ein spitzer Schrei drang durch die Nacht und wies mir die Richtung. „Stehen bleiben! Polizei! Macht das Licht wieder an!" schrie ich laut. Mir fiel gerade nichts Besseres ein. Wie ein Raubtier schoss ich auf die Stelle zu, die ich mir als Ort der Unterhaltung eingeprägt hatte, und, als hätte ich alles Glück auf meiner Seite, bekam ich etwas zu fassen, das sich wie der Körper eines Menschen anfühlte. Mit beiden Händen griff ich zu, umklammerte den Leib und versuchte ihn niederzuwerfen. Instinktiv fühlte ich, dass es ein Mann sein musste. Doch noch etwas spürte ich, einen heftigen Schlag, der mein Gesicht traf. Schließlich glitten meine Hände von dem Mann ab und ich stürzte zu Boden. Ich spürte, dass ich direkt in den schlammigen Morast fiel. Dann hörte ich nur noch schmatzende Schritte, die sich hastig entfernten. Zur Verfolgung hatte ich keine Kraft mehr, denn eine Woge des Schmerzes durchflutete meinen Körper. Als ich mich aufrichtete, flammte die Taschenlampe wieder auf. Das Mädchen stand vor mir. Sie zitterte am ganzen Körper.

Ich saß in der Küche des Klosterkruges direkt vor dem Ofen. Mir war kalt und ich fror entsetzlich, und das, obwohl ich in zwei dicke Decken eingemummt war. Ein kalter Umschlag zierte mein rechtes Auge. Der Kerl hatte mich voll erwischt. Frau von Bergen saß zusammengesunken auf einem Stuhl, ihre Tochter hockte daneben auf dem Boden. Dicke Tränen liefen über ihre Wangen.

„Ich versichere Ihnen, Herr Kommissar, meine Tochter hat nichts mit der Sache zu tun. Ich habe sie aus dem Schlamassel herausgeholt und wollte ihr die Chance für ein neues Leben bieten. Ich habe ihr ausdrücklich verboten, sich noch einmal mit ihrem Freund und allen früheren Bekannten zu treffen. Ich sagte ihr, wenn du dich nicht an unsere Abmachungen hältst, dann kannst du dich zum Teufel scheren. Wir hatten einfach nur Angst, dass alles wieder ans Tageslicht kommt, wenn die Polizei hier auftaucht. Damals, als mein Mann starb, da hatte ich Zeit zum Nachdenken. Ich erkannte, dass ich an ihrem Schicksal Schuld war. Mein Mann, ihr Stiefvater, war immer gegen sie. Damals, als sie meine Hilfe brauchte, da habe ich mich von ihr abgewandt. Ich wollte meine Ehe nicht gefährden. Nachdem ich mit mir und meiner Vergangenheit ins Reine gekommen bin, da wusste ich, dass ich es Sandra einfach schuldig war. Blut ist eben dicker als Wasser", stammelte Frau von Bergen und nun liefen auch bei ihr glasige Tränen über das Gesicht.

„Aber warum ist er dann geflohen?" antwortete Falk, der locker am Küchenschrank lehnte und die beiden Frauen gespannt musterte.

„Er ist nicht abgehauen. Er wollte nur nicht, dass man mich mit ihm erwischt. Er wollte mir mein neues Leben nicht kaputt machen. Er liebt mich doch...", heulte das Mädchen uns vor.

„Wo ist er jetzt?"

„Ich weiß es doch nicht. Er wohnt in Dannenbüttel, in der Barnbrucher Straße. Wahrscheinlich ist er nach Hause gegangen, wohin sollte er sonst gehen?"

„Mädchen, Mädchen, ich warne dich. Es geht hier schließlich um Mord, und ehrlich gesagt, sieht es nicht gut für euch aus", erwiderte Kommissar Falk. Plötzlich klopfte es. Bevor jemand antwortete, ging die Türe auf und Paul Liebknechts neugierig dreinblickendes Gesicht erschien im Türspalt.

„Ja, was ist?" polterte Kommissar Falk ärgerlich.

„Verzeihung, ich wollte nicht stören, aber Sie werden von ihrer Dienststelle verlangt. Man sagte mir, es sei dringend", antwortete der Krimiautor verlegen. Falk nickte nur, dann stürmte er zur Tür hinaus. Im Raum wurde es ruhig. Angesichts der angespannten Situation zog es sogar der wissbegierige Liebknecht vor, die Küche wieder zu verlassen. Eine bleierne Stille lastete auf den Anwesenden. Es dauerte eine ganze Weile, bis die Kleine das Wort ergriff: „Entschuldigung ... Sie müssen seine Reaktion verstehen, er wusste ja nicht, was er tun sollte. Er ... er hatte einfach Angst. Bitte entschuldigen Sie."

Ich nickte stumm. Mir fehlten einfach die Worte und ich war dankbar, als Kommissar Falk endlich wieder in die Küche kam. Ich blickte ihn fragend an. Zuerst schien es, als ob er mit den Neuigkeiten nicht so recht herauswollte, doch dann überlegte er es sich.

„Sieben verschiedene Fingerprints. Alle sind nun ausgewertet und zugeordnet. Die Jungs haben extra wegen uns Überstunden gemacht. Demnach waren die Prints von mir, von Gerke, von Frau von Bergen, von Paul Liebknecht und von Ihnen, Fräulein Flemming, in dem Zimmer verteilt. Die beiden anderen Prints stammen von zwei polizeibekannten Personen. Die meisten Abdrücke, im ganzen Raum verteilt, stammen von einer Frau, die derzeit mit einem Haftbefehl gesucht wird. Es ist mit Sicherheit das vermeintliche Opfer. Sie heißt Felicitas Barton und stammt aus Hamburg. Dort war sie lange Jahre als Prostituierte tätig. Vor zwei Jahren verschwand sie von der Bildfläche und zog im Hintergrund so etwas wie einen illegalen Hostessenring auf. Sie muss ganz gut verdient haben. Trotzdem kam ihr vor etwa vier Wochen die Hamburger Polizei auf die Schliche. Eine Festnahmeaktion lief schief, seither befindet sie sich auf der Flucht. Auch der Beschreibung nach könnte sie ihr Feriengast gewesen sein, wenngleich sie bei ihrer Flucht noch rote Haare hatte. Sie fährt einen dunklen Jaguar mit Hamburger Kennzeichen. Jetzt wissen wir zumindest ihren wirklichen Namen", berichtete der Kommissar. Theatralisch wandte er sich nun dem Mädchen zu.

„Der siebte Abdruck wurde außerhalb des Zimmers, unter dem Fensterbrett aufgefunden. Er lag so wind- und frostgeschützt, dass er durchaus noch auswertbar war. Es ist der rechte Zeigefinger von Tom Behrends", stieß Falk hervor. Seine Augen ruhten dabei auf dem Gesicht des Mädchens.

Nachdem seine Worte verklungen waren, schlug Sandra Flemming die Hände vors Gesicht und begann heftig zu weinen.

„Ich glaube, es ist nun Zeit, die Wahrheit zu sagen", bemerkte Falk fordernd. Das Mädchen jedoch schwieg. Für mich war nun alles klar. Motiv Habsucht, Beweislast erdrückend, keine Frage, Tom Behrends hatte etwas mit dieser Sache zu tun. Doch wie weit war Sandra Flemming in den Fall verstrickt. Wusste sie, dass ihr Freund einen Mord auf dem Gewissen hatte, war sie gar daran beteiligt oder ahnte sie es zumindest? Egal, jetzt war es erst einmal wichtig, den Jungen zu fassen. Obwohl es mittlerweile schon auf ein Uhr zuging, hatte Radke noch nicht angerufen und einen Erfolg vermeldet.

„Zimmermann, gehen Sie ins Bett. Sie haben genug für heute. Das war übrigens gute Arbeit, Kollege", sagte Kommissar Falk nach einer

Weile in väterlichem Ton zu mir. Ich wusste gar nicht wie mir geschah. Zuerst wollte ich es fast nicht glauben. Ein Lob, und das aus seinem Mund, das war eine ganz neue Erfahrung für mich. In dieser Nacht schlief ich zufrieden und entspannt ein. Doch sollte es nur eine kurze Nacht der Erholung für mich werden. Auf meiner Armbanduhr war es kurz nach halb acht, als es draußen an meiner Zimmertür kratzte. Aus dem Kratzen wurde ein Rütteln und aus dem Rütteln ein kräftiges Klopfen.

„Ja doch, verdammt noch mal!" rief ich ärgerlich.

„Gerhard, stehen Sie auf, es gibt Arbeit für uns. Beeilen Sie sich, es ist wichtig. Radke hat Behrends festgenommen und ist hierher unterwegs. Er bringt ihn mit. Sagen wir in einer Viertelstunde im Gastraum", drang Falks dumpfe Stimme durch die Tür. Seine Schritte verklangen im Vorübergehen. Hatte ich mich verhört? Sechs lange Monate war ich nur *„Zimmermann"*, jetzt war ich zu *„Gerhard"* befördert worden. Was war bloß in den Alten gefahren? Ein Akt der Verbrüderung? Freundlichkeit? Auch seine Stimme hatte, trotz der Türe, etwas gefälliger und sanfter geklungen. Mir blieb nichts anderes übrig, ich erhob mich und scheuchte diese unnützen Gedanken hinweg. Vielleicht hatte ich ja auch nur geträumt. Als ich das Badezimmer betrat und in den Spiegel schaute, erschrak ich. Ein Veilchen im kräftigsten Dunkelblau zierte mein Gesicht. Diese Schmach war fast schlimmer als der Schmerz. Ich duschte und trocknete mich ab, dann fiel mir siedendheiß ein, dass ich noch nicht einmal etwas zum Anziehen hatte. Ich wusste keinen anderen Rat. Der Chef erwartete mich, und er war ausgesprochen freundlich. Ich konnte ihn nicht enttäuschen. So schlang ich die beiden Decken, die mir Frau von Bergen am gestrigen Abend gegeben hatte, um meinen Körper und trat hinaus in den Gang. Es war des Schicksals schlechte Fügung, dass mir ausgerechnet jetzt Paul Liebknecht im Flur begegnete. Was machte der Mann nur so früh schon auf den Beinen? Als er mich sah, blickte er mich verwundert an. Mitten im Flur blieb er stehen, so dass ich warten musste, bis er endlich Platz machte. Doch Liebknecht dachte gar nicht daran. Im diffusen Licht des Flures ließ er seine kleinen bebrillten Schweinsäuglein an meinem Körper auf und nieder wandern.

Schließlich trat er ein Stück beiseite und ließ mich passieren. Just als ich an ihm vorüberging, sagte er belustigt: „Stehen Ihnen übrigens gut, die Decken, und passen auch hervorragend zu Ihrem Veilchen.

Tut es eigentlich noch weh?"

„Nur wenn ich lache", erwiderte ich erbost und setzte meinen Weg fort. Als ich den Gästeraum betrat, saß Falk schon an unserem Tisch. Er frühstückte und blickte mir freundlich kauend entgegen.

„Gerhard, wie geht es Ihnen? Sie sehen ja schlimm aus." Ich zuckte mit meinen Schultern und nahm Platz.

„Herr Kommissar, gibt es Neuigkeiten?" fragte ich nicht zuletzt deshalb, um das Thema auf einen anderen Weg zu bringen, denn mein körperliches Befinden war hundsmiserabel, doch das ging keinen etwas an.

„Wir warten noch auf Radke, kleiden Sie sich an und fahren Sie nach Dannenbüttel. Dort gibt es einen Abschleppdienst mit dem Namen Kleinert. In der Halle steht der Jaguar unseres Opfers. Ein Jäger hat ihn heute Morgen in einem Wäldchen zwischen Denners und Dannenbüttel entdeckt. Anscheinend wurde er angezündet und ist fast vollständig ausgebrannt. Schauen Sie nach, ob es noch lohnt, die Spurensicherung auf den Fall anzusetzen. Aber zuerst einmal frühstücken Sie anständig", fügte er fürsorglich hinzu.

Ich aß gerade meine zweite Portion, als Motorenlärm von draußen hereindrang. Kurz darauf wurde die Tür aufgestoßen und ein junger, schwarz gekleideter Mann betrat den Raum. Er war von oben bis unten schmutzig. Seine Hände waren unsichtbar hinter seinem Körper verschränkt. Seine fettigen und ungewaschenen Haare hingen ihm wirr ins Gesicht. Er war blass und übermüdet. Er war noch nicht ganz im Raum, als Radke und unser Kollege Schulze hinter ihm auftauchten.

„Wir haben ihn heute früh um sechs Uhr an seiner Wohnung abgefischt. Er hat bislang noch nichts gesagt. Er hat sich widerstandslos festnehmen lassen, aber er hat die ganze Zeit geschwiegen und vor sich hingebrütet", berichtete Radke. Schließlich blickte er mich mitleidig an.

„Oh, dein Auge gefällt mir gar nicht. Das sieht überhaupt nicht gut aus. Wenngleich es gut zu deiner Verkleidung passt", sagte er zu mir und ich konnte mich nicht gegen den Eindruck wehren, dass sein mitleidiger Blick nichts anderes als Fassade war. Ich zog es deswegen vor, mich zurückzuziehen und anzukleiden. Noch bevor ich die Türe richtig hinter mir geschlossen hatte, hörte ich den lauthals plätschernden Fluss des Lachens aus den Hälsen meiner Kollegen hervorbrechen, doch es machte mir nichts aus.

Von Frau von Bergen erhielt ich meine gereinigten Kleider zurück. Sie waren sauber und es tat gut, meine gewohnten Hosen wieder tragen zu können. Ich ließ mir Zeit beim Ankleiden. Als ich wieder in die Gaststube kam, saß Sandra Flemming neben ihrem Freund auf einem Stuhl. Sie wirkte heute noch blasser und kränklicher als sonst. Falk saß am Tisch und studierte die Akten, die Schulze aus dem Büro mitgebracht hatte. Als ich mich von ihm verabschiedete, blickte er nur kurz auf und schob mir den Wagenschlüssel zu. Die Fahrt dauerte etwa zwanzig Minuten. In Dannenbüttel musste ich zweimal nach dem Weg fragen, bis ich den Sitz des Abschleppunternehmens endlich fand. Als ich in den Hof des Abschleppdienstes einbog, fiel mein Blick auf einen Streifenwagen. Noch bevor ich meinen Wagen stoppte, kamen auch schon Gerke und ein älterer Mann in blauem Overall auf mich zu.

„Ah, Herr Zimmermann, endlich sind Sie da. Wir warten schon seit einer halben Stunde", begrüßte mich der uniformierte Polizist ungeduldig. Er sah mich an und fragte: „Was ist denn mit Ihrem Auge passiert?"

Ich ging nicht weiter darauf ein und nickte nur. Kurz darauf betraten wir die Halle, in der die abgeschleppten Fahrzeuge untergestellt waren. Es dauerte eine Weile, bis der Mechaniker die schweren Rolltore geöffnet hatte. Mein Blick fiel auf eine ausgebrannte Schrottkarre. Ich hatte eigentlich gehofft, mehr als dieses Wrack vorzufinden. Wenn ich nicht mittlerweile erfahren hätte, dass es sich um einen Jaguar handeln musste, wäre ich beim Anblick der Fahrzeugfront nicht sofort auf die Marke gekommen. Ich umrundete den Wagen. Der Motorraum war ausgebrannt, die Motorhaube war lose darüber gelegt. Der Innenraum war komplett verwüstet und bestand nur noch aus Asche und verbogenem Stahl. Doch das Heck des Wagens, der gesamte Kofferraum, war weitestgehend unversehrt.

„Wissen Sie, ob es in der Nacht von Dienstag auf Mittwoch geregnet hat", fragte ich Gerke verwundert.

„Soviel ich weiß, war es in dieser Nacht wolkig und kalt. In der Nacht hat es wohl auch etwas geregnet. Aber am Mittwochmorgen war es wieder trocken", antwortete Gerke nach einer kurzen Weile.

Ich nickte und bat um einen sauberen Lappen, schlang ihn um meine Hände und versuchte den Kofferraumdeckel zu öffnen. Vergeblich.

„Es war doch richtig, den Wagen hierher abschleppen zu lassen?" fragte mich der Polizeibeamte neugierig. Diesmal nickte ich etwas freundlicher.

„Es wird uns aber nicht erspart bleiben, den Fundort nochmals genauestens abzusuchen", bemerkte ich nach kurzer Weile, dann fragte ich nach einem Schlüssel, doch der Mechaniker wies nur mit dem Kopf in den Innenraum. „Wahrscheinlich zusammengeschmolzen", murmelte der Handwerker in seinen Bart. Nun gut, es half nichts. Es drängte mich danach, einen Blick in den Kofferraum werfen zu können.

„Haben Sie ein Brecheisen? Wir müssen den Kofferraum aufstemmen. Uns bleibt nichts anderes übrig", erklärte ich dem Mechaniker. Dieser ließ sich das nicht zweimal sagen und verschwand in einem kleinen Nebenraum. Mit einer Brechstange kehrte er zurück. Der Mechaniker blickte mich fragend an, doch ich nickte ihm aufmunternd zu.

„Sie dürfen nur nicht in den Bereich des Schlosses fassen. Vielleicht sind dort noch Spuren zu erkennen", warnte ich ihn noch. Der Mann musste zweimal ansetzen, denn die Verriegelung gab sich äußerst widerspenstig. Dann endlich, mit lautem Krachen, sprang der Deckel auf. Nur kurz wippte er noch ein paar Mal auf und ab, dann stand er still. Als ich mich vorbeugte und ins Innere des Kofferraumes blickte, verschlug es mir die Sprache. Blut, überall getrocknetes Blut. Eine riesige Lache und mittendrin lag etwas Sonderbares. Ich ging näher heran. Komische kleine Dinger. Sie sahen aus wie dunkelbraune kleine Kekse. So etwas hatte ich schon einmal gesehen. Mein Hirn arbeitete fieberhaft. Plötzlich fiel es mir wieder ein.

„Verändern Sie nichts, bis die Spurensicherung hier ist. Lassen Sie niemanden an den Wagen heran. Gerke, Sie sind mir dafür verantwortlich!" sagte ich scharf und blickte dem verdatterten Polizeibeamten fast drohend ins Gesicht. Dann rannte ich zum Wagen, klemmte mich hinters Steuer und raste zurück nach Denners. Diesmal brauchte ich nur fünfzehn Minuten für den Weg. Vor dem Haus bremste ich und ließ den Wagen einfach stehen. Ich hastete ins Haus und stürzte in die Gaststube. Die Anwesenden zuckten zusammen, als ich wie ein Elefant ins Zimmer stürmte. Ich blickte mich um, doch Kommissar Falk war nirgends zu sehen. Nur Radke und Schulze saßen auf den Stühlen und blickten mich entgeistert an. Meine Verwunderung wuchs, als ich Tom Behrends sah. Er lag auf einem

Tisch und hatte eine weiße Binde um den Arm. Seine Freundin saß neben ihm und streichelte ihm zärtlich durch sein Haar. Liebknecht saß wie üblich mit Hansen am Stammtisch. Auch sie blickten erschrocken drein. Erst jetzt fiel mir auf, dass Radkes Hose zerrissen war und auch Schulze ein paar Blessuren im Gesicht davongetragen hatte. Am Ende fiel mir noch auf, dass Behrends keine Handfesseln mehr trug.

„Was ist passiert?" fragte ich entgeistert.

„Dieser Blödmann hat versucht zu fliehen. Doch er hat sich den falschen Weg ausgesucht. Der Hund hat ihn erwischt. Wir kamen gerade noch rechtzeitig, um Schlimmeres zu verhindern", berichtete Radke.

„Und dabei habt ihr auch Federn lassen müssen", fügte ich hinzu, dann fragte ich nach unserem Chef.

„Wir können doch nichts dazu, dass dieser blöde Köter Freund und Feind nicht unterscheiden kann. Der Alte ist zu diesem Vertreter aufs Zimmer gegangen", erwiderte Schulze. Ich machte auf dem Absatz kehrt und hastete hinaus. Radke rief mir nach, dass Kommissar Falk nicht gestört werden wollte. Ich ignorierte die Anordnung, denn Falk wäre an meinen Beobachtungen bestimmt sehr interessiert. Vor dem Zimmer Nummer 5 verhielt ich kurz und klopfte. Nachdem ein müdes „Herein" durch die Ritzen drang, öffnete ich und trat ein. Mein Blick fiel sofort auf Peters, der zusammengesunken auf der Bettkante saß. Er weinte. Falk stand lässig an den Kleiderschrank gelehnt und blickte mich zufrieden an.

„Herr Kommissar, ich habe ...", doch weiter kam ich nicht.

„Er hat gestanden", sagte Kommissar Falk mit einer Lockerheit, dass es mir fast die Sprache verschlug.

Radke und Schulze waren mit Peters schon lange auf dem Weg nach Wolfsburg. Dort sollte er dem Richter vorgeführt werden. Ich saß mit Kommissar Falk an unserem Tisch und wir aßen zu Mittag. Es hatte fast den Anschein, als wollte Falk den Erfolg feiern, denn entgegen seinen Gewohnheiten hatte er sich ein Glas Wein zum Essen bestellt.

„Also die Sache mit den Hundekuchen rundet das Bild ab. Das war sehr gute Arbeit, Gerhard", sagte er zwischen zwei Bissen.

„Herr Kommissar, ich dachte Sie sollten diese Neuigkeit sofort erfahren", erwiderte ich. „Ich weiß aber immer noch nicht, wie Sie so schnell darauf gekommen sind?„

„Ach, das war so ein Gefühl. Ich zweifelte von Anfang an daran, dass Behrends hier eingebrochen sein soll. Als er dann dümmlicherweise noch flüchtete und von dem Hund beinahe zerfleischt worden wäre, da war ich mir sicher, dass ein anderer das Verbrechen begangen haben muss. Beim Studium der Polizeiakte stieß ich dann auf die Lösung des Falles. Vor drei Jahren hat Peters unser Opfer wegen Beischlafdiebstahls angezeigt. Offensichtlich verkehrte er gerne im Rotlichtbezirk von Hamburg. Damit war die Verbindung hergestellt."

„Und warum hat er es getan?", fragte ich erschüttert.

„Schon als die Frau die Gaststube betrat, hat er sie wieder erkannt. Dass sie gesucht wurde, hatte er vor zwei Wochen von einer Kollegin unserer Nobelhostess erfahren. Er hoffte darauf, dass sie sich ihm für sein Schweigen hingibt. Als er sich eine Abfuhr einhandelte und sie ihn überdies auch noch wegen seiner ..., hm, sagen wir sexuellen Leistungsschwäche verspottete, geriet er derart in Rage, dass er zu dem Kerzenständer griff und zweimal kräftig zuschlug. Das Ding war so schwer, dass es ausreichte, ihr den Schädel zu zertrümmern. Als ihm klar wurde, was er getan hatte, geriet er in Panik. Nachdem er sich beruhigt hatte, fasst er seinen Plan. Er zog sie über das Fenster ins Freie und schleifte sie zu ihrem Wagen. Er legte sie in den Kofferraum und fuhr davon..."

„... und dabei sind ihm drei Hundekuchen aus der Tasche gefallen und im Kofferraum gelandet. Wie sagte er damals. Ohne diese Hundekuchen hätte ich schon längst keine Kunden mehr", warf ich ein.

Kommissar Falk nickte, dann fuhr er fort: „Nachdem er die Leiche verstaut hatte, kletterte er zurück ins Zimmer und begann systematisch alle verräterischen Spuren zu entfernen. Nur das Blut bekam er mit seinem Reinigungsmittel nicht vollständig aus dem Teppich. Danach fuhr er mitten in der Nacht davon, um die Leiche zu beseitigen. Selbst wenn es der neugierige Liebknecht gesehen hätte, wäre nicht viel mehr zu erzählen gewesen, als dass sich die Dame bei Nacht und Nebel aus dem Staub gemacht hatte. Er warf die Leiche in einen Weiher bei Westerbeck. Zuvor band er noch ein paar schwere Steine um ihren Körper. Den Wagen fuhr er in das kleine Wäldchen. Dort schüttete er den Rest des Lösungsmittels ins Wageninnere und setze ihn in Brand. Schließlich lief er den ganzen Weg wieder zurück. Unterwegs geriet er zweimal ins Moor und wäre beinahe versunken, doch kurz nach sechs Uhr erreichte er den Klosterkrug. Seine verschmutzen Schuhe versteckte er und seine schmutzigen Hosen gab er Frau von Bergen. Beim Reinigen der Schuhe müssen Sie ihn sogar gesehen haben. Nun, das ist die ganze Geschichte", schloss Kommissar Falk seine Schilderung und griff nach dem Weinglas.

Das Telefon klingelte und Frau von Bergen eilte aus ihrer Küche. Sie nahm den Hörer ab und meldete sich.

„Für Sie, Herr Falk, ihre Dienststelle", rief sie uns zu und legte den Hörer auf den Tresen. Falk nickte mir zu und gab mir zu verstehen, dass ich dieses Gespräch entgegennehmen sollte. Ich erhob mich und tat wie mir geheißen. Die Meldung war nur kurz. Die Leiche war genau dort aus dem Weiher bei Westerbeck geborgen worden, wo Peters angegeben hatte. Damit schloss sich der Kreis. Eine Stunde später verließen wir den Klosterkrug. Auf der Treppe verabschiedeten wir uns von Frau von Bergen, von ihrer Tochter und deren lädiertem Freund und, wenn es auch schwer fiel, von Liebknecht. Doch bevor ich in den Wagen stieg, bog ich nach links um die Ecke. Es dauert nicht lange, bis das schwarze Höllentier wieder auftauchte. Zähnefletschend blieb es vor mir stehen. Doch diesmal wich ich keinen Zentimeter zurück. Locker griff ich in meine Tasche, zog einen Hundekuchen hervor und warf ihn dem Tier zu. Geschickt schnappte der Köter den Leckerbissen aus der Luft und verschlang das braune Ding mit Heißhunger. Dann setzte der Hund sich nieder, blickte mich erwartungsvoll an und wedelte aufgeregt mit seinem Schwanz auf dem Boden hin und her. Wie ein Scheibenwischer dachte ich, als ich auf ihn zuging und ihn kurz streichelte. Alsdann zog ich ein zweites Stück Hundekuchen aus der Tasche und warf es in hohem Bogen davon. Hasso, der überaus gefährliche Wachhund, sprang auf und hetzte dem Wunderkeks hinterher. Ich ging zurück zum Wagen. Paul Liebknecht stand auf der Treppe und blickte mich entgeistert an. Sein Mund stand offen wie die Zufahrt einer Tiefgarage. Zufrieden stieg ich in den Wagen und schnallte mich an.

„Zimmermann ... ich meine Gerd … Sie verblüffen mich immer mehr", sagte mein Chef verwundert.

„Hundekuchen", antwortete ich. „Diese Viecher sind verrückt danach." Falk schüttelte den Kopf und legte den ersten Gang ein.

„Alter Vertretertrick", schob ich nach.

Zu Gast bei...

Ingrid Schmitz

Simone war aufgeregt. Es war ihr erster Fernsehauftritt überhaupt und dann auch noch live! Sie war auf dem besten Wege prominent zu werden. Nach dieser Talkshow würde sie gewiss bekannt sein wie ein bunter Hund, zumindest in ihrer Kleinstadt und deren Umgebung.

„Frau Simone Heller! In zehn Minuten beginnt Ihr Auftritt!"

Mit zittrigen Fingern und hochrotem Kopf wartete sie im Aufenthaltsraum. Gleich musste sie raus. In die Höhle des Moderators. Meine Güte, sie hätte den Sekt nicht so hastig trinken dürfen. Ihr Blutdruck stieg ins Unermessliche. Die Sendung lief bereits seit einer halben Stunde, und nun sollte sie sich gleich auf den freien Stuhl setzen und vor einem Publikum über ihren Mann reden. Nicht nur vor den Menschen im Studio, sondern auch vor einem Millionenpublikum an den Bildschirmen.

Die Zeit raste. Sie hatte die anderen, meistens Frauen, über den Monitor verfolgt, wenn sie nicht gerade zur Toilette lief, was ungefähr alle zehn Minuten geschah. Bei jeder Aufregung spielte ihre Blase verrückt. Doch es gab kein Zurück mehr. Immerhin bekam Sie ja auch Geld dafür, allerdings war das nicht der Grund, warum sie es machte.

Simone wollte es Carsten heimzahlen. Wollte ihn demütigen und auf diese Art und Weise erreichen, dass er sich änderte.

„Frau Simone Heller! Noch eine Minute!"

Sie hatte ihn vorher gewarnt, doch er hatte es immer nur ins Lächerliche gezogen.

„Begrüßen Sie, zusammen mit mir, Frau Simone Heller!"

Donnernder Applaus.

Simone, eine zierliche Person mit langen blonden Haaren und einem Puppengesicht, bekam besonders viel davon, ja sogar einige anerkennende Pfiffe aus dem Publikum. Im Untertitel wurde eingeblendet:

Simone, 42 J. alt, Hausfrau:
'Mein Mann ist ein Schwein!'

Simone wurde verlegen.

„Frau Heller, auch Ihr Mann lässt sich gehen. Schildern Sie doch einmal unseren Zuschauern, seit wann das so ist und wie wir uns das vorzustellen haben!"

Der hoch aufgewachsene Moderator war wie immer wie aus dem Ei gepellt. Seine galante Erscheinung und lockere Art brachten ihm täglich eine Einschaltquote von mindestens vier Millionen Zuschauern. Oft genug hatte Simone sich diese Talkshow zu Hause angesehen, bis sie den Entschluss gefasst hatte, hierher zu kommen. Nun saß sie tatsächlich selbst vor der Kamera ohne Perücke und dunkle Sonnenbrille, denn Carsten sollte sie sofort erkennen.

„Ja, also ... ", sie schielte zum Monitor, „mein Mann wäscht sich nicht mehr gründlich und putzt sich nur noch selten die Zähne."

„Iihh!" kam es aus dem Publikum.

„Er ... er wäscht sich nur einmal in der Woche die Haare ..."

„Nein!" schallte es aus der Menge.

„... wechselt genauso selten die Wäsche ..."

„... ach!" sagte der Moderator.

„... und hat Dreck unter den Fingernägeln!" legte Simone noch einen drauf.

Sie kam in Fahrt. Die Sympathien waren auf ihrer Seite. Simone brüstete sich, verfiel aber umgehend in Selbstmitleid.

„Ich halte es so nicht mehr aus!"

Ein Raunen ging durch die Menge. Jemand meldete sich.

„Moment!" Der Moderator stolperte mit seinem Mikro zu dem älteren Herrn.

„Zuviel waschen ist nicht gut für die Haut."

„Das sagt Carsten auch immer ...", Simone hielt sich schnell die Hand vor den Mund, als ob sie das Gesagte sofort wieder hineinstopfen wollte. Sie hatte sich fest vorgenommen, seinen Namen nicht zu nennen. Was soll's, dachte sie im gleichen Moment, mein Name wurde bereits eingeblendet, und in Kleinhausen kennt man Carsten und mich sowieso.

Jetzt war es also heraus. Der Moderator stellte weitere Fragen, während im Publikum ein Tuscheln die Runde machte.

„Ja, wir sind fünfzehn Jahre verheiratet. Nein, er duscht sich morgens nicht nach dem Aufstehen. Ja, wir haben getrennte Schlafzimmer. Ja, er schneidet sich seine Fußnägel am Mittagstisch."

Bei der letzten Frage bekam der Moderator plötzlich rote Ohren. ‚Ob er es auch tat?' schoss es Simone durch den Kopf. Ihre Aufregung hatte sich verflüchtigt. Auch ihr Puls ging wieder normal. Schade, nun ertönte schon die Schlussmelodie und dabei hatte sie noch soviel zu erzählen.

Die Show war zu Ende. Das rote Licht der Kamera ging aus.

Langsam erhob sich das Publikum. Es bildeten sich kleine Grüppchen. Einige diskutierten, andere wollten ein Autogramm vom Moderator. Es herrschte eine gelöste Stimmung. Nach einem kleinen Umtrunk verließ Simone das Studio. Sie wollte noch heute zurück nach Kleinhausen.

Ganz plötzlich bekam sie einen Kater, aber nicht vom Alkohol, sondern von dem ganzen Geschehen. In ihrem Kopf hämmerte es.

Was ist, wenn Carsten nun zutiefst beleidigt war, wenn er sie nun verlassen, oder schlimmer, sie sogar schlagen würde?

Aber nein, nicht Carsten, dafür war er zu sensibel. Der eher ruhige Typ. Er fraß alles in sich hinein, anstatt auf den Tisch zu hauen. Der einst große, stattliche und wirklich gepflegte blonde Mann wirkte nur noch wie ein verblasster, dreckiger Jammerlappen. Was sollte da schon passieren?

Gespannt näherte sie sich ihrem Wohnort, ihrer Straße, ihrem Haus. Sie schloss die Tür auf. Alles war dunkel, nur der Fernseher lief. Carsten war also noch da. Simone kickte ihre Schuhe in die Ecke und zog dabei den Mantel aus. Sie nahm sich einen Joghurt aus dem Kühlschrank, setzte sich auf die Couch, als wenn nichts gewesen und sie nie fort gewesen wäre.

Nach dem dritten Blick auf den Tisch, entdeckte sie die hastig gekritzelte Nachricht von Carsten, auf den breiten Rand einer Illustrierte notiert:

Du hast es so gewollt, du Verräterin! Das Telefon stand nicht still. Alle haben mich beleidigt!

Das hast Du nicht umsonst getan! Dafür musst Du büßen! Ich verlasse Dich für immer und Du landest im Gefängnis!

Nun sah Simone auch die leere Flasche Whiskey.

Dass sie es nicht umsonst getan hatte, stimmte durchaus. Sie kicherte. Aber im Gefängnis landen, weswegen? Rufmord? Es entsprach doch den Tatsachen, was sie gesagt hatte, nichts war dazu gedichtet.

Langsam begann sie sich Sorgen zu machen. In diesem Zustand konnte er unmöglich Auto fahren. Er musste mindestens eine halbe Flasche Whiskey getrunken haben.

Sie stand auf und ging durch die Wohnung.

Weder im Bade- noch in seinem Schlafzimmer konnte sie Auffälligkeiten entdecken. Es standen zwar seine Koffer vor dem Stuhl, jedoch lag die Kleidung komplett im Schrank. Er musste es sich wohl anders überlegt haben und lag nun reumütig in ihrem Bett: geduscht, Zähne geputzt und mit sauberen Fingernägeln auf sie wartend. Wahrscheinlich waren die fast dreieinhalb Meter hohen Flügeltüren zu dem kleinen Balkon leicht geöffnet, und der Mond würde das Zimmer romantisch erhellen. Genau wie früher. Ihr Körper kribbelte bei diesem Gedanken. Erwartungsfroh öffnete Simone die Schlafzimmertür.

Das mit dem Mond stimmte, die Flügeltüren allerdings standen sperrangelweit offen. Dazwischen hing Carsten an der Gardinenstange. Die hatte er damals in echter deutscher Heimwerkerarbeit so bombenfest installiert, dass sie auch zwei von seiner Sorte ausgehalten hätte.

Nach dem ersten Schock trat sie ein paar Schritte näher und geriet in Rage. Das war wieder typisch: Ungewaschen, ungekämmt und noch nicht einmal die Zähne geputzt!

Lebe deinen Traum

Karin Burschik

Wie eine gedopte Springmaus sprang der junge Mann auf der Bühne hin und her. Wild hieb er mit den Armen in die Luft und brüllte:

„Ihr schafft es! Ihr könnt es! Geht und tut es!"

Was?

Über glühende Kohlen gehen.

Schmidt-Bauer würde es tun. Oh, ja. Doch es würde ihn nicht sonderlich beeindrucken. Er wusste: Der Feuchtigkeitsfilm auf den Fußsohlen würde ihn vor Verbrennungen schützen. Er konnte sich die Füße gar nicht verbrennen, wenn er nur nicht stehen blieb und die Strecke nicht zu lang war.

Was für ein Affenzirkus, dachte Schmidt-Bauer. Aber Ohlsen, ihr neuer Chef, hatte darauf bestanden, dass sie an diesem Motivationsseminar teilnahmen. Seit der Fusion saßen ihm die großen Bosse im Nacken. Mehr Kunden, mehr Leistung, mehr Profit sollten sie für die Bank erwirtschaften.

„Ihr schafft es! Ihr könnt es! Geht und tut es!"

Mehr Profit – konnte das wirklich anspornen? Der Profit der Bank war ihm ehrlich gesagt so schnurzpiepe wie ein Pickel auf dem Po eines x-beliebigen chinesischen Reisbauern.

„Träume nicht dein Leben!", brüllte der Einpeitscher. „Lebe deinen Traum."

Doch Schmidt-Bauer konnte nicht träumen. Weder von glühenden Kohlen noch vom Profit der Bank. Früher, ja, da hatte er noch Träume gehabt. Genauer: Einen Traum. Einen ganz großen Traum: Als kleiner Junge hatte er immer Dirigent werden wollen.

Ein seltsamer Traum, fanden seine Eltern. Woher der Junge diese Flausen wohl hatte? Und sie schätzten es keineswegs, wenn er aufs Bett sprang und mit der Zahnbürste ein imaginäres Orchester dirigierte. Besonders nicht, wenn er dabei so wild auf und ab sprang, dass der Lattenrost durch den Holzrahmen seines Bettes brach.

Sie verstanden ihn nicht. Sie ahnten nicht, wie glücklich er war, wenn er dirigierte. Präzise gab er die Einsätze. Temperamentvoll führte er das Orchester und spornte es an zu Höchstleistungen. Weniger war nie genug, denn er hörte selbst die kleinsten Fehler und merzte sie aus, feilte so lange am Ausdruck jeder einzelnen Stimme, bis alle harmonisch zusammenklangen. Und dann war er glücklich, selig. Dann war er im siebten Himmel.

Ansonsten lebte er auf einer tristen Erde: Er war ein bisschen klein, ein bisschen dicklich, ein bisschen tollpatschig – Glück bei den Frauen hatte er nie gehabt. Erfolg im Beruf? Fehlanzeige. Er hatte sein Auskommen als Schalterangestellter bei der Bank. Aber zu mehr würde er es nicht bringen. Dazu liebte er seine Arbeit nicht genug. Und interessante Hobbys? Er ging manchmal mit den Kollegen kegeln. Ansonsten verbrachte er seine Freizeit vor dem Fernseher. Musik hören, das brachte er nicht übers Herz. Es tat zu weh …

„Träume nicht dein Leben!", brüllte der junge Mann. „Lebe deinen Traum!"

Aber wie? Er hatte es doch schon damals nicht geschafft. Seine Eltern hatten ihm kein Musik-Studium finanzieren wollen oder können. Und er selbst hatte sich nicht zugetraut, ganz allein diesen Weg zu gehen. Ohne jede Unterstützung. Die bräuchte er heute mehr als je zuvor, denn er war keine siebzehn mehr. Die letzten zwanzig Jahre hatten ihren Tribut verlangt: An Idealismus, denn seine materiellen Ansprüche waren gewachsen. Außerdem war er empfindlicher geworden. Sein Körper verlangte einfach ein gewisses Maß an Pflege und Wartung, sonst funktionierte er nicht. Das fing schon beim Bett an. In seiner ersten Wohnung hatte er prima geschlafen auf seiner Matratze auf dem Boden. Heute konnte er das seinem Kreuz nicht mehr zumuten. Früher hätte er sich mit Junkfood, Aldi-Brot und Marmelade ernähren können. Heute brauchte er richtiges Essen, sonst wurde ihm übel und er fühlte sich schlapp. Früher brauchte er auch keinen geregelten Schlaf. Da hätte er vielleicht noch studieren und nachts kellnern oder Taxi fahren können. Doch wenn er heute nicht seine acht Stunden Schlaf bekam, lief er den ganzen Tag herum wie ein Zombie.

„Du schaffst es! Du kannst es!"

Ja, wenn er Geld hätte, viel Geld. Dann könnte er das Studium finanzieren. Und wenn er danach aufgrund seines Alters keine Stelle fand als Dirigent, dann war das auch egal, denn dann würde er die besten Musiker engagieren und mit ihnen rauschende Erfolge feiern.

Aber woher nehmen und nicht stehlen?

Ja, wieso eigentlich nicht stehlen? Die Bank war versichert und Versicherungen weinen nicht, wenn ihnen mal eine Million abhanden kommt.

In diesen Tagen lagen die Millionen nur so herum bei ihnen. Die D-Mark ging, der Euro kam. – Warum nicht in seine Tasche? Millionenfach.

„Du schaffst es! Du kannst es! Geh und tu's!"

Ja, dachte Schmidt-Bauer. Ich kann's. Ich mach's. Ich lebe meinen Traum.

Es war geradezu lächerlich einfach gewesen, dachte Schmidt-Bauer und streichelte den silbernen Koffer. Achim Göllner, der Kassierer, war sorglos bis zur Verblödung. Und er war eine Kaffee-Nase. Er war geradezu süchtig nach Kaffee. Schmidt-Bauer brauchte also nur den Kaffee-Automaten lahm zu legen und eine Thermoskanne mit Kaffee mitzubringen. Kaffee mit einem kräftigen Schlafmittel drin.

Wie erwartet flehte Göllner ihn geradezu an um ein Tässchen. Und dann verzog er sich wie üblich in den Belegkeller, um seine Zeitung zu lesen. Göllner setzte sich nie zu den anderen in den Aufenthaltsraum, weil er in Ruhe lesen wollte, wie er sagte. Doch man munkelte, dass seine Zeitung mehr Bilder als Buchstaben enthielt und dass er immer einige Papiertaschentücher brauchte, wenn er „las". Doch man ließ ihn gewähren. Jeder hatte so seine Marotten. Und diese kam Schmidt-Bauer sehr zupass.

Nun brauchte er nur zu warten, bis Göllner tief und fest schlief. Dann schlich er sich in den Belegkeller, fingerte den Tresorschlüssel aus seiner Tasche und drückte ihn in eine Knetmasse. Der Rest war ein Kinderspiel: Der Zettel mit der Nummernkombination steckte in Göllners Brieftasche – vergesslich war er auch. Und der zweite Schlüssel hing am Schlüsselbrett. Den brauchte er auch nur einmal kurz „auszuleihen", um dann die beiden Schlüssel nachmachen zu lassen.

Ein paar Wochen später wiederholte er den Trick mit dem Kaffee-Automaten, spazierte dann in den Tresorraum und bediente sich. Es war wirklich lächerlich einfach gewesen.

Natürlich gab es einen Riesen-Wirbel, als der Diebstahl entdeckt wurde. Über eine Million Euro! Und niemand anders als der Kassierer konnte sie genommen haben. Natürlich beteuerte er seine Unschuld. Doch er wurde „überführt", und Schmidt-Bauer lachte sich ins Fäustchen.

Heimlich, versteht sich, denn er durfte niemandem davon erzählen. Jeder Mitwisser könnte ihm das Kreuz brechen. Und natürlich durfte er jetzt auch nicht gleich kündigen.

Sorgfältig bereitete er seinen Ausstieg vor: Er erfand einen reichen Erbonkel und ließ ihn krank werden und immer kränker. Schließlich starb der gute Mann und hinterließ ihm genügend Geld für seinen großen Traum: Musik studieren, Dirigent werden.

Er war mit Abstand der älteste Student seines Semesters. Doch das machte nichts. Er wollte ja nicht Musiker werden und brauchte darum keine jungen Finger, die noch drillbar waren zu akrobatischen Leistungen auf Tasten oder Saiten. Nein, er wollte Dirigent werden. Und dazu war ein gewisses Alter, eine gewisse Reife sogar von Vorteil.

Schmidt-Bauer genoss den Respekt der Kommilitonen. Manchmal fragte er sich allerdings, ob der nicht eher seinem dicken Bankkonto galt. Ja, er konnte großzügig sein, denn er hatte das Geld klug angelegt. So war die Banklehre, zu der seine Eltern ihn gezwungen hatten, doch noch von Vorteil und zum ersten Mal in seinem Leben war er ihnen dankbar dafür.

Das Studium machte ihm mehr Freude als er je zu träumen gewagt hätte. Vorbei die Bitterkeit und der Groll, weil er seinen großen Traum nicht hatte leben dürfen. Vorbei das blutende Herz, wann immer er Musik hörte. Endlich konnte er sich wieder daran freuen. Und sein Herz jubelte bei jedem Ton.

Freude hatte er auch an den theoretischen Fächern. Sie legten das Fundament für seine Karriere als Dirigent. Oft staunte er über seine eigene Begabung. Manchmal wusste er ganze Sinfonien auswendig, nachdem er sie nur einmal gehört hatte. Und er verstand auf Anhieb ihre Struktur und fühlte sich inspiriert zu einer genialen Interpretation.

Ja, er war zum Dirigenten geboren. Und der Tag war nicht mehr fern, da er als ein solcher leben würde.

Dachte er.

Doch dann fiel sein Blick auf Göllners Bild in einem Boulevard-Blättchen. Das Gesicht war bleich, die Augen verdreht, Speichel war aus seinem Mund geflossen. „Millionenbetrüger tot". Göllner hatte sich umgebracht. Mit Schlaftabletten. Und Schmidt-Bauer war schuld. Als hätte er selbst ihm die Tabletten in den Hals gestopft.

„Du bist ja ganz blass", sagte Marietta.

Sie war jung, sie war hübsch und sie hatte einen Narren an ihm gefressen. Oder an seinem Bankkonto? Egal. Hauptsache, sie ging mit ihm aus. Und ins Bett – irgendwann. Und wenn sie sich weiter so prächtig entwickelte, würde sie auch die erste Geige spielen in seinem Orchester.

„Was ist denn los?"

Nichts Besonderes, dachte Schmidt-Bauer. Du gehst nur gerade mit einem Mörder ins Konzert. Mit einem Mörder. Einem Mörder!

Mechanisch zückte er seine Geldbörse und kaufte das Blatt.

„Seit wann liest du solchen Schund?"

„Das geht dich einen Scheißdreck an!", herrschte er sie an.

Erschreckt riss sie die Augen auf. So kannte sie ihn gar nicht. Als Mörder …

„Tut mir leid", sagte er. „Ich kaufe das Blatt nicht wegen der Bilder. Ehrlich nicht."

Er war doch nicht Göllner. Er onanierte nicht mit einer Vorlage aus der Zeitung. Er mordete bloß …

„Weswegen dann?"

Sollte er ihr von Göllner erzählen?

Lieber nicht. Womöglich würde sie weiter fragen und bohren und am Ende alles herausfinden. Frauen haben manchmal so ein teuflisch feines Gespür.

„Wegen der Witze", log Schmidt-Bauer. „Da sind immer so nette Witze drin."

Doch er konnte nicht lachen über Göllners Tod.

Es war eine traurige Geschichte, die er spät abends las. Göllner hatte nie aufgehört seine Unschuld zu beteuern. Wenn er doch geständig gewesen wäre! Oder tätige Reue gezeigt und das Geld zurückgegeben hätte. Dann wäre das Strafmaß milder ausgefallen. Aber, nein. So hatten sie ihm drei Jahre aufgebrummt.

Wegen guter Führung war er nach anderthalb Jahren zur Bewährung entlassen worden – in ein zerstörtes Leben. Seine Frau wollte nichts mehr von ihm wissen. Als Kassierer konnte er nicht mehr arbeiten. Und die Polizei verfolgte ihn und lauerte darauf, dass er das Geld aus dem Versteck holte.

Was für ein schreckliches Leben, dachte Schmidt-Bauer: Arm, allein, verfolgt. Der Griff zu den Tabletten war die natürliche Folge von Schmidt-Bauers Tat. Als hätte er selbst sie ihm in den Hals gestopft.

Seine Freude am Studium schwand dahin. Göllner hatte es bezahlt. Mit seinem Leben. Es klebte Blut daran. Wie könnte je etwas Gutes daraus entstehen?

Das Schlimmste waren die Nächte. Denn von nun an hatte Schmidt-Bauer Alpträume. Jede Nacht.

Eigentlich war es nur ein Traum, immer derselbe: Göllner sah ihn traurig an und sagte: „Du hast mich umgebracht. Mit Schlaftabletten."

Eine einfache Feststellung. Eine durch nichts zu erschütternde Tatsache.

Ach, hätte Göllner ihn doch angeklagt. Dann hätte er sich verteidigen können. Und wenn Göllner auf ihn losgegangen wäre, ihn gewürgt oder geschlagen hätte. Dann hätte Schmidt-Bauer sich verteidigen können. Aber nein. Göllner sagte nur einfach die Wahrheit: „Du hast mich umgebracht. Mit Schlaftabletten." Jede Nacht. Und immer in demselben sachlich traurigen Ton.

Schreiend wachte Schmidt-Bauer auf. Zitternd. Schweißgebadet. Und er fürchtete sich davor wieder einzuschlafen. Doch er brauchte seinen Schlaf. Sonst lief er tagsüber herum wie ein Zombie und würde sein Studium nie zu Ende bringen.

In seiner Verzweiflung beschloss Schmidt-Bauer, sich seine Ruhe zu erkaufen: Er nahm das gestohlene Geld und schickte es Göllners Frau. Nur die Zinsen behielt er. Davon würde er noch eine Weile leben können.

Aber nicht in Frieden. Göllner verfolgte ihn weiter. Jede Nacht. Schmidt-Bauer flehte ihn an, ihn in Ruhe zu lassen. Doch Göllner kannte kein Erbarmen. Nacht für Nacht quälte er ihn mit der Wahrheit: „Du hast mich umgebracht. Mit Schlaftabletten." Und Schmidt-Bauer wachte schreiend auf, zitternd und in Schweiß gebadet.

Und allein. Immer allein. Die Motten, die durch den Glanz des Geldes in seiner Brieftasche angezogen worden waren, hatten sich verflogen. Und echte Freunde konnte er nicht haben, denn er durfte nicht reden über das, was ihm wirklich auf der Seele lag: Über Göllner und über seinen großen Traum, den er nun aufgeben musste, denn wie könnte er Dirigent werden, wenn er kein Orchester bezahlen konnte?

Arm, allein, verfolgt – Sein Leben war zu einem Alptraum geworden. Bis er eines Tages erwachte.

„Träume nicht dein Leben!", brüllte der junge Mann auf der Bühne und sprang herum wie eine gedopte Springmaus. „Lebe deinen Traum."

Nachher bildeten sie Kleingruppen, in denen jeder von seinem Traum erzählen sollte.

„Ich werde wieder Musik hören", sagte Schmidt-Bauer. „Und ich werde dirigieren. Ganz egal, wenn ich dazu nur meine Zahnbürste habe. Oder wenn mein Bett dabei durchkracht."

Alle lachten. Nur Göllner nicht.

Umschulung

Hartwig Liedtke

Ich war gerade auf dem Weg nach Hause, als ich drüben auf der anderen Straßenseite eine Menschentraube sah. Etwas Rotes lugte durch die zahlreichen Beine. Trotz der Dämmerung die vielen Leute? Meine Uhr zeigte 21 Uhr 17, die fernsehfreie Stunde hatte gerade begonnen, die vierte der fünf staatlich verordneten Pausen. Video gab es schon seit 15 Jahren nicht mehr. Nach der erschreckenden Zunahme von TV-Stupor mit überfüllten psychiatrischen Anstalten musste sich der Staat etwas einfallen lassen, um nicht vollends bankrott zu gehen. Ich kann mich noch gut an die heftigen Diskussionen erinnern zwischen Befürwortern der fernsehfreien Zeit und den wenigen Großkonzernen im Land, die den Markt unter sich aufgeteilt hatten. Erst als deren Werbemacher eingestehen mussten, dass Menschen mit TV-Stupor keine Konsumenten mehr waren, lenkten sie ein. Vor 5 Jahren war das. Seitdem gab es wieder Leben auf den Straßen, beschränkt zwar auf wenige Stunden, aber immerhin.

An diesem Abend im August war es immer noch grässlich heiß. Seitdem vor einer Woche die letzten Blätter von den Bäumen gefallen waren, verwandelte die Sonne das Pflaster in einen Backofen. Die Luft flimmerte. Drüben standen die Menschen schon in Dreierreihen. Jetzt oder nie! Ich musste mich entscheiden. Knöcheltiefes Laub wirbelte auf und staubte, als ich über die Straße lief. Zu zehnt formten wir artig den vierten Ring. Schon kreischten die Sirenen. Drei gelbe Panzer ratterten auf den 463. Wie der Platz früher hieß, hatte ich vergessen. Die Heckklappen donnerten zu Boden und gelbuniformierte Polizisten stürzten heraus, um die Zufahrtsstraßen abzuriegeln. Jeder Bürger, der nicht in geordneten Ringen um das Zentrum des Geschehens herumstand, wurde nach Hause geschickt. Widerspruch war nicht empfehlenswert. Offiziell wurden nur sechs Ringe gestattet, aber manchmal drückte man ein Auge zu. Endlich passierte mal was, und ich stand in der vierten Reihe! Ich fühlte mich wie der King, obwohl ich zu diesem Zeitpunkt noch gar nicht ahnen konnte, welche Wendung mein Leben heute nehmen sollte.

Als sich zwei Gelbe eine Gasse bahnten, sah ich den toten Weihnachtsmann. Sein massiger Körper lag auf dem Bauch, Wangen und Mund verdeckte ein langer, weißer Schmuddelbart, darüber starrten zwei Augen ins Nichts. In seinem Rücken steckte ein Messer.

Wow! Ein toter Weihnachtsmann! Wann erlebt man schon so was? Zu Hause wird mir wieder keiner glauben.

„Weg da! Zurücktreten!"

Die Gelben gaben Gas. Ehrfürchtig traten die Schaulustigen zurück, um den Einsatzleiter durchzulassen. Drei Streifen am Helm. War das nicht Thomas? Thomas Altrogge, mein alter Klassenkamerad? Na sicher war er das! Fast 12 Jahre hatten wir uns nicht mehr gesehen. „Thomas!"

Der Hüne von Mensch drehte sich langsam um und spähte durch das Drahtvisier. Seine Mundwinkel hoben sich, als er mich erkannte. „Ja, gibt's denn das? Paul, du alter Verbrecher!" Seine Stimme klang tiefer als früher. Er lachte wie ein ausgestorbenes Rhino. Zwei kräftige Arme packten mich. Erst nachdem mein Kopf mehrmals mit seinem Helm Bekanntschaft gemacht hatte, ließ er von mir ab und zog mich hinter sich her ins Zentrum. „Weißt du, wer das hier ist oder wie es passierte?"

„Nicht so richtig!" stammelte ich. Jetzt, wo ich diesen bombigen Platz ergattert hatte, wollte ich keinesfalls eingestehen, dass ich nicht den blassesten Schimmer hatte. „Seit wann bist du bei den Gelben?" lenkte ich ab.

Er lachte. „Seit fünf Jahren. Ich war vorher Arzt, genau wie du! Dann hatte ich die Schnauze voll! 12-Stundenschichten und miese Bezahlung. Hat man einen Job, darf man höchstens alle drei Monate arbeiten. Vier Ärzte pro Arbeitsplatz. Ja, wer bin ich denn! Der kleinste Fehler und Sie schmeißen dich raus. Kein Wunder, dass Ärzte in der sozialen Rangskala ganz unten stehen. Habe ich recht, Herr Doktor!?" Wieder lachte er.

Ich wurde rot und wusste nichts zu erwidern. Meinen Beruf so herauszuposaunen, vor all den vielen Leuten, war nicht sehr taktvoll. Wie Nadelstiche spürte ich die verächtlichen Blicke der Zuschauer.

„Glotz nicht so bedröppelt!" Er schlug mir mit seinem gepanzerten Handschuh derart heftig auf den Rücken, dass ich kaum noch Luft bekam. „Schau dir meine Arbeit an! Das ist was Anständiges! Vielleicht hast du Lust, bei uns anzufangen. Garantiert krisensicher, Krisen gibt's nämlich immer!" Wieder lachte er.

Überall wimmelte es von Gelben. Niemand durfte den Weihnachtsmann berühren. Ein schwerer Sattelschlepper in Form eines Tiefladers bog von der 401 auf den 463. Da es keine Autos mehr gab, hatte dieses Monster keinerlei Probleme, in die Nähe des Ermordeten heranzumanövrieren. Nachdem die Umstehenden einen gebührenden Abstand eingenommen hatten, setzte sich ein Kran in Bewegung. Von der Ladefläche wurde ein riesiger Stahlbehälter gehoben und langsam über den toten Weihnachtsmann geschwenkt. Vier Gelbe, die an jeweils einer Seite des Containers zogen und schoben, sorgten dafür, dass der Tote möglichst in der Mitte lag, bevor der Kasten mit einem dumpfen Dröhnen auf das Pflaster aufschlug. Dann begann ein ohrenbetäubender Lärm. Die in den Wänden eingebauten Trennschleifer fraßen sich in die Tiefe. Langsam neigte sich das Stahlungetüm und begann im Asphalt zu versinken. Alle hielten sich die Ohren zu, bis auf die Gelben. Sie waren mit ihren im Helm eingebauten Kopfhörern ohnehin von der Außenwelt abgeschirmt. Nachdem die Seitenwände etwa 50 cm tief im Boden steckten, wurden die Maschinen abgestellt. Es dauerte eine Weile, bis das Kreischen verstummte. Durch die vielen neugierigen Gesichter in den Fenstern der Hochhäuser ringsum erinnerte der Tatort an ein römisches Amphitheater.

Als der Kran den schweren Behälter nach oben zog, war der Weihnachtsmann verschwunden. Zurück blieb ein sauber ausgestanztes, rechteckiges Loch. Niemand machte Anstalten, es zuzuschütten. Überall in der Stadt gab es solche Löcher.

„Was ist mit dir?“ fragte mich Thomas. „Wenn du dir unsere Arbeit anschauen willst, nehme ich dich mit zum ‚Tunnel‘.”

„Zum Tunnel?”

„Lass dich überraschen!”

„Einverstanden! Danke dir Thomas!” Ich war begeistert und freute mich wie ein kleiner Junge. So etwas hatte ich noch nie gesehen. Über die neuesten Ermittlungsmethoden der Gelben gab es nur Gerüchte. Schluss mit der Langeweile! Diese ewige Warterei auf das Ende der monatelangen Arbeitspausen konnte mir selbst das Sensitivity-TV nicht verkürzen.

„Der Mann fährt mit mir!” Thomas schob mich vor sich her über die Heckklappe in eines der Panzerfahrzeuge. Ich suchte mir einen Platz im vorderen Teil. Thomas ließ sich neben mir in einen Schalensitz plumpsen und riss sich den Helm vom Kopf. „Das ist der einzige Nachteil an diesem Job!" stöhnte er und wischte sich den Schweiß von der Stirn. „Verdammte Vorschriften!"

Der Tross mit den drei Panzern und dem Sattelschlepper samt totem Weihnachtsmann setzte sich in Bewegung. Der 463 versank wieder in seinen Dornröschenschlaf. Die Fernsehpause war zuende, alles strömte nach Hause.

Um zu vermeiden, dass er in meinem trostlosen Dasein herumstocherte, erkundigte ich mich nach dem Sinn der roten Schutzkleidung für Weihnachtsmänner.

Thomas leerte in hastigen Zügen eine Flasche Wasser, bevor er mir antwortete. „Auf der Akademie habe ich gelernt, dass der rote Mantel und der weiße Bart auf das ausgehende zwanzigste Jahrhundert zurückgehen. An dieser alten Tradition hat sich seitdem nichts geändert."

„Bis auf den roten Helm mit dem weißen Bommel", korrigierte ich ihn, „früher trugen sie doch Mützen."

Sein grimmiger Gesichtsausdruck verriet, dass er mit Belehrungen schlecht umgehen konnte. Ich hielt mich bedeckt und ließ ihn reden...

„Damals - in den Neunzigern des letzten Jahrhunderts," dozierte er, „gab es eine zunehmende Gewalt gegen Minderheiten. Ausländer, so nannte man früher die Menschen aus anderen Regionen, Behinderte, Angehörige verschiedener Religionen und eben auch Weihnachtsmänner wurden Opfer von Brandanschlägen und brutalen Übergriffen. Steigende Arbeitslosigkeit, zunehmendes soziales Elend, der Verlust alter Werte und der Verfall der politischen und moralischen Sitten führten zwangsläufig zu einer kaum noch beherrschbaren Aggressivität in der Gesellschaft. Hinzu kam, dass mit dem Zusammenbruch der sozialistischen Länder die Farbe rot stigmatisiert wurde. Selbst Kinder, die Zielgruppe, besaßen keinerlei Respekt mehr vor diesem angesehenen Berufsstand. Für sie wurden Weihnachtsmänner zum Inbegriff einer untergehenden heilen Welt. Das Ausbleiben größerer Geschenke bedingt durch die wirtschaftliche Rezession beantworteten die Kinder mit nackter Gewalt. Anschläge waren an der Tagesordnung. Die Verstärkung der luftigen roten Mäntel zur schweren Schutzkleidung hatte eigentlich niemand gewollt, aber offenbar ging es nicht anders. Polizeischutz war unerlässlich!"

„Ist daraus nicht die Tradition des ‚Knecht Ruprecht' entstanden?"

„Genau! Na, etwas scheint vom Geschichtsunterricht doch hängen geblieben zu sein."

Ich ignorierte seine überhebliche Art. Er war in der Position des Stärkeren.

„Als trotzdem die ersten Toten zu beklagen waren, begann ein Umdenken. Die großen Wirtschaftsverbände starteten die Kampagne ‚Rettet den Weihnachtsmann'. Binnen weniger Jahre wurde aus dem totgesagten Job ein angesehener Lehrberuf."

„Wann sind eigentlich die ersten Gewerkschaften gegründet worden?"

„Die GWM? Ich bin mir nicht sicher. Ich glaube 33. Auf jeden Fall in dem Jahr, als von den großen Konzernen der Konsumgüterindustrie beschlossen wurde, das Weihnachtsfest dreimal im Jahr zu feiern. Weihnachtsmänner sind ja heute aus dem öffentlichen Leben nicht mehr wegzudenken. Was wäre unsere Politik ohne Weihnachtsmänner."

„Ja, ja," stimmte ich zu, „öffentlich-rechtlicher Weihnachtsmann, davon kann man nur träumen! Ich habe schon vier Anträge auf Umschulung gestellt. Alle vergeblich, keine Chance. Frühestens in anderthalb Jahren werden die nächsten Ausbildungsplätze frei."

„Schau dir erst unseren Laden an. Ich sage ja: krisensicher und gutes Geld. Vielleicht kann ich mich für dich verwenden."

„Thomas! Das würde ich dir nie vergessen!"

„Spar dir deine Sprüche für später! Wir sind da!"

Der Konvoi verlangsamte seine Fahrt auf der 2748, früher Melatengürtel, und bog in die Tiefgarage des dreißigstöckigen gelben Gebäudes ein. Damals, als dieses Wohngebiet noch Köln hieß, gehörte das Gelände dem Institut für Gerichtsmedizin. Wäre draußen nicht eine Gedenktafel angebracht worden, niemand hätte sich dessen erinnert. Nachdem die röhrenden Motoren der Panzerfahrzeuge verstummt waren, öffneten sich wieder die schweren Heckklappen, und wir stiegen aus. Wir konnten beobachten, wie der Sattelschlepper auf eine eigens für dieses Fahrzeug gebaute Rampe fuhr. Keine fünf Minuten später hoben zwei stählerne Greifarme die Last von der Ladefläche und stellten den Stahlbehälter samt totem Weihnachtsmann und Straßenpflaster auf eine Art Förderband, das sich rumpelnd in Bewegung setzte. Jetzt wusste ich, was Thomas mit dem Wort ‚Tunnel' meinte. So wurde vermutlich das riesige, schwarze

Loch in der gegenüberliegenden Hallenwand genannt, in das der Stahlbehälter allmählich verschwand.

„Kommst du mit?" weckte mich Thomas aus meiner Faszination. „Es dauert nicht lange, und wir haben alles, von der Identität des Toten bis hin zum Mörder."

„Waren es nicht vielleicht auch mehrere Täter!?" fragte ich interessiert.

Wieder traf mich ein grimmiger Blick.

Eine Stunde später saß ich mit meinem alten Freund vor einem der Bildschirme des Zentralrechners im achtzehnten Stock. Es flackerte, Punkte tauchten auf. Die ungeordneten Zeichen verdichteten sich, flossen zusammen zu einem geschlossenen Ganzen, zum Bild des Toten, eines ca. 55jährigen Mannes mit graumeliertem Haar.

„Das ist ja mein Chef!" rief ich erstaunt.

Thomas lachte nur.

Mein Chef, ein Weihnachtsmann! Als ob ich's geahnt hätte! Wie sonst hätte er sich eine Dreizimmerwohnung leisten können. In unserer Zeit des ‚BeNoSt', des Beschäftigungsnotstandes, war so ein illegaler Nebenjob ein schweres Vergehen.

Thomas änderte den Code, das Bild meines Chefs verblasste und wich dem Gesicht einer Frau. „Die Mörderin!"

„Wer ist diese Frau?" wollte ich wissen.

„Moooomeeent! Nicht so hastig!"

Unter dem Portrait der Frau erschienen ihre persönlichen Daten: Lebenslauf, Familie, Krankengeschichte und vieles mehr. Es war die geschiedene Ehefrau eines Gelben.

„Welche Verbindung hatte sie zum Toten?" fragte ich.

Wieder wurden einige Funktionstasten gedrückt. Datenblöcke rasten über den Monitor. Dann verkündete Thomas das Resultat: „Sie wurde einmal von deinem Chef operiert. Aber das ist nicht alles!" Thomas pfiff durch die Zähne. „Dein Chef hat kurz vor seinem Ableben noch mit ihr geschlafen. Vielleicht steht sie auf Weihnachtsmänner! Die fremden Körperzellen an seinem Penis stimmen mit dem genetischen Fingerabdruck dieser Frau überein."

„Und ihr Motiv?"

„Ein Motiv? Das interessiert uns schon lange nicht mehr! Ob Eifersucht oder verschmähte Liebe ist uns völlig schnuppe! Seitdem wir die lästige Motivsuche abgeschafft haben, konnten wir unsere reine Ermittlungsarbeit um 80 % reduzieren. Wir waren noch nie so schnell!"

Thomas hämmerte mit seinen klobigen Fingern auf der Tastatur herum. Das Bild mit der Schrift löste sich auf. Stattdessen erschien in dicken Lettern das Wort ‚Beweis'. Darunter war zu lesen, dass die Mordwaffe mit einem Tuch abgewischt worden war, um mögliche Fingerabdrücke zu beseitigen. Thomas lachte. „Hah! Das hat sie sich so gedacht, die Gute! Sie hält sich wohl für besonders schlau! Sie kennt eben unsere PAR noch nicht!"

„PAR?"

„Die ‚Personenbezogene Artikelverkaufs-Registrierung'! Schau selbst!" Er deutete auf den Bildschirm. „Die Analyse der Fasern dieses Tuches ergibt, dass es sich um einen Putzlappen handelt, der vor genau drei Wochen für den Preis von 42999,- Euro gekauft worden ist und zwar von dieser Frau." Thomas sonnte sich in meiner Bewunderung.

„Aber wie könnt ihr so sicher sein, dass diese Frau auch tatsächlich die Mörderin ist?"

„Eine gewisse Irrtumswahrscheinlichkeit bleibt immer. Das war auch früher so. Willst du auch noch das Strafmaß wissen?" Er drückte die Paragraphentaste. ‚Stereotaxie', danach anderthalb Jahre ‚Takete' war dort zu lesen.

„Wieso nur anderthalb Jahre?"

„Der Tote war bloß Mediziner! Und wäre er nicht Chefarzt gewesen, sie würde vermutlich freigesprochen werden."

Diese Show hatte mich überzeugt. Nachdem ich mich wieder gefangen hatte, erkundigte ich mich bei Thomas nach den Einstellungsbedingungen für einen Job bei den Gelben.

Er drehte sich zu mir um und begann wieder zu wiehern wie ein altes Rhino. Ich mochte ihn nicht.

„Klar kannst du bei uns anfangen, ich werde schon dafür sorgen!" Plötzlich wurde er ernst. „Allerdings gibt es da einen kleinen Haken..."

„So, so - einen Haken!"

„Du musst selbst durch den ‚Tunnel'!"

„Und das heißt was?"

„Jeder vierte kommt um!"

Üb immer Treu und Redlichkeit

Barbara Jung

Mit einem ärgerlichen Knurren setzte er seine Unterschrift unter das letzte Schriftstück. War es möglich, dass es keine Computerprogramme gab, die wirklich zuverlässig jeden Fehler in einem Text erkannten, wenn schon die Schreibkräfte heutzutage nicht mehr wussten, wie man mit der deutschen Sprache umging?

Im ersten Ärger hatte er jeden einzelnen Brief des Stapels, den ihm Frau Caspari vorgelegt hatte, mit dicken Strichen quer über die Seiten versehen wollen. Er sah es als ein Unding an, Schreiben zu verschicken, die von Fehlern nur so wimmelten und dafür jedes zweite nötige Komma vermissen ließen. Doch dann hatte er es bleiben lassen. Das hektische Klappern der Stöckelschuhe Frau Casparis, als sie ihm die Briefe brachte, hatte ihn wissen lassen, dass sie in Eile war wie meistens in der letzten Zeit, und dass sie auch heute nicht gewillt schien, noch eine Viertelstunde daran zu hängen, um die Schreibfehler in ihren Briefen zu verbessern.

Nun ja, sagte er sich, wer kommt schon perfekt zurecht mit der neuen Schreibweise? Ihm selbst fiel es auch nach Jahren seit der Rechtschreibreform schwer, all das zu vergessen, was ihm seit Kindesbeinen in Fleisch und Blut übergegangen war, und sich statt dessen an die neuen, in seinen Augen zum Teil hanebüchenen Regeln zu halten. Wie konnte er da Perfektion von seinen Untergebenen verlangen, gerade wenn sie, so wie Frau Caspari, den Kopf voll hatten mit familiären Schwierigkeiten?

So hatte er, möglichst unauffällig, wie er hoffte, die Schreibfehler dünn mit TippEx überpinselt und sie mit seinem schwarzen Kugelschreiber berichtigt und hatte sämtliche fehlenden Kommas nachgetragen. Zum Glück waren es keine allzu wichtigen Briefe. Anderenfalls hätte er eine solche Schludrigkeit niemals durchgehen lassen dürfen. Immerhin musste er als Abteilungsleiter dieser Firma für Ordnung sorgen, und überdies zählte Gewissenhaftigkeit zu seinen hervorragendsten Charaktereigenschaften. Unzufrieden seufzend faltete er die Briefbögen, steckte sie in die beigelegten, beschrifteten und frankierten Umschläge und klebte diese zu.

Als er alles erledigt hatte, war es still im Haus geworden. Auch Frau Caspari schien bereits gegangen zu sein. Aus dem Nebenzimmer war jedenfalls kein Laut mehr zu hören. Die Unhöflichkeit, dass sie sich nicht von ihm verabschiedet hatte, befremdete ihn nur für einen kurzen Augenblick, da er sich sogleich ihre Sorgen und Nöte in Erinnerung rief, die sie seit Monaten quälten. Und ganz gesund war sie auch nicht, wie er wusste.

Sorgfältig sammelte er seine diversen persönlichen Habseligkeiten aus der Schreibtischschublade ein, die seine ständigen Begleiter waren: Nasenspray, Augentropfen, Papiertaschentücher und noch einige unverzichtbare Dinge mehr. Das Nasenspray steckte er in seine Anzugjacke, um sich vor dem Verlassen des Hauses noch ein, zwei kräftige Hübe zu genehmigen. Obwohl es erst Februar war, trug der kräftige Wind schon Pollen mit sich, wie er im Radio gehört hatte. Wer weiß, vielleicht half das Spray ja, einer Allergie vorzubeugen? Die restlichen Dinge packte er in seine Aktentasche, auch den Stapel Briefe, den er auf dem Nachhauseweg in den Briefkasten zu werfen gedachte. Dann zog er Schal und Mantel an und nahm einen Schnellhefter mit Schriftstücken unter den Arm, die er im Vorbeigehen dem Chef auf den Schreibtisch legen wollte. Nach einem prüfenden Rundumblick knipste er das Licht aus und verließ das Zimmer.

Draußen gähnte der leere Großraum in der Düsternis des frühen Abends. Wie immer hatten sämtliche Mitarbeiter die Gleitzeit genutzt, um am Freitagnachmittag ihre Schreibtische so frühzeitig wie möglich zu verlassen. Er bezweifelte, dass sie alle ihnen übertragenen Aufgaben vollständig erledigt hatten. Außerdem ärgerte er sich darüber, dass das Licht bereits gelöscht war. Nahm denn keiner Rücksicht auf ihn? Sie wussten doch, dass er meist der Letzte war, der nach Hause ging. Jetzt musste er den Großraum mit seinen verwinkelten Trennwänden in fast völliger Dunkelheit durchqueren. Nur die großen Panoramascheiben spendeten ein dämmriges Licht. Auch das Treppenhaus war erleuchtet und warf einen begrenzten Lichtkegel durch die offene Tür in den Großraum.

Mit einem leichten Frösteln im Nacken ging er zielstrebig und mit schnellen Schritten auf den hellen Fleck am Ende des Raumes zu. Er ertappte sich dabei, wie er aus den Augenwinkeln verstohlene Blicke in die Umgebung warf, für einen bangen Augenblick den hochwüchsigen Gummibaum von Kollegen Erler fest fixierte, nur um gleich darauf beruhigt festzustellen, dass es sich wirklich um besagte

Pflanze mit ihren ausladenden Verzweigungen und nicht um ein Ungeheuer handelte, das einladend die Arme ausbreitete. Nun musste er doch über sich selbst den Kopf schütteln. Zwar war er kein überaus mutiger Mensch, das gestand er sich ehrlich ein, aber mit solch ausufernden abartigen Phantasieängsten war er normalerweise nicht behaftet.

Außerdem befand er sich nicht allein in diesem riesigen Haus. Der Chef war noch anwesend. Im kleinen Sitzungssaal eine Etage höher fand eine Tagung in kleinem Kreise statt, die sich sicherlich noch ein, zwei Stunden hinziehen würde. Dies war zumindest zu vermuten, der Vielzahl an Getränken und Appetithäppchen nach zu urteilen, welche die Chefsekretärin noch hatte besorgen müssen, bevor sie sich ins Wochenende verabschieden durfte. Er hatte die Platten mit Appetizern gesehen, als sie an ihm vorbei getragen wurden, und sie hatten ihm das Wasser im Mund zusammenlaufen lassen. Es musste ein besonders wichtiger Geschäftsabschluss sein, der da ausgehandelt wurde. Echten Kaviar und solche Mengen Lachs servierte man nicht alle Tage.

Derart abgelenkt, erreichte er jetzt ohne weitere Ängste und Sinnestäuschungen die offene Tür zum Treppenhaus. Das Chefzimmer, wo er den Schnellhefter ablegen wollte, war auf dem gleichen Stockwerk gelegen, nur drei Türen weiter. Er näherte sich dem Heiligtum gemessenen Schrittes, stellte seine Aktentasche ab und rückte seine Krawatte gerade, bevor er höflich anklopfte. Noch niemals hatte er sich anders verhalten. Warum sollte er es jetzt tun?

Wie gut er mit dieser eingefleischten Höflichkeit beraten war, erwies sich, als nach seinem Anklopfen Geräusche aus dem Zimmer die Anwesenheit des Chefs anzeigten. Doch er wartete vergeblich auf eine Aufforderung zum Eintreten. Er musste sich getäuscht haben.

Vorsichtshalber klopfte er ein weiteres Mal an die Tür und drückte dann entschlossen die Klinke herunter.

Im Zimmer brannte Licht. Das war nicht weiter verwunderlich. Verwunderlich war, dass eine Anzahl Bücher aus dem Regal hinter dem wuchtigen Schreibtisch ausgeräumt und der an der Rückwand des Regals befindliche Safe halb geöffnet war. Eine solche Nachlässigkeit war er von seinem Chef nicht gewöhnt.

Erschrocken wich er einen Schritt zurück, dann machte er zögernd drei, vier Schritte wieder ins Zimmer hinein. Und noch ein paar Schritte. Kalter Schweiß brach ihm aus. Fieberhaft überlegte er.

Handelte es sich hier etwa um einen Einbruch?

Und wenn ja, befand sich der Täter noch im Raum? Blitzschnell schaute er sich um. Es war niemand zu sehen, und es gab auch keine Möglichkeiten, wo ein Mensch sich verstecken könnte. Bis auf den Schrank!

Er brauchte nicht lange nachzudenken. Er würde den Teufel tun und die Schranktür öffnen. Nein, er würde ganz schnell die mitgebrachten Unterlagen auf den Tisch legen und dann das Weite suchen. Was natürlich heißen sollte, dass er ins Sitzungszimmer hinauf laufen und den Chef verständigen würde.

Weit hielt er die Mappe mit den Unterlagen vor sich, als er zum Schreibtisch hastete. Dabei stolperte er über die Teppichkante, und während er heftig mit den Armen fuchtelte, um das Gleichgewicht wieder zu gewinnen, entglitt die Mappe seinen schweißfeuchten Fingern und fiel zu Boden. Und als er sich bückte, um sie aufzuheben, sah er sie.

Hinter dem Schreibtisch kauerte sie, Frau Caspari, seine Sekretärin, geisterbleich und mit zuckenden Lippen. Aus weit geöffneten Augen starrte sie zu ihm hin. Mit ihrer linken Hand, die jetzt blitzschnell hinter ihrem Rücken verschwand, umklammerte sie ein Bündel Geldscheine. Er hatte es gerade noch sehen können.

Ihm stockte der Atem, und er brauchte eine geraume Weile, bis er die ersten Worte fand. Auch sie blieb stumm, starrte nur, ihre Augen flehten.

„Frau ... Frau Caspari", stammelte er schließlich. „Was tun Sie denn da?"

Sie antwortete nicht. Was hätte sie auch sagen sollen? Es war doch offensichtlich, was sie tat. Sie begann zu weinen. Kleine herzzerreißende Töne stahlen sich über ihre Lippen.

Er war ratlos. Was sollte er tun? Er fühlte sich außerstande, diese Situation zu bewältigen. Auf den Gedanken, zum Telefon zu greifen und den Chef im Sitzungssaal zu Hilfe zu rufen, kam er nicht, so aufgelöst war er – mindestens ebenso aufgelöst wie Frau Caspari, die in der Zwischenzeit laut und hemmungslos zu schluchzen begonnen hatte.

„Seien Sie still!", sagte er und bemühte sich, seiner Stimme einen festen Klang zu geben. „Und stehen Sie auf!"

Die Beine schienen ihr den Dienst versagen zu wollen, als sie gehorsam vom Boden hochzukommen versuchte. Vielleicht bereiteten ihr auch die hohen Absätze ihrer Schuhe und der enge Rock Schwierigkeiten. Jedenfalls streckte er ihr die Hand hin, um ihr aufzuhelfen. Da erst bemerkte er, dass sie Plastikhandschuhe trug.

Wie eine Ertrinkende klammerte sie sich an seine Finger. Das Plastikmaterial fühlte sich glatt und irgendwie eklig an. Abscheuerregend wie die ganze verdammte Angelegenheit.

„Verraten Sie mich nicht!", weinte sie, gedämpft nun, nur von kleinen Schluchzern unterbrochen. „Sie wissen ja gar nicht ..."

„Nein!", fuhr er sie an und entzog ihr seine Hand. „Wie man so etwas tun kann, weiß ich wirklich nicht. Ich hätte nie gedacht, dass Sie ... kriminell sind. Wie können Sie Ihren eigenen Chef, Ihre eigene Firma bestehlen?"

Mit niedergeschlagenen Augen, aus denen noch immer Tränen perlten, stand sie vor ihm, den Kopf auf das Bündel Geldscheine in ihren bebenden Fingern gesenkt. Mittlerweile hatten die Tränen eine schwärzliche Farbe angenommen: Das Augenmake-up hielt einem solch gewaltigen Ansturm salziger Flüssigkeit nicht stand.

Mit einem Anflug von Trotz wisperte sie: „Ich bin nicht kriminell. Und es ist auch nicht meine Firma."

Er schüttelte den Kopf über soviel Wortklauberei. Er selber hatte sich immer mit der Firma identifiziert, an ihrem Wohl und Wehe teilgenommen, seit er hier arbeitete. Und das war schon eine erkleckliche Anzahl von Jahren. Wie sonst hätte er es so weit bringen können? Immerhin hatte er ganz klein angefangen. Nur sein Pflichtbewusstsein, sein Eifer und seine Loyalität hatten ihn auf den Stuhl des Abteilungsleiters gebracht.

„Sie wissen doch", sprach Frau Caspari jetzt auf ihn ein, „meine Tochter, sie ist erst achtzehn, und dann das Baby ... Und der Schwiegersohn ... er wird noch weiter auf die schiefe Bahn rutschen, wenn er nicht aufhört zu spielen ... Ich wollte doch nur ...."

„Sie wollten doch nur seine Spielschulden bezahlen." Wieder schüttelte er den Kopf. „Ich weiß Bescheid, Frau Caspari. Immer wieder haben Sie dem Kerl aus der Patsche geholfen. Aber hat es etwas genützt?"

„Es steckt ein guter Kern in ihm", versicherte sie eindringlich. „Er braucht das Geld. Nur noch dieses eine Mal, hat er mir geschworen. Dann ist er alle seine Schulden los und kann neu anfangen."

„Neu anfangen zu spielen, meinen Sie!", antwortete er bitter. „Und Sie sind Ihre Stelle los. Das war die Sache doch nicht wert. Haben Sie etwa schon öfter ...?" Er machte eine kleine, fast scheue Kopfbewegung zum Safe hin. Nein, dachte er dann. Man hätte davon gehört, wenn schon vorher Geld aus dem Safe verschwunden wäre. Es hätte Befragungen und Untersuchungen gegeben. Polizei wäre hier gewesen. Aber nichts von alledem.

Zu seiner nicht gelinden Verblüffung nickte sie zaghaft. „Zweimal bisher", beantwortete sie seine Frage. Dann erwachte wieder der Trotz in ihren Augen. „Er hat es noch nicht einmal bemerkt, soviel ist da drinnen. Stellen Sie sich vor: ER MERKT ES NOCH NICHT EINMAL, WENN IHM GELD GESTOHLEN WIRD!!"

Er wusste nicht, ob er es glauben sollte oder nicht. Eines jedoch wusste er sicher: Das Geld, das Frau Caspari da in ihrer Hand hielt, durfte diesen Raum nicht verlassen. So leid ihm diese vom Schicksal gestrafte Frau auch tat, einen Diebstahl würde er nicht dulden. Allein bei dem Gedanken daran schüttelte ihn das nackte Entsetzen. Lieber wollte er ihr anbieten, ihr vielleicht privat auszuhelfen, selbst wenn ihm auch dieser Gedanke beinahe Übelkeit bereitete. Sein Geld für die Spielschulden eines ihm völlig Fremden ...? Er hatte selbst nur wenig auf der hohen Kante ...

Eines jedoch hätte er zu gerne gewusst.

„Wie konnten Sie den Safe öffnen? Den Code wissen nur der Chef selbst, die Chefsekretärin und die Herstellerfirma." Als es heraus war, wünschte er, er hätte sich lieber die Zunge abgebissen. Wie kam er dazu, sich zum Mitwisser zu machen?

„Es war Zufall", gestand sie und zog geräuschvoll die Nase hoch. Sie bückte sich und hob ihre Handtasche auf, die neben ihren Füßen auf dem Boden lag. Sie brachte das Kunststück fertig, die Plastikhandschuhe abzustreifen, in die Tasche zu stopfen und statt dessen ein Taschentuch herauszuziehen, mit dem sie sich die Nase putzte, und das alles, ohne das Geldbündel loszulassen.

„Als der Safe installiert wurde", sprach sie kläglich weiter, „war die Sekretärin krank. Ich musste sie vertreten und war beauftragt, für den Chef und den Herrn von der Lieferfirma Kaffee zu kochen. Als ich ihnen den Kaffee brachte, kam ich gerade dazu, wie sie über die Zahlen- und Buchstabenkombination sprachen. Aus den Äußerungen des Chefs konnte ich mir den Code dann unschwer zusammenreimen. Ganz einfach: der Name seines Hundes und sein eigenes ..."

Er hob abwehrend die Hand. Das wollte er alles nicht wissen. Nein, wirklich nicht!

„... Geburtsdatum, immer Zahlen und Buchstaben abwechselnd." Sie hatte schon geendet.

„Gleichviel", sagte er und wischte sich mit dem Handrücken den Schweiß von der Stirn. „Jetzt legen Sie das Geld zurück in den Safe, schließen ihn, und wir wollen die ganze Angelegenheit vergessen."

Sie schaute ihn ungläubig an. „Sie ... Sie scherzen", stotterte sie. „Sie, der Sie ein Ausbund an Redlichkeit sind, ein leuchtendes Beispiel der Loyalität für alle Angestellten, Sie wollen die Sache vertuschen?"

Er zuckte unglücklich mit den Schultern. „Ich weiß, wie schlimm Sie dran sind. Ihre ausgeflippte Tochter als blutjunge, unfähige Mutter, der kriminelle Schwiegersohn ..." Er übersah das Aufblitzen in ihren Augen und fuhr fort: „Tun Sie, was ich gesagt habe. Dann wollen wir in Ruhe über alles reden. Vielleicht kann ich Ihnen aushelfen. Ein einziges Mal ... und nicht allzu viel", setzte er eingedenk seines schmalen Sparguthabens schnell hinzu.

Ritt ihn eigentlich der Teufel? fragte er sich. Wie kam er dazu, dieser ihm eigentlich fremden Frau Geld schenken zu wollen? Darauf lief es doch hinaus. Nie würde er auch nur einen Bruchteil davon zurück bekommen. Doch das Mitleid siegte über seine Vernunft. Vielleicht konnte man einen Vertrag aufsetzen oder etwas in der Art?

Kurz entschlossen nahm er ihr das Geldbündel aus der Hand. Sie war zu überrascht, um zu reagieren. Schon war er am Safe, öffnete ihn vollends, doch dann wusste er nicht, wo er das Geld hinlegen sollte. Es durfte ja nicht auffallen, dass es in Abwesenheit des Chefs berührt worden war. Ob es in diesem matt glänzenden, schwarzen Koffer gewesen war, der eines der Safefächer fast vollständig ausfüllte? Er drückte probehalber auf die Knöpfe und versuchte den Koffer zu öffnen, doch es gelang ihm nicht.

„Wo hat das Geld gelegen?", fragte er und drehte sich zu ihr um.

Da stand sie direkt hinter ihm, packte ihn am Ärmel und machte Anstalten, das Geld erneut an sich zu nehmen. Ihr Gesicht war zu einer Grimasse verzerrt.

„Ich glaube Ihnen nicht, dass Sie verschweigen wollen, was ich getan habe", keuchte sie. „Und wenn doch, dann hätten Sie mich in der Hand und könnten jederzeit von mir verlangen, was Sie wollen."

Sie riss an dem Bündel, das er jetzt seinerseits krampfhaft festhielt. Dies war das Geld der Firma oder das Geld seines Chefs, wie auch immer, und er würde es verteidigen. Es durfte nicht in falsche Hände geraten.

„Was denken Sie denn von mir?", sagte er entrüstet. „Haben Sie doch Vertrauen zu mir, ich will Ihnen doch nur helfen."

Auf einmal hielt sie eine Pistole in der Hand. Es war eine kleine, silbrig schimmernde Pistole. Oder war es ein Revolver? Er hatte noch niemals eine Schusswaffe aus der Nähe gesehen. Aber es interessierte ihn auch überhaupt nicht, um welche Art von Schusswaffe es sich handelte. Und auch nicht, woher sie diese auf einmal gezaubert hatte. Sie hielt sie in der Hand und auf ihn gerichtet. Sie bedrohte ihn damit!

Er kam sich vor wie in einem Alptraum. In einem fremden Alptraum, denn in seinen eigenen Träumen kamen solche haarsträubenden Dinge nicht vor. Er schnappte nach Luft.

„Geben Sie mir das Geld!", forderte sie, ebenfalls atemlos, als sei auch sie ganz furchtbar erschrocken über die Entwicklung der Dinge.

Statt dessen hob er zögernd die Arme. Auch wenn ihm noch nie etwas Derartiges passiert war, so wusste er doch, dass man die Arme hob, wenn man mit einer Waffe bedroht wurde. Wie schnell konnte ein Missverständnis zu einem vorschnellen Abdrücken führen.

Doch als er da stand und sich sagte, dass er ihr jetzt das Geld aushändigen sollte, gleichgültig, ob es sich mit seinen Moralvorstellungen vereinbaren ließ oder nicht, erwuchs ein winziger Funken Wut in ihm, der sich schnell zu einem lodernden Feuer entwickelte. So ein dämliches, hartherziges Biest! Sie bedrohte ihn, ihn, der ihr helfen wollte, aus dem Schlamassel herauszukommen. Der verhindern wollte, dass sie zu allem anderen Unglück auch noch ihre Stellung verlor.

Blitzschnell griff er in seine Jackentasche und nach dem darin befindlichen Nasenspray. Noch im Hervorziehen streifte er mit dem Daumen die Schutzkappe ab und drehte das Fläschchen in seiner Hand so, dass er gleich zudrücken konnte. Er hob die Hand, und bevor sie überhaupt begriff, was sich tat, sprühte er ihr die salzige Lösung in die Augen, erst in das eine und dann in das andere. Wie von Sinnen wiederholte er diesen Vorgang auch dann noch, als sie unter einem leisen Aufschrei mit beiden Händen zu ihren Augen fuhr, um sie zu schützen.

„Schuft!", ächzte sie dabei. „Alter, dreckiger Schuft!"

Und er, der schon bereit gewesen war zu bedauern, dass er ihr dieses Zeug, das zwar nicht gefährlich war, aber doch unangenehm beißen musste, in die Augen gesprüht hatte, entriss ihr die Pistole. Er hatte es bei Gott nicht nötig, sich von ihr beschimpfen und bedrohen zu lassen.

Sie musste das zornige Aufbegehren in seinen Augen gesehen haben, denn sie wich vor ihm zurück. Abwehrend streckte sie beide Hände aus und stammelte: „Nein, tun Sie mir nichts!"

„Was geht hier vor sich?"

Er hatte die Pistole schon halb erhoben, als die Stimme seine Erregung durchdrang. Sie war nicht einmal laut gewesen, aber dennoch schneidend und gefährlich. Auch Frau Caspari war zusammengezuckt. Beide fuhren sie herum, und er sah voller Entsetzen den gemeinsamen Chef in der Tür stehen.

Sein Arm mit der Waffe ruckte noch ein Stück höher, bis ihn siedend heiß der Gedanke durchzuckte, welches Bild sie beide hier vor dem geöffneten Safe abgeben mussten. Da ließ er die Waffe sinken.

Der Chef war nicht allein. In seiner Begleitung befand sich sein Chauffeur. Im Türrahmen hinter ihnen tauchten zwei weitere Männer auf.

Frau Caspari fasste sich zuerst. Er sah, wie sie den Arm in seine Richtung streckte und mit dem Zeigefinger auf ihn deutete. „Er war es! Er hat Geld aus Ihrem Safe gestohlen!", klagte sie ihn an.

Soviel Schlechtigkeit verschlug ihm den Atem. Nichts, aber auch gar nichts fiel ihm zur Zurückweisung dieser unglaublichen Anschuldigung ein. Das halbherzige „Aber ... aber ... ich würde doch nie ...." konnte als Verteidigung wohl kaum gelten.

„Sieh einer an ...", sagte der Chef und kam furchtlos auf ihn zu, ungeachtet der Waffe in seiner Hand.

„Ich habe doch nicht ...", murmelte er, als sein Chef vor ihm stand und ihm interessiert forschend ins Gesicht blickte, so als sähe er ihn heute zum ersten Mal. „Ich hätte Ihren Safe doch gar nicht öffnen können."

„Und wie kommen Sie zu meiner Pistole?"

„Die hat er aus dem Safe genommen und mich damit bedroht, als ich ihn überraschte", behauptete Frau Caspari schnell und laut.

Er konnte es nicht fassen. Er hatte seine Sekretärin vor dem Verlust ihres Arbeitsplatzes bewahren wollen, und nun sah alles so aus, als würde er selbst entlassen werden. Fristlos gekündigt, schmachvoll davongejagt. Er, ein jahrelang treu untergebener Mitarbeiter. Und damit nicht genug: Es würde ein Ermittlungsverfahren geben, und alles sprach gegen ihn. Sowohl auf der Pistole als auch am Safe, auf dem darin befindlichen Koffer und nicht zuletzt auf den Geldscheinen würde man seine Fingerabdrücke finden. Er spürte, wie ihm die Tränen in die Augen stiegen.

Willenlos überließ er seinem Chef die Pistole und auch das Geld, als dieser fordernd die Hand danach ausstreckte. Unter dem Schleier seiner Tränen hervor sah er, wie sich der Lauf der Pistole auf Frau Caspari richtete. Er hörte einen Knall, kurz und scharf, und dann sah er Frau Caspari zu Boden fallen.

Noch während er hinsah, ohne recht zu begreifen, was geschehen war, fühlte er einen harten, kalten Druck an seiner Schläfe.

Es ist ungewiss, ob er den Knall des Schusses noch hörte, der sein Leben auslöschte.

„Räumen Sie das weg! Und beseitigen Sie auch die Blutflecke!", befahl der Chef seinem Chauffeur angeekelt. Dann wandte er sich an die beiden anderen Herren.

„Kommen Sie! Lassen Sie uns unser Geschäft zu einem würdigen Abschluss bringen. Ich will nur noch den Koffer mit dem Geld holen. Sie können gerne nachzählen: Es sollte jetzt wieder vollständig sein." Und er wedelte mit dem Geldscheinbündel.

„Das wollen wir Ihnen auch geraten haben", lächelte einer der Herren. „Wir lassen uns nicht ungestraft über den Tisch ziehen, seien Sie dessen versichert." Seine Augen lächelten nicht mit.

Wie lasse ich meine Frau verschwinden?

Regina Schreiner

Endlich! Major Barnie Smith geht in den Ruhestand. In allen Ehren aus der Army entlassen, ist er fest entschlossen, sich nicht mehr aufzuregen, seinen kleinen Garten an dem Haus in einem der Außenbezirke Sydneys zu pflegen und sich der Rosenzucht zu widmen. Wäre da nicht Eileen, seine langjährige Ehefrau.

Sie ist ein Hausdrachen, hat nie gearbeitet, war immer zu Hause, und Barnie schreibt ihr einen entsprechenden Horizont zu. Zugegeben, sie hat die drei Kinder großgezogen, er selbst war ja immer viel unterwegs. Alle drei sind gut geraten, zwei Enkel sind auch schon da. Alles könnte bestens sein; ist es aber nicht. Ist es ganz und gar nicht.

Barnie ist im Wege. In seinem eigenen Hause! Eileen hat schon immer einen Hang zum Nörgeln gehabt, jetzt lebt sie ihn aus:

„Kannst du dich nicht woanders hinsetzen!" – „Laß die Asche nicht fallen!" – „Tritt die Schuhe ab, ehe du reinkommst!" Und: „Kannst du es dir nicht angewöhnen, den Klodeckel zu schließen?"

„Sonst noch was?" Barnie kontert: „Ich kann dir definitiv versichern, daß es nichts an der weltpolitischen Lage ändert, ob der Klodeckel geöffnet oder geschlossen ist."

„Hast du eine Ahnung!" faucht sie zurück, „Du hast wohl noch nichts von *feng shui* gehört? Unser ganzer Reichtum fließt durch die geöffnete Kloschüssel ab!"

„Feng shui" macht Barnie verächtlich nach. Außer *chop suey* läßt er nichts Chinesisches gelten. Und was den abfließenden Reichtum betrifft, findet er ganz andere undichte Stellen, die zu stopfen wären. Etwa die Verschwendung im Haushalt.

Sein erstes Angriffsziel ist die Tiefkühltruhe. Eine eingehende Inspektion ergibt, daß er hier seine eigene Strategie einführen muß, denn er hat ein heilloses Durcheinander vorgefunden.

Zwei Tage verschwindet er hinter dem Computer, dann kann er seiner Frau das neue System präsentieren: Fleisch rote Markierung, erste Schublade, Fisch blaue Markierung, Gemüse grün usw. Gelb gezeichnet sind die Waren mit dem abgelaufenen Frischedatum. Auf dem Computerausdruck tragen sie ein Sternchen.

„Alles klar?" fragt der befehlsgewohnte Gatte. Sie könnte doch einfach „Ay, ay, Sir!" sagen. Die Hacken müßte sie ja nicht zusammenschlagen. Aber sie steht ziemlich unmilitärisch mit verächtlich herabgezogenen Mundwinkeln da, hat die Arme in die Seiten gestemmt und verkündet: „Wie soll ich denn da noch etwas finden, wenn du meine ganze schöne Ordnung durcheinanderbringst?" Also gut, denkt Barnie, muß ich eben auch noch einen Speiseplan ausarbeiten und angeben, wo sie die Sachen in der Truhe findet.

Einmal wöchentlich kommen die Bridgedamen, drei alte Schachteln, die Barnie nicht leiden kann. Sie sind laut, reden schlecht über die Männer und trinken seinen Cognac. Er zieht sich in sein Zimmer zurück und arbeitet am Computer. Lustlos surft er im Internet. Mit leerem Blick auf dem Bildschirm empfangen seine Antennenohren die Gesprächsfetzen hinter der Türe, vor allem das schrille Lachen von Eileens Busenfreundin Chrissy. Klar, sie reden, ach was, sie lachen über ihn! Am liebsten möchte er Eileen diesen Nachmittag verbieten. Aber er geht nur hin und wieder durch das Wohnzimmer, entschuldigt sich wegen der Störung, geht in den Garten und schlurft mit schmutzigen Schuhen über den hellen Teppichboden zurück. Die Vorwürfe dafür kann sie ihm erst machen, wenn die Damen aus dem Hause sind.

Und einmal im Monat fährt sie in die Stadt zum „Shopping". Zurück kommt sie mit Tüten voller häßlicher Klamotten, die er an ihr nicht leiden kann, und die er mit seiner Kreditkarte bezahlen muß.

Anfangs denkt er nur „Ich könnte sie umbringen!"

Dann denkt er darüber nach. Irgendetwas denkt in ihm darüber nach. Wie schön könnte das Leben ohne sie sein! Sie, die ihn mit ihrer bloßen Anwesenheit quält, die ihn aufscheucht, Barnie mach dies, Barnie mach das, oder laß das! Sie, die ihm seinen Ruhestand nicht gönnt. Sie, die ihm Leute ins Haus bringt, die er nicht sehen will, und sie, die sein Geld zum Fenster hinauswirft.

Steht nicht schon in der Bibel „Ärgert dich dein Auge, so reiß es aus?" Da steht zwar auch „Du sollst nicht töten", aber das will Barnie ja auch gar nicht. Nur verschwinden soll sie, irgendwie.

Manchmal will er einfach weggehen. Aber wohin? Zur Army kann er nicht zurück. Die Army ist eine herrliche Einrichtung, vor allem, wenn nicht gerade Krieg ist. Die Army sorgt für ihre Angehörigen. Auch jetzt noch. Er bekommt eine gute Pension. Sie können gut davon leben. Er könnte sogar noch besser davon leben, wenn er die Pension allein verbrauchen könnte.

Verschwinden. Verschwinden sollte sie. Aber Eileen will nicht weggehen, niemals. Und scheiden läßt man sich nach vierzigjähriger Ehe auch nicht mehr. Nein, nein. Es muß eine andere Lösung geben. Eine elegante. Denn Barnie möchte nicht den Rest seines Lebens hinter Gittern verbringen. Wenn schon Mord, dann nur der perfekte.

In der Nacht hat er einen Traum: Er fliegt wieder über die Insel Flores, wie vor vielen Jahren im Dienst bei einem Aufklärungsflug. Flores, die Insel der Kraterseen. Als Barnie erwacht, weiß er, wie er sein Problem lösen kann. Fast ist er bereit zu glauben, in dem Traum einen Fingerzeig Gottes zu sehen. Nein, nicht Gottes Fingerzeig, das wäre Blasphemie, aber doch den irgendeines gütigen Geschickes.

Und Major Barnie Smith bucht eine Reise für zwei Personen nach Indonesien.

Zuerst fliegen sie nach Java. Dann nach Bali. Eileen ist entzückt von der Kultur der Balinesen, die herrlichen Tempel, die farbenfrohen Tänze. Aber Barnie schielt ihr viel zu viel nach den grazilen Tänzerinnen. Sie macht ihm Szenen. Nicht mehr lange, denkt er.

Beide sind sie schließlich froh, nach Flores weiterzureisen.

Wie gut, daß er in der Army die Hubschrauberlizenz erworben hat. Es gelingt Barnie gemäß seinem Plan, einen kleinen Hubschrauber zu mieten, einen Zweisitzer.

Eileen ist ängstlich. Aber das hat er schon in Sydney vorausgesehen und ihr eine hübsch handliche Videokamera für den Urlaub geschenkt. Die Aussicht auf eine einmalige Gelegenheit zum Filmen der spektakulären Kraterseen aus der Luft besiegt schließlich die Ängstlichkeit.

Barnie hat sich vorbereitet. Anhand einer guten Karte erklärt er am Vorabend des großen Vorhabens die Flugroute: „Zuerst fliegen wir diesen schwarzen Kratersee an. Wie du weißt, glauben die Floreaner, daß in den Kraterseen die Seelen ihrer Verstorbenen hausen. In diesem schwarzen See sollen es die Seelen von Dieben und Mördern sein."

„Wie gräßlich!" bemerkt Eileen, und er fährt ungerührt fort: „Dann fliegen wir hier weiter bis zu diesem roten Kratersee."

„Rot?" fragt sie.

„Ja. Blutrot", bestätigt Barnie, „dort sollen die Seelen der alt gestorbenen Menschen ruhen." Eigentlich wäre dies der rechte Ort für sie, denkt er, aber er hat sich vorgenommen, ihr auch noch den blauen See zu zeigen. Wie Lapislazuli soll er aussehen und der schönste überhaupt sein. Das hat sie verdient, denkt er, im schönsten der Seen zu ruhen, zumal auch die Zusammensetzung am günstigsten ist, reine Säure.

„Dann überfliegen wir noch den blauen See", sagt Barnie. „Er ist der schönste der drei Seen. Und in ihm ruhen die Seelen der jung Verstorbenen. Er soll einmalig schön sein, ein Juwel in rotbrauner Fassung."

Eileen ist beeindruckt.

In aller Frühe geht es los. Barnie spürt eine ruhige Entschlossenheit, als sie abheben. Den Steuerknüppel in der Hand, die Instrumente im Blick, freut er sich, daß ihm die Maschine willig gehorcht und daß er es auch nach Jahren noch nicht verlernt hat. „Schnall dich gut an!" Hat er ihr zugerufen. Denn um beim Filmen nicht behindert zu sein – und natürlich aus den Gründen, die nur ihm bekannt sind – hat Barnie den offenen Hubschrauber gewählt.

Bald merkt er, wie seine Frau angesichts der großartigen Landschaft alle Ängstlichkeit verliert und sich schon mit der Kamera weit hinauslehnt. Es wird im gegebenen Moment ein Leichtes sein, sie zum Öffnen des Gurtes zu bewegen, denkt er befriedigt.

„Mein Gott, Barnie, ist das wunderschön!" schreit sie entzückt immer wieder. „Hoffentlich reichen mein Film und mein Aku!"

„Der reicht gewiß!" bestätigt Barnie und muß daran denken, wie unwichtig das jetzt ist.

Da ist er! Ein türkisblaues Juwel in einer vollendet geformten Kraterschüssel. Das sanft blaue Auge strahlt den Anfliegenden entgegen.

Eileen scheint einen Moment sprachlos zu sein, ein seltenes Ereignis, aber dann bricht es aus ihr hervor: „Oh Barnie, sieh doch nur! Mein Leben lang habe ich so etwas Schönes nicht gesehen! Hast du solche Farben schon gesehen? – Danach möchte man glatt sterben!"

Einen Augenblick irritiert ihn ihre mädchenhafte Begeisterung; ein Hauch von Erinnerung streift ihn wie der Schwefelgeruch von dort unten aus dem See. Um so etwas in letzter Minute nicht noch aufkommen zu lassen, sagt er mit belegter Stimme: „Film doch! Mach schon!" klingt es ungeduldig.

Eileen filmt. Sie beugt sich so weit hinaus, wie es der Gurt erlaubt.

„Ich krieg´s so schlecht rein. Kannst du nicht eine Kurve fliegen?"

Wegen der Fahrgeräusche muß sie schreien. „Mach doch kurz den Gurt auf!" schreit er zurück, „dann gehe ich in die Kurve."

Er ist selbst erstaunt, wie selbstverständlich sie den Gurt löst. Und wie einfach es ist. Er muß sie nicht einmal schubsen, als sich der Hubschrauber in die Kurve neigt.

Ihr Schrei, von dem er glaubt, daß er rasch schwächer werden muß, endet aber nicht. Die Frau hängt kopfüber mit dem Fuß im Gurt.

Er muß ihren Fuß aus dem Gurt lösen! Er beugt sich so weit hinüber, wie es geht. Verdammt, ohne ein Messer kann er den Gurt nicht kappen. Keuchend, die linke Hand am Steuerknüppel, versucht er mit der rechten, ihren Fuß aus dem Schuh zu drücken. Er schafft es nicht, und die Maschine bekommt das Übergewicht. Langsam und dann immer schneller gerät sie ins Trudeln. Die Maschine gehorcht nicht mehr. Barnie Smith ist machtlos. Aus. Es ist aus, denkt er. Das Letzte, was er sieht, ist eine türkisfarbene Fläche, die sich unter ihnen dreht, während sie rasch und endgültig näher kommt.

Mitgegangen - mitgefangen

Ina Coelen

Die Fußgängerzone war mit bunten Ballons geschmückt, über der Straße wehten meterweise seidige Stoffbahnen und überall wurden einladende Verkaufsstände von Schaulustigen und Kaufwilligen belagert. Vor mir drängelten sich die Menschen um die Bühne von C&A Young fashion. Ich versuchte mit dem Rollstuhl näher heran zu kommen, aber es war nichts zu machen. Im Sitzen war ich natürlich viel kleiner als alle die vor mir standen. So sehr ich den Hals auch reckte, ich konnte nichts sehen. Gefrustet wendete ich meinen Rollstuhl. Eigentlich sollte ich jetzt da oben über den Laufsteg schreiten und blasiert auf die staunende Menge herab lächeln. Schon vor Monaten hatte ich ein Schreiben bekommen, dass ich angenommen war als Model bei der größten Straßenmodenschau der Welt, die jedes Jahr in meiner Heimatstadt Krefeld ausgerichtet wurde. Aber es war alles anders gekommen.

Keine zwei Monate war es her, da hatte ich Felizitas wiedergesehen. Wir waren in eine Klasse gegangen und hatten gemeinsam vor einem Jahr am Ricarda-Huch-Gymnasium das Abi gemacht. Während unserer gesamten Schulzeit hatte sie mich kaum beachtet und maximal fünf Worte mit mir gewechselt. Ich gehörte mehr zu der Sorte graue Maus, obwohl ich nicht häßlich war, aber eben auch nicht richtig hübsch. Felizitas oder Felix, wie sie gerne genannt wurde, gehörte einwandfrei in die Kategorie flotter Feger und wurde von mir immer heimlich bewundert. Gerne wäre ich so gewesen wie sie, so schön und so selbstsicher. Und dann traf ich sie im Fotostudio von Leo Lindges, wo wir mit anderen Jugendlichen für die Titelseite des „Krefelder" fotografiert werden sollten.

Ich hatte kaum das alte Im-Brahm-Haus betreten, da sah ich sie.

„He Ingrid, was machst du denn hier?" strahlte Felizitas und warf ihre lockige rote Mähne in den Nacken.

„Hallo", antwortete ich irritiert und wunderte mich über den freundlichen Empfang. Schüchtern sah ich mich in der ehemaligen Fabrikhalle um, es sah gigantisch aus. An einem überdimensionalen

Metallgerüst hingen verschiedenfarbige Stoffe und Folien, die von eifrigen Helfern hin und hergeschoben wurden. Davor posierte kichernd eine Hand voll Teenies, die von den riesigen Scheinwerfern geblendet wurden. Zwei junge Männer in weißen Overalls wieselten mit wichtigen Mienen durch das Studio. Keiner beachtete uns. Felizitas strich über meinen streichholzkurzen schwarz gefärbten Haarschnitt: „Flott, du hast dich gemacht!" Energisch zog sie mich zu einer Lampe, die wie ein großer Schirm aussah.

„Komm mit, wir müssen hier drüben hin", Felix schien alles im Griff zu haben. Dann erschien ein Typ wie ein Kleiderschrank, schwarze Klamotten, weißer Igelkopf und Stoppelbart, um die Fünfzig, schätzte ich.

„Leo, das ist meine Freundin Ingrid, können wir jetzt anfangen?" Felizitas schien sich hier auszukennen.

„Na fein. Hallo Ingrid", murmelte der Kleiderschrank, streckte mir seine Pranke entgegen und zwinkerte mir zu.

„Und wie war noch mal dein Name?" er sah Felix neugierig an, während er sich eine Kamera schnappte.

„Ich bin Felicity", hauchte sie zuckersüß. Das war mir neu.

„Okay, Mädels, dann woll'n wir mal."

Die verschiedenen Helfer machten sich an den Scheinwerfern zu schaffen und die beiden Overalls stellten uns vor den Stoffbahnen in Position. Felix, die jetzt Felicity hieß, versuchte sich ständig in den Vordergrund zu drängen. Da gehörte sie meiner Meinung nach auch hin, denn sie war eindeutig die Hübscheste. Nach einer knappen Stunde war alles im Kasten, wie Leo uns zufrieden mitteilte. „Das war's, Kinder!"

„Ciao, Leo!" flötete Felizitas und stakste aus dem Studio. Draußen knallte die Sonne so grell, dass ich blinzeln mußte.

Unschlüssig blieb ich vor dem Eingang stehen.

„Kann ich dich irgendwo hin mitnehmen, oder bist du selber mit dem Auto hier", fragte meine alte Klassenkameradin.

„Ich hab' kein Auto, ich bin mit dem Bus gekommen. Das wäre sehr nett von dir, wenn du mich nach Hause fahren würdest", antwortete ich erfreut.

„Mußt du direkt nach Hause, oder sollen wir noch irgendwo einen Kaffee trinken?" Felizitas ging auf einen roten Golf zu, schloß ihn auf und warf ihre Tasche lässig auf den Rücksitz.

„Nein, ich muß nicht sofort nach Hause."

„Na fein, dann machen wir noch eine Spritztour, steig ein!" Meine neue Freundin fuhr ausgesprochen rasant. Ich fühlte mich nicht ganz wohl in meiner Haut, aber ich traute mich auch nicht, sie zu bitten, langsamer zu fahren.

„Was machst du so, seit du mit der Schule fertig bist?" fragte ich zaghaft. Ich wollte versuchten, mich durch eine Unterhaltung von der rasenden Fahrt abzulenken.

„Ach nichts besonderes. Und du?"

„Ich wollte eigentlich Maskenbildnerin werden oder Visagistin, doch dafür muß ich zuerst eine Friseurlehre machen. Aber zur Zeit hab ich einen ganz guten Job, also werd' ich erst mal Geld verdienen."

„Was machste denn?" bohrte Felizitas.

„Ich kellnere im Biergarten vom Stadtwaldhaus", gab ich zögernd zu, weil das nun nicht der Traumjob schlechthin war. Ich hätte gerne ein bisschen angegeben und fügte schnell hinzu:

„Ich hab ein eigenes Appartement an der Dionysiuskirche." Das war doch schon mal was. Die Dionysiuskirche ist die größte katholische Kirche in Krefeld und der heilige Dionysius, der Schutzpatron der Stadt, prangt auch auf dem Stadtwappen.

Als Kind hatte es mich sehr gestört, dass er seinen Kopf unter dem Arm trägt, aber inzwischen finde ich, das passt zu unserer Stadt.

„Wo fahren wir überhaupt hin?" erkundigte ich mich.

„Ich habe gerade beschlossen, dass wir meine Tante in Linn besuchen." Ich mußte unwillkürlich lachen: „Als Kind bin ich mindestens jedes zweite Wochenende in diesem Vorort gewesen. Ich kenne bestimmt jeden Stein der Burg Linn. Mein Vater hielt immer seinen Vortrag über die Wasserburg im 12. Jahrhundert, aber ich habe nie richtig zugehört. Bei schlechtem Wetter wurden wir durch das Museum gescheucht und durften die Grabbeilagen des fränkischen Fürsten bestaunen."

„Jedesmal wenn wir früher Besuch von Auswärts hatten, und das war nicht selten, sind wir zur Burg Linn gefahren." Felizitas zog eine Grimasse und klimperte mit den Wimpern. „Ich habe mir dann vorgestellt, ich sei die Prinzessin und residierte im Jagdschlösschen."

Ihre Tante wohnte auf der Rheinbabenstraße und war entweder schwerhörig oder schlicht nicht zu Hause. Nach dem fünften Klingeln stieg Felix einfach über das Gartentor.

„Stell dich nicht so an", rief Felizitas, als ich zögerte.

Der kleine Garten sah sehr gepflegt aus. Rund um die Wiese waren Beete angelegt, es blühten Rosensträucher, Hortensien und verschieden Blumen, die ich nicht kannte. Vor der Terrasse befand sich ein Teich, kaum größer als ein Wassereimer, an dessen Ufer ein angelnder Gartenzwerg thronte. Ich enthielt mich jeden Kommentars und blickte stattdessen über die mit Efeu bewachsene Mauer zum Nachbargrundstück. Dort überwucherte Knöterich kahle Obstbäume und wilder Wein rankte sich um eine altersschwache Tanne. Das Einzige, was blühte, war der giftige Riesenbärenklau.

„Der Garten nebenan ist ja total verwildert", stellte ich fest, „als wäre er verwunschen."

„Schon seit Jahren sieht es da so aus", bestätigte Felizitas. „Das ist meiner Tante natürlich ein Dorn im Auge. Sie behauptet, ihre Nachbarin sei mindestens hundertachtzig Jahre alt und man müsse warten, bis sich die Erben endlich um den Garten kümmern."

„Was machen wir denn jetzt?" fragte ich ungeduldig. „Deine Tante ist offensichtlich nicht zu Hause."

„Stimmt auffallend. Wir können ja mal sehen, ob nebenan die Hundertachtzigjährige zu Hause ist", rief Felizitas übermütig und schwang sich über die Mauer.

„Komm endlich, hier steht die Terrassentür offen", rief sie von drüben.

Unwillig folgte ich ihr, aber mir war das nicht ganz geheuer. Felizitas stand mitten im Wohnzimmer, das dunkel und sehr altmodisch eingerichtet war. Über dem altrosa Plüschsofa hing ein röhrender Hirsch im Goldrahmen. Das Zimmer machte einen unordentlichen Eindruck. Die Schranktür stand offen und zwei Schubladen des Sidebordes auch, so als hätte ihre Besitzerin nach etwas gesucht.

„Ich finde das nicht richtig", gab ich zu bedenken. „Wir werden die alte Dame zu Tode erschrecken."

Felizitas verzog das Gesicht. „Ich glaube, da kommen wir zu spät", sagte sie trocken und deutete auf den Teppich vor dem Couchtisch. Ich biss mir auf die Lippe, um nicht zu schreien. Auf dem Boden lag friedlich schlummernd die alte Frau. Warum sollte sie sich zum Schlafen auf den Fußboden legen? Ich ahnte, dass sie tot sein mußte.

„Wir, wir müssen uns um sie kümmern", stotterte ich.

„Warum? Du kennst sie doch gar nicht. Und um mich hat sie sich auch nie gekümmert. Außerdem ist sie tot."

Felizitas sah mich mitleidig an: „Kalte Füße?"

„Ja, bitte lass uns hier verschwinden", bat ich kleinlaut.

„Ich hätte erwartet, dass Du es mit erster Hilfe versuchst oder wenigstens den Notarzt anrufst."

„Und was sollen wir dann sagen, was wir hier suchen?" fragte ich verwirrt.

„Genau", trumpfte Felizitas auf: „Was suchen wir hier? Wir sollten uns zumindest ein Souvenir aussuchen." Sie blickte sich im Zimmer um.

„Bist Du verrückt?" kreischte ich, „laß uns abhauen!"

„Nur keine Panik. Ich gehe nicht, bevor du dir ein Andenken ausgesucht hast."

„Ich habe aber Panik!" schrie ich hysterisch, „ich will hier weg."

„Okay, okay, ganz cool bleiben, du willst doch keine Spielverderberin sein." Felizitas verdrehte die Augen, trat seelenruhig auf das Sofa zu und nahm den röhrenden Hirsch von der Wand.

Das Bild war mindestens 50 mal 70 Zentimeter groß, und an der Wand erschien eine helle rechteckige Fläche. Jeder würde sofort sehen, dass hier ein Bild fehlte. Ich fühlte mich völlig hilflos, am liebsten hätte ich geheult.

So schnell ich konnte kletterte ich über die Mauer und wieder über das Gartentor zur Straße, wo Felizitas ihren Wagen geparkt hatte. Ängstlich sah ich mich um, doch auf der Straße war niemand zu sehen. Gemächlich erschien meine ehemalige Klassenkameradin am Tor.

„Du könntest ruhig mal mit anpacken", bemerkte sie spitz und hielt mir das Bild hin, während sie den Autoschlüssel aus ihrer beuteligen Tasche fischte. Mein Herz schlug bis zum Hals.

„Nun leg es auf den Rücksitz und steig endlich ein", kommandierte Felizitas und ich gehorchte.

Schweigend fuhr sie Richtung Innenstadt.

„Warum hast du das getan?" fragte ich, als wir an der Dionysiuskirche ankamen.

„Ein bisschen Nervenkitzel hat noch niemandem geschadet. Schließlich lebt man nur einmal, da muß man alles mal mitgemacht haben. Eines Tages bist du tot und hast gar nicht richtig gelebt. Und ich möchte stark bezweifeln, dass die alte Dame ihr Bild vermissen wird." Felizitas sah mich arrogant an: „Ich konnte ja nicht wissen, dass Du so ein Hasenfuß bist. Welche Nummer wohnst Du?" Sie lächelte milde: „Du würdest mich nicht auf einen Kaffee mit raufnehmen?"

„Was meinst Du, woran die alte Frau gestorben ist?" fragte ich gedankenverloren.

„Sie war steinalt", erwiderte Felizitas ungeduldig, „irgendwann erwischt es jeden. Was ist jetzt mit Kaffee?" Ihre Augen blitzten teuflisch. „Ich würde Dir auch das Bild überlassen."

„Nein!" schrie ich und sprang aus dem Wagen. Ohne mich noch einmal umzudrehen, verschwand ich in unserem Haus.

Am nächsten Morgen las ich in der Zeitung, dass eine Rentnerin in Linn an einem Herzanfall gestorben sei, als sie einen Einbrecher in ihrer Wohnung überraschte. Hinweise an die Kriminalpolizei wurden erbeten.

Ich nahm mir vor, mich nicht mehr mit Felizitas zu treffen.

Eine Woche später sah ich sie mit Freunden im Biergarten des Stadwaldhauses, wo ich kellnerte. Felix trug ein hautenges schwarzes Kleid und Stöckelschuhe, mit denen sie im Kies dauernd umknickte, um sich malerisch in die Arme ihrer Begleiter fallenzulassen. Entweder war sie schon angesäuselt oder das war nur Schau. Der eine Typ hatte gestyltes, schwarzglänzendes Haar und war ebenfalls ganz in Schwarz gekleidet. Der Zweite trug einen grauen Anzug und sah eher aus wie ein Bänker. Sie hatten ein blasses Mädel im Schlepptau, das aber kurze Zeit später verschwand. Es war schon fast Feierabend, und ich versuchte mich gerade unsichtbar zu machen, als ich Felizitas' durchdringende Stimme hörte: „Jungs, ich muß euch unbedingt meine Schulfreundin Ingrid vorstellen. Huhu, Ingrid, hier sind wir!"

Ich tat überrascht und schlenderte möglichst lässig zu ihrem Tisch: „Hei, kann ich euch etwas bringen?"

„Ingrid, meine Süße, das ist Dieter", sie deutete auf den Bänker „und das ist Steven." Sie gluckste und zeigte auf den Schwarzgelackten: „Nein, das ist Dieter." Offensichtlich war sie ziemlich angeheitert. Der blasse Typ im grauen Anzug grinste mich an: „Ich heiße Peter." Sein alkoholisierter Atem schlug mir entgegen.

„Bist Du sicher?" fragte ich überheblich und wiederholte meine Frage nach Getränken.

„Champagner für alle!" kicherte Ingrid.

„Mir kannst du einen Malt Whiskey bringen, Mausi", sagte der

Gestylte cool. Er legte seinen Arm um Felizitas und ließ seine Hand in ihrem Dekolleté verschwinden. Dabei sah er mir tief in die Augen.

„Ihr braucht, glaub‘ ich, keine Getränke mehr", entschied ich giftig und wandte mich ab. Mit diesen Figuren wollte ich nichts zu tun haben, außerdem war mein Dienst sowieso fast beendet.

Kurz nach Mitternacht verließ ich das Stadtwaldhaus und machte mich auf den Weg zur Bushaltestelle, da sah ich, wie Felizitas unsicher auf ein schwarzes Cabrio zu wackelte. Sie quetschte sich auf den Fahrersitz und fuchtelte mit ihrer Tasche herum. Als ich neben dem Wagen stand, suchte sie gerade vergeblich, den Schlüssel.

„Du solltest nicht mehr fahren, Felizitas", sagte ich nüchtern.

„Ingrid, dis sickt der Himmel", flötete sie und strahlte mich an. „Wenn man die Männer ma brauch, sin se plöslich verswunen. Kannsdu den Slüssel in meiner Tasse finen?"

„Nein", sagte ich „nicht, wenn du fahren willst."

„Willsu fahn?" fragte sie mit schwerer Zunge und kletterte umständlich und wenig damenhaft auf den Beifahrersitz.

Felizitas hielt mir ihre rucksackähnliche Tasche vor die Nase und ich wühlte darin herum. Zuerst griff ich ein Schminktäschchen, als nächstes zog ich eine Packung Papiertaschentücher hervor, dann stieß ich an etwas Hartes und hatte eine Pistole in der Hand. Erschrocken starrte ich die Waffe an woraufhin Felizitas sich ausschütten wollte vor Lachen.

„Mein kleiner Freund für Nopfälle", trillerte sie. „Keine Angs der beis nich."

Verwirrt ließ ich das Ding wieder in die Tasche gleiten und fand endlich den Autoschlüssel an einem Plüschvampir, der als Schlüsselanhänger diente.

„Wem gehört der Wagen überhaupt?" ich war misstrauisch geworden.

„Ach, der Waggn, der gehör Borris."

„Boris? Wer ist Boris?" bohrte ich.

„Borris is der derseit amptierende Lebmpssabsnittsbegleider meiner Mudder." Felizitas betonte jedes einzelne dieser Worte und legte nach jedem zweiten Wort eine Pause ein.

„Aha. Und warum fährst du mit dem Wagen von Boris?"

„Weil Borris mi meiner Mudder auf Ibbza is."

„Klingt logisch", murmelte ich und stieg ein. Ich hatte zwar einen Führerschein, aber wenig Fahrpraxis. In so einem schicken schwarzen

Sportwagen war ich noch nie gefahren, und schließlich konnte ich Felizitas unmöglich selber fahren lassen.

Ich drehte den Schlüssel im Zündschloß um und fand sogar auf Anhieb den Rückwärtsgang. Etwas unsicher fuhr ich los.

„Wo wohnst du überhaupt?" erkundigte ich mich.

„Immer noch aufer Mosartsraße, la la la laaa, Musiggervierdl", trällerte Felizitas fröhlich. Hätte ich mir ja denken können, dass sie aus der besseren Wohngegend war. Das Musikerviertel heißt nicht so, weil dort in jedem Haushalt ein Instrument gespielt wird, sondern weil die Straßen nach berühmten Musikern benannt sind.

„Du fährs wie eine Snegge", mäkelte Felizitas. „Drügg doch man bissen aufe Tube, der kann minigens hundertachsich."

„Aber nicht in der Stadt, außerdem ist hier Tempo 30 Zone."

„Himmel bisun Schisser!" Felizitas rutschte auf ihrem Sitz hin und her. „Hier is nix los, da kannsu ruhig sneller fahn." Ich weiß nicht mehr genau, wie es passiert ist, aber ich glaube, sie hat einfach mit ihrem linken Fuß auf meinen rechten getreten. Jedenfalls beschleunigte der Wagen plötzlich und der Radfahrer fuhr ohne Licht. Ich habe ihn zu spät gesehen. Ich konnte nicht mehr ausweichen. Ich hörte einen dumpfen Aufprall. Felizitas kreischte, aber unser Wagen fuhr weiter.

„Nimm den Fuß weg!" schrie ich.

„Geht nicht!" schrie Felizitas.

Ich trat mit dem linken Fuß auf die Bremse, das Auto blieb stehen und die Sicherheitsgurte drückten uns zurück in die Sitze.

„Wir müssen zurück!" sagte ich heiser. „Das ist Fahrerflucht."

„Unsinn", sagte Felizitas. „Es ist nichts passiert. Du mußt hier links abbiegen und dann stellst du den Wagen in die Garage."

Ich fuhr in die Mozartstraße, Felizitas schloß das Garagentor auf und ich setzte den Wagen in die Garage.

„Komm mit rein", sagte Felizitas. Sie schien plötzlich wieder nüchtern zu sein. „Du kannst bei mir übernachten. Meine Mutter ist nicht zu Hause."

Als ich am nächsten Morgen aufwachte, wusste ich nicht, wo ich war. Die Wände des Zimmers waren weiß gestrichen, die Vorhänge waren weiß, der Metalllampenschirm war weiß, an der gegenüberliegenden Wand hing ein farbenfrohes Bild, auf dem ich nichts erkennen konnte. Zuerst glaubte ich, ich wäre im Krankenhaus, aber dann erinnerte ich mich, dass ich im Gästezimmer bei Felizitas war. Es ging mir nicht gut. Nicht körperlich, ich hatte einfach ein ungutes Gefühl und konnte meine Gedanken nicht richtig sortieren. Ich war gerade aufgestanden und suchte meine Sachen zusammen, als Felizitas ohne an zu klopfen das Zimmer betrat. Sie war barfuß und hatte nur ein großes weißes T-Shirt an mit der Aufschrift ‚BITTE NICHT STÖREN', darunter war eine schlafende Katze abgebildet.

„Hast du auch solche Kopfschmerzen?" Felizitas hielt mir ein Glas Wasser und eine handvoll kleiner weißer Perlen hin. „Hier hast du was zum Einwerfen."

„Nein, danke", antwortete ich knapp. Also schluckte sie die Perlen selbst runter und kippte das Wasser hinterher. Ich sah auf meine Armbanduhr.

„Mensch, es ist schon zwölf Uhr, ich muß nach Hause."

„Warum, was musst du zu Hause?" erkundigte sich Felizitas verschlafen. „Weiss nicht", ich zuckte die Achseln, „frühstücken, aufräumen?"

Felizitas krabbelte ins noch warme Gästebett und zog die Decke über sich.

„Frühstücken kannst du hier auch." Ich überlegte.

„Kann ich hier auch duschen?" fragte ich. Vielleicht würde ich dann einen klaren Kopf bekommen, im Moment war ich einfach nur verwirrt.

„Klar kannst Du duschen, hier links ist das Bad." Felizitas gähnte und schlief wieder ein.

Das Bad war ein Traum in weiss, Glas und Chrom. Ich schnupperte an den verschiedenen Tiegeln und Fläschchen, die auf einer silberfarbenen Ablage unter einem fast zwei Meter langen Spiegel dekoriert waren. Hier fand sich alles, was in der Kosmetikwelt Rang und Namen hat. Schließlich ließ ich mir ein Bad ein und entschied mich für das Badegel von Chanel. Dann spielte ich an den Knöpfen des weißen Badewannenradios herum, bis ich die Klänge von Welle Niederrhein vernahm. Es war herrlich in dieser Kingsizewanne. Ich kam mir vor wie im Luxushotel. In meiner Wohnung gab es nur eine enge Duschkabine mit Plastikvorhang. Unvermittelt drang die seriöse Stimme des lokalen Nachrichtensprechers durch meine Schaumblasen. Als hätte man mich ertappt, sprang ich aus der Wanne und drückte so lange auf den Sendersuchlauf des Radios, bis klassische Töne durch den Raum perlten. Zur Entspannung cremte ich mich mit der Bodylotion von Ghost ein und zog mich wieder an. Schließlich besichtigte ich die anderen Zimmer des Hauses, die, überwiegend in weiß gehalten, mit vermutlich teuren Designermöbeln ausgestattet waren. Im Parterre fand ich die Küche, weiß gefliest, allerdings war die Ausstattung des Kühlschranks eher mager. Ich stapelte Geschirr und alles, was mir essbar erschien, auf ein Tablett, kochte zwei Eier und eine Kanne Kaffee. Erwartungsvoll betrat ich mit meinem Picknick das Gästezimmer.

„Los Schlafmütze, aufstehen, der Zimmerservice ist da", alberte ich, aber sie rührte sich nicht. Den Großteil meines Frühstücks hatte ich schon verputzt, als es an der Tür klingelte. Neugierig lief ich nach unten, obwohl ich mir unsicher war, ob ich öffnen sollte. Vielleicht war es nur der Briefträger, aber wie sollte ich meine Anwesenheit begründen. Ich spähte durch ein Fenster und erstarrte. Vor der Haustür stand ein Polizist. Vor meinem inneren Auge lief ein Film ab: Ich sah den Radfahrer von gestern Nacht, und die tote Dame in ihrer Wohnung. Es klingelte erneut. Auf Zehenspitzen schlich ich zurück ins Gästezimmer. Felizitas war aufgewacht, sie saß auf dem Bettrand.

„Die Polizei steht vor der Tür", flüsterte ich zaghaft.

„Wieso, was wollen die?" fragte Felizitas empört „Hast du denen etwa aufgemacht?" Ich schluckte und konnte ihre Kaltschnäuzigkeit nicht fassen. Es klingelte ein weiteres Mal.

„Nein, ich habe nicht aufgemacht" sagte ich kleinlaut.

Felizitas zuckte die Schultern, „Kannst Du ja auch gar nicht, wir sind nämlich nicht zu Hause." Lächelnd hüpfte sie vom Bettrand.

„Ich zieh mich jetzt an. Du kannst den Mist hier mal wegräumen." Im Rausgehen deutete sie auf das Frühstück. Weil ich nicht wusste, was ich sonst tun sollte, stellte ich die Lebensmittel wieder auf das Tablett und brachte alles vorsichtig in die Küche. Es hatte aufgehört zu klingeln, die Polizei war anscheinend wieder weg. Nach einer Weile stand Felizitas fertig angezogen im Türrahmen und strahlte mich an, als wäre ein ganz normaler Tag, wie jeder andere.

„Hast du einen Kaffee für mich?" Ich schob ihr die Kanne hin. „Danke, sehr freundlich", sie zog eine Grimasse und holte sich einen Becher.

„Sollen wir einen Ausflug machen?" wollte sie wissen. Ich starrte sie an wie ein Gespenst.

„Was ist? Es ist vielleicht besser, wir sind nicht hier, falls unsere Freunde wiederkommen. Oder wolltest du die vielleicht zum Kaffee einladen?" Unwillig schüttelte sie den Kopf.

„Nein", seufzte ich. „Könntest du mich nach Hause fahren?"

„Nein", Felizitas sah mich lächelnd an, „mitgegangen, mitgefangen!" Dann knallte sie ihren Becher auf den Tisch und holte ihre Beuteltasche.

„So, kommst du jetzt mit?" Hätte ich doch nein gesagt!

Wir stiegen in den roten Golf, der ein Stück weiter weg geparkt war. Ich zuckte zusammen, als ich den röhrenden Hirsch auf dem Rücksitz erkannte. Felizitas lachte mich aus. Gerade als sie den Motor starten wollte, klopfte es an die Scheibe der Fahrertür. Felizitas kurbelte mit versteinertem Gesichtsausdruck das Fenster herunter.

„Darf ich mal Ihre Fahrzeugpapiere sehen?" Ich rutschte tiefer in meinen Sitz und wagte nicht, dem Polizisten ins Gesicht zu sehen. Felizitas öffnete ganz ruhig ihre Tasche, zog die Pistole heraus und schoß auf den Beamten, der keinen Meter von ihr entfernt war. „Wer dumme Fragen stellt..." murmelte sie ironisch, startete und raste los.

„Du bist wahnsinnig", kreischte ich. „Du hast ihn getroffen."

„Das will ich wohl meinen. Auf die Entfernung hättest sogar Du getroffen."

„Bitte, halt' an, ich will aussteigen!" heulte ich. Felizitas sah mich hochmütig an und sagte eiskalt: „Hier ist Halteverbot, da kann ich nicht anhalten."

Als wir über die St.-Anton-Straße brausten, glaubte ich, dass sie mich doch nach Hause fahren würde, aber dann waren wir auch schon aus der Innenstadt heraus und gelangten über die Kempener Allee auf die B 9. Ich hatte Angst und wollte wissen, wohin wir fuhren.

„Mensch Ingrid, bleib' doch mal locker!" Felizitas lachte gekünzelt: „Wie wäre es mit einem Einkaufsbummel in Venlo?"
„Bitte, laß mich raus", winselte ich.

„Hör' endlich auf zu jammern", schrie Felizitas. „Ich hab dir doch gesagt, mitgegangen, mitgefangen, mitgehangen."

„Aber das hat doch keinen Sinn. Wir sollten uns der Polizei stellen. Vielleicht ist der Polizist ja nur verletzt. Ich will gar nicht daran denken, dass ihm etwas Schlimmeres passiert sein könnte. Es war auf jeden Fall falsch, dass wir abgehauen sind." Noch nie in meinem Leben hatte ich solche Angst gehabt.

Felizitas warf mir einen verächtlichen Seitenblick zu. „Bist Du aber schlau! Du willst, dass ich mich stelle. Du wirst denen doch was vorheulen, dass du nicht geschossen hast."

„Nein Felizitas, das stimmt nicht!" Natürlich stimmte das, aber ich versuchte mich an einen Strohhalm zu klammern und hätte ihr alles versprochen, nur damit sie anhielt.

„Dann möchte ich mal hören, was du der Polizei zu sagen hast. Die sind nämlich schon hinter uns." Sie gab Gas, obwohl man auf diesem Stück nur siebzig fahren durfte.

„Felizitas, bitte, fahr nicht so schnell!" jammerte ich.

„Erst möchte ich wissen, was du der Polizei erzählen willst." Felizitas schien sich an meiner Angst regelrecht zu weiden und trat das Gaspedal weiter durch.

„Bitte, halt an!" flehte ich. Die Tachonadel zeigte einhundertsechzig Stundenkilometer an, als Felizitas die Hände vom Lenker nahm, sie vor der Brust verschränkte und sagte: „Wer nicht hören will, muß fühlen!"

Als ich aufwachte, lag ich in einem Raum mit weißen Wänden. Es war nicht das Gästezimmer im Haus von Felizitas, es war ein Krankenhauszimmer. Verschwommen nahm ich ein Gesicht war, aber dann schlief ich wieder ein. Mehrere Tage, nachdem ich aus meiner Bewusstlosigkeit aufgewacht war, brachte man mir schonend bei, dass ich die nächsten Monate im Rollstuhl zubringen müsste. Ich hätte auch mehrere Schnittverletzung und Prellungen, einige Rippen wären gebrochen, aber alles in allem hätte ich noch Glück gehabt. Niemand fragte mich, was passiert sei. Niemand schien sich für den Radfahrer oder die alte Frau und ihr Bild zu interessieren. Ich traute mich auch nicht, darüber zu sprechen. Einmal fragte ich nach Felizitas, aber niemand schien meine Frage zu hören. Dann besuchte mich ihre Mutter. Sie saß an meinem Bett, weinte und sagte kein Wort. Kurz bevor sie ging, fragte sie, ob ich gewusst hätte, dass ihre Tochter HIV positiv gewesen sei. Ich hatte es nicht gewusst.

Der Tod und die sieben Greislein

Wolfgang Kemmer

Wohlers hatte sich entschieden. Endlich. Es hatte lange gedauert und ihn eine Menge Überwindung gekostet, sich überhaupt erst mit dem Gedanken zu beschäftigen. Aber nachdem er ihn erst einmal zugelassen hatte, war es gar nicht mehr so schwer gewesen. Jetzt war er sich sicher, dass es keine günstigen oder ungünstigen Momente gab.

Damals, als Sissy den an einem Hirntumor erkrankten Ronstad verlassen hatte und zu ihm gezogen war, hatte er sich schließlich auch keine Gedanken darüber gemacht. Wenn man gehen wollte, musste man gehen und diesmal war eben Sissy die Leidtragende.

Er wollte es auf die klassische Art machen, hatte nur seine Papiere und die EC-Karte eingesteckt und ihr gesagt, er ginge Zigaretten holen. Er hatte diese Masche immer bewundert, obwohl er niemanden kannte, der jemals so etwas gemacht hatte. Wahrscheinlich gab es das nur im Kino.

Wohlers erinnerte sich an eine Detektiv-Geschichte, die er einmal gelesen hatte. Darin erzählt der Detektiv, der Lade oder Spade oder Shade oder so ähnlich heißt, seiner Geliebten von einem seiner Fälle.

Eine Frau hatte ihn beauftragt, nach ihrem spurlos verschwundenen Mann zu suchen. Er fand ihn. Der Mann war einfach ohne jede Vorankündigung verschwunden und hatte sein altes Leben hinter sich gelassen, nachdem er nur um Haaresbreite dem Tod durch zwei zufällig von einem Dach herabstürzende Balken entgangen war. Der Witz an der Geschichte, so wie Wohlers sie verstand, bestand wohl darin, dass der Mann Jahre später, als man ihn fand, woanders praktisch wieder genauso lebte wie zum Zeitpunkt seines Verschwindens.

Am Ende stellt sich dann heraus, dass die Geliebte des Detektivs die Mörderin seines Partners ist und der Detektiv liefert sie ans Messer. Wohlers verstand zwar den Zusammenhang zwischen der Mordgeschichte und der Geschichte mit den herabfallenden Balken nicht so ganz, aber die Sache mit dem Weggehen hatte ihn seitdem immer wieder beschäftigt. Und irgendwie hatte es Stil, fand er, einfach so wegzugehen, ohne ein Wort. Einfach spurlos verschwinden.

Wenn er noch länger wartete, bis das Kind erst einmal da war, würde es mit Sicherheit zu spät sein. Vermutlich käme er dann überhaupt nicht mehr dazu, seine Lage zu überdenken. Nein, nein, er musste gehen, jetzt, ehe es zu spät war. Er glaubte sonst zu ersticken.

Er nickte seinem Spiegelbild auf dem panzerglasbewehrten Eingang zur Bank noch einmal aufmunternd und wie zur Bestätigung zu. Dann führte er die EC-Karte in den Schlitz ein und betrat den Vorraum zur Schalterhalle, in dem sich der Geldautomat befand. Er wollte nur so viel abheben, wie er unbedingt brauchte, um wegzukommen, den Rest würde er für Sissy und das Kind dalassen.

Er wusste nicht einmal, ob es ein Junge oder ein Mädchen werden würde und wollte es auch gar nicht mehr wissen. Sissy war es, die das Kind gewollt hatte. Er hatte sich einfach nur zu schnell rumkriegen lassen.

Er hob 1.000 Euro ab und verstaute sie sorgfältig in seiner Brieftasche. Als sich die automatische Schiebetür hinter ihm schloss, sah er den Mann.

Er stand im warmen Nieselregen vor der Bank, ganz so als habe er auf ihn gewartet. Der Mann war groß und schien unnatürlich hager zu sein, denn der weite dunkle Anorak, den er trug, schlotterte erbärmlich um ihn herum.

Wohlers beschlich ein unbehagliches Gefühl bei seinem Anblick. Er überlegte, ob er ihn vielleicht schon beim Hineingehen in die Bank bemerkt hatte. Vielleicht hatte der Mann ihn ja schon länger beobachtet. Es war nicht einmal das Geld in seiner Tasche, das Wohlers beunruhigte. Es war etwas anderes, etwas, das er nicht greifen konnte. Vielleicht hing es damit zusammen, dass Wohlers den gleichen Anorak in den letzten Tagen öfter gesehen zu haben glaubte. Er wischte den Gedanken beiseite. Es gab sicher Hunderte von Männern, die so einen Anorak besaßen.

Der Mann kam langsam auf ihn zu. Wohlers blieb stehen und ließ ihn herankommen. Selbst als er unmittelbar vor ihm stand, konnte er sein von der Kapuze des Anoraks in Schatten gehülltes Gesicht nicht erkennen.

„Guten Abend, haben Sie vielleicht eine Zigarette für mich?" Er sprach leise, fast flüsternd und unglaublich langsam.

Wohlers hielt ihm das frisch gefüllte silberne Etui hin, das Sissy von ihrem Großvater geerbt und dann ihm zu seinem vierzigsten Geburtstag geschenkt hatte, weil er es immer so bewundert hatte.

Der Mann zögerte einen Moment, dann nahm er sich, ebenso langsam wie er sprach, eine von den filterlosen Zigaretten heraus.

Selbst als Wohlers ihm das Streichholz hinhielt, gelang es ihm nicht, einen längeren Blick auf das im Schatten liegende Gesicht des Mannes zu erhaschen. Er blies das Streichholz aus, noch bevor Wohlers es zurückziehen konnte, um auch noch seine eigene Zigarette damit anzuzünden.

„He", sagte Wohlers.

„Wir gehen jetzt da rüber zur Bushaltestelle", sagte der Mann langsam.

„Was, ich glaube, ich ..." Die Pistole, die sich ihm entgegenstreckte, ließ Wohlers verstummen. Er sah sich verzweifelt um. Es war keine Menschenseele mehr auf der Straße.

„Wir gehen jetzt da rüber zur Bushaltestelle", wiederholte der Mann.

Wohlers ging vor. Der letzte Bus war längst schon abgefahren. Wohlers hatte vorgehabt, sich von der nächsten Telefonzelle aus ein Taxi zu bestellen. Der Mann bedeutete ihm mit der Pistole, in den dunklen, im Blockhausstil zusammengezimmerten Unterstand hineinzugehen. Die drei Wände des zur Straße hin offenen Regenschutzes waren mit schmalen Bänken bestückt.

„Setzen Sie sich!"

Wohlers nahm vor einer der kurzen Seitenwände Platz. Der Mann blieb stehen. Wenn er an der Zigarette zog, glaubte Wohlers bei dem kurzen Aufglimmen die Augen des Mannes zu sehen, die ihn kalt fixierten.

„Ich werde Ihnen jetzt eine kleine Geschichte erzählen", sagte der Mann. „Sie haben doch ein bißchen Zeit oder nicht?"

Die Frage klang nicht einmal spöttisch, dachte Wohlers. Vielleicht wollte der Mann ja gar kein Geld, sondern war nur irgendein Verrückter, dem die Frau weggelaufen war und der sich jetzt bei ihm ausheulen wollte.

„Sie haben doch Zeit oder nicht?", fragte er noch einmal, als Wohlers nicht sofort antwortete.

„Ich habe jetzt wieder alle Zeit der Welt", sagte Wohlers. „Aber können Sie nicht vielleicht dieses komische Ding da wegstecken? Ich verspreche Ihnen auch, ganz bestimmt nicht davonzulaufen, bevor Sie Ihre Geschichte zu Ende erzählt haben."

„Es ist eine Art Märchen", sagte der Mann und warf die Zigarettenkippe achtlos hinaus in den Nieselregen. „Das Märchen vom Tod und den sieben Greislein."

Er ist wirklich verrückt, dachte Wohlers, ein armer irrer Märchenerzähler. Er lehnte sich zurück, zog ohne sich weiter um die Pistole des Mannes zu scheren das silberne Etui aus der Tasche und zündete sich eine an.

„Ja, machen Sie sichs nur bequem", sagte der Mann und setzte sich nun selbst auch vor die Rückwand, so dass er Wohlers sein Gesicht im Profil zugewandt hätte, wäre die Kapuze nicht gewesen.

„Es waren einmal sieben Greislein", begann er dann ohne weitere Einleitung. „Sie lebten in einer kleinen Stadt und hatten schreckliche Angst, denn es hieß, der Tod gehe in der Stadt um, und sie waren alt genug, um bald an der Reihe zu sein. Sechs von den Greislein sagten sich, lasst uns Feste feiern und den Rest unseres Lebens in Saus und Braus verbringen, bevor es zu spät ist. Das siebte Greislein aber suchte nach einem guten Versteck, um dem Tod zu entgehen.

Da sah es einen Sarg und sagte sich: Wenn ich mich da hineinlege, wird der Tod mich sicher nicht finden. Dort wird er mich nicht vermuten, denn er sucht ja nach Lebenden, die er holen kann. In Särgen aber gibt es nur Tote.

Während es also bewegungslos im Sarg lag und sich sicher fühlte, schwelgten die anderen sechs Greislein in einer letzten hemmungslosen Orgie. Die Angst vor dem Tod ließ sie alle Rücksichten außer Acht lassen, denn jeder Augenblick konnte ja ihr letzter sein. So machten sie es dem Tod denn auch einfach, sie zu finden, indem sie ihm gleichsam ein Stück weit entgegengingen.

Zwei der Greislein fraßen sich zu Tode, zwei soffen sich zu Tode und eines holte der Tod auf einem Freudenmädchen. Das sechste Greislein, das nun noch übrig war, hatte allein jedoch keine Lust mehr weiter zu feiern. Da besann es sich des siebten Greisleins, das einst unter ihnen gewesen war und fing an nach ihm zu suchen. Aber so sehr es auch danach suchte, es fand nirgendwo mehr ein Greislein.

Da schlug es sich schließlich an die Stirn und sagte zu sich, kein Wunder, wenn ich es nicht finde, wahrscheinlich hat es auch schon längst der Tod geholt. Und es ging auf den Friedhof, um die Gräber zu zählen. Aber es gab nur fünf frische Erdhügel.

Da wusste es nicht mehr weiter und ging in ein Sarggeschäft, um für sich selbst einen Sarg auszusuchen, denn es war nun des Lebens langsam müde und die Einsamkeit verstärkte seine Ermattung noch.

Es hieß den Ladenbesitzer alle Särge aufdecken, um zu schauen, in welchem es wohl am bequemsten auf den Tod warten könne.

Da fanden sie in einem der Särge das siebte Greislein, das nun, da der Deckel gehoben wurde, fürchtete, der Tod hätte es endlich doch gefunden. Und vor Schreck starb es."

Der Mann im Anorak hörte abrupt auf zu reden und stand auf.

Wohlers wartete, aber die Geschichte war offenbar zu Ende und der Mann schien ihr auch nichts mehr hinzufügen zu wollen. Wohlers überlegte. Es kam jetzt darauf an, den Mann nicht unnötig aufzuregen.

„Ich glaube, ich habe Sie verstanden", sagte er, als die Stille undurchdringlich zu werden drohte. „Sie sind der Mann, der dem Tod als einziger von der Schippe gesprungen ist. Sie haben wahrscheinlich schon eine Menge durchgemacht in Ihrem Leben und jetzt stehen Sie hier mit der Pistole vor mir und brauchen Geld."

Wohlers hatte das Gefühl, dass er die Sache gar nicht so schlecht anfing. „Nein, nein, Sie brauchen sich nicht dafür zu entschuldigen. Ich verstehe Sie sehr gut. Und ein wenig passt die Geschichte auch auf meine Situation. Ich bin gerade dabei, mich aus meinem Sarg zu befreien und wieder das echte Leben zu suchen. Sie wissen schon, was ich meine: carpe diem. Und auch ein bisschen: lebe wild und gefährlich." Wohlers versuchte es mit einem kleinen, gekünstelten Lachen. „Ich gebe Ihnen gerne was von meinem Geld. Wissen Sie, ich werde selbst gar nicht so viel brauchen. Ich brauche nur ein bisschen was, um von hier wegzukommen. Das ist alles, was ich will."

Er wartete. Der Mann schwieg.

„Wieviel wollen Sie denn? Reichen Ihnen dreihundert Euro?" Wohlers hielt das für ein großzügiges Angebot.

Der Mann schwieg. Als auf der Straße ein Taxi vorbeiraste, glaubte Wohlers beim Licht der huschenden Scheinwerfer für einen Moment wieder seine kalt blitzenden Augen zu sehen.

„Ich kann Ihnen gerne auch vier- oder fünfhundert geben, wenn Sie wollen", sagte Wohlers schnell.

„Sie irren sich", sagte der Mann heiser. „Sie haben gar nichts verstanden. Ich will Ihr Geld nicht."

„Aber dann lassen Sie mich doch endlich in Frieden! Was wollen Sie denn dann von mir?"

„Sie sind spät dran", sagte der Mann. „Der letzte Bus ist längst abgefahren und Taxi werden Sie auch keines mehr kriegen."

„Na und, das ist ja schließlich mein Problem."

„Sie wissen offenbar immer noch nicht, wer ich bin", sagte der Mann. Er zog mit einem Ruck die Kapuze zurück.

Wohlers erschrak vor dem bleichen, blanken Schädel und der schrecklichen Operationsnarbe.

„Meine Geschichte ist noch nicht zu Ende", sagte Ronstad und hob die Pistole. „Der Tod holt auch noch das letzte Greislein."

Blinde Spiegel

Wolfgang Burger

Das Messer ist schwer. Es ist ein gutes, teures Messer. Eine dicke Klinge, sicher zwei Handbreiten lang, ein kräftiger Holzgriff. Ein zuverlässiges Werkzeug. Obwohl schon ein paar Jahre alt und viel in Gebrauch, fast ohne Beschädigung. Solingen steht auf der Klinge, zwei gekreuzte Schwerter. Der Stahl ist vollkommen blank und jetzt auch nass vom Spülwasser, ein perfekter Spiegel. Er wendet es langsam hin und her und beobachtet die zuckenden Lichtreflexe. Irgendein Chrom-Molybdän-Stahl, geschmiedet natürlich. Nur in der Oberfläche gehärtet, damit er zäh bleibt. Langsam legt er das Messer ins Spülwasser zurück, obwohl es schon sauber ist, und beginnt, die Teller abzuwaschen. Langsam und gründlich. Penibel, wie sie sagen würde. Aber sie sieht es nicht. Sie sitzt mit dem Rücken zu ihm auf einem Stuhl am Esstisch, die Beine hochgelegt, sieht durch die Balkontür nach draußen und summt vor sich hin. Dieses gemeinsame Abendessen gehört dazu, seit Jahren. Tagesausklang, Abstand gewinnen, Ruhe finden. Heute ist alles anders: Bernauer ist vom Auftrag zurückgetreten.

Sie sieht nicht nach draußen. Draußen ist es längst dunkel. Sie beobachtet ihn im spiegelnden Glas der Balkontür. Er hat ein Problem. Und, wie immer, er redet nicht drüber. Männer reden ja immer nur über Erfolge, nie über Probleme. Sie muss warten. Wenn sie ihn darauf anspricht, gibt er eine ausweichende oder grobe Antwort und sagt erst recht nichts. Unten fährt ein Auto vorbei, im Schritttempo, auf Parkplatzsuche. Es scheint ein bisschen zu regnen. Sie hätte ihm ja auch was zu erzählen, das mit Harald. Aber heute nicht, obwohl sie es versprochen hat, nein heute nicht. Er hat schon Probleme genug, da kann sie nicht auch noch ... Nein, besser morgen. Jetzt nimmt er schon zum zweiten Mal dieses schreckliche Ding aus dem Wasser, dieses Angebermesser. Sie selbst benutzt es nie, hat geradezu Angst davor, nimmt lieber das kleine mit dem braunen Holzgriff, aber er schneidet selbst Petersilie mit diesem mörderisch scharfen Riesending. Wie er aussieht, so nachdenklich. Es muss ein großes Problem sein.

Bernauer hat zweimal gemahnt und Termine gesetzt. Jetzt ist nichts mehr zu machen. 200 Takte pro Minute hatten sie zugesagt. Schon bei 160 kriegen sie Probleme mit den Toleranzen, und bei 180 fliegen ihnen die Teile aus den Spannzangen. Es sollte der Auftrag seines Lebens sein, der Durchbruch, aber sie haben's vermasselt. 870.000 Mark an Vorinvestitionen sind hin. Die Firma ist hin, das Haus, das Auto, alles. Und er muss es ihr sagen, und er kann nicht. Warum? Kann er nicht als Geschäftsmann alles, hat er nicht alles gekonnt? Kann er nicht vor zig Leuten sprechen, sie überzeugen von Dingen, an die er selbst nicht glaubt, sie auf eine Seite ziehen, auf der er selbst nicht steht? Aber sie sagt ihm ja auch nicht alles. Schon zum dritten Mal war sie nicht in ihrer Boutique, als er abends angerufen hat. Lieferantengespräche, um halb acht! Das Messer gibt einem ein seltsames Gefühl, es liegt in der Hand, als sei es genau für diese eine Hand gemacht, als wäre nichts anderes denkbar, als dass es in dieser Hand liegt, als sei es gar nicht existent, wenn es die Hand dazu nicht gäbe. Von einem solchen Griff kann man nicht abrutschen, auch wenn man beim Schneiden mit Kraft auf Widerstand stößt. Diese Klinge wird nicht brechen, wenn sie auf Knochen trifft. Und sie schneidet Fleisch wie Sahnetorte. Wo sie angeschliffen ist, da ist sie matt, ein paar Millimeter nur, eine feine Textur, ein präziser, handwerklich perfekter Schliff. So eine scharfe Messerklinge ist vorne nur wenige Mikrometer dick, der zehnte Teil eines menschlichen Haars vielleicht. Wenn man versehentlich drankommt, hat man sich schon geschnitten.

Er macht ihr Angst, wie er so dasteht und auf das Messer starrt. Sie müsste jetzt etwas sagen. Aber was? Etwas Banales, was für ein Wetter, wie war Dein Tag? Nein, das lieber nicht. Sie ahnt ja, wie sein Tag war. Es gibt ein Problem mit der Firma, andere Probleme kennt er ja nicht, und es ist ein verdammt großes Problem. Die Scheibe beschlägt, sein Spiegelbild ist jetzt undeutlich, verschwommen. Sie beschlägt vom dampfenden Spülwasser. Nie hat sie verstanden, wie er in dieses heiße Wasser greifen kann, und warum zum Teufel es so heiß sein muss. Vielleicht will er ihr und sich immer wieder beweisen, was er ertragen kann. Noch niemals hat er geweint in ihrer Gegenwart. Und immer noch hält er das Messer in der Hand. Es müsste gar nicht gespült werden, wenn er ihr vorhin nicht geholfen hätte, beim Tomatenschneiden. Tomatensalat mit Basilikum, ohne Mozzarella, wegen der Kalorien.

Die Haut an seiner Hand ist schrumpelig vom Spülwasser, die Nagelränder ganz weiß. Auch die Finger lassen inzwischen erkennen, dass er gerne isst und die Vierzig lange hinter sich hat. In der Klinge kann er seine Augen sehen. Stahlblau, entschlossen, hart. Nein, heute nicht hart, bitter. Wenn er wenigstens etwas ins Ausland geschafft hätte, oder allen Privatbesitz an sie überschieben, wie es alle machen. Aber er hat ja nie den Gedanken zugelassen, dass es schief gehen könnte. Wer an so etwas denkt, hat schon verloren, der kann keinen Erfolg haben, davon war er immer überzeugt. Immer alles auf eine Karte, immer volles Risiko, er war ja so jung und so stark, wozu Vorsicht, wozu Altersvorsorge? Mit 55 wird der Krempel verkauft und dann ab auf die Bahamas, das war sein Spruch, immer. Jetzt ist er 47, hat ein Messer in der Hand und betrachtet seine Augen im Spiegel der Klinge. Das Bild ist plötzlich undeutlich, verschwommen, als ob das Messer nicht ganz sauber wäre, obwohl es schon viele Minuten im Wasser liegt und er es schon dreimal abgewischt hat.

Sie bemerkt, dass sie aufgehört hat zu summen. Jetzt müsste er die Töpfe spülen, als letztes, aber er tut es nicht. Wie viele Sekunden hat er sich schon nicht mehr bewegt? Immer hat er gesagt, eine Spülmaschine lohnt sich doch nicht für uns zwei. Abends zusammen Kochen und Abspülen, das ist doch schön. Man plaudert ein bisschen, tut was mit den Händen, was einfach ist, was keine Probleme macht, das entspannt. Wozu eine Maschine für zwei Teller, zwei Bestecke, ein, zwei Schüsseln? Irgendwann sind sie dann auf die Arbeitsteilung gekommen: Einer kocht, einer spült, immer abwechselnd. Heute hat sie Tagliatelle gemacht, mit der Lachssauce, die er so gerne isst. Obwohl er mit Sahnesaucen vorsichtiger sein sollte, jetzt, von der Seite, sieht man es besonders deutlich. Aber er ist immer noch eine imponierende Gestalt, ja, wenn man bloß mit ihm reden könnte. Sie öffnet den Mund, holt Luft, schließt ihn wieder, will wieder summen, weil sie die Stille nicht erträgt, aber ihre Stimme funktioniert nicht, sie fühlt ohne es zu versuchen, dass sie krächzen würde, und wagt nicht, sich zu räuspern.

Der Griff seiner Hand ist jetzt eisenhart. Wasser wird zwischen den Fingern hervorgequetscht, tropft hörbar ins Becken, die Knöchel treten weiß hervor, die Klinge beginnt zu zittern, das Bild darin wird immer undeutlicher, und plötzlich kann er seine Augen nicht mehr sehen.

Die Lesung

Jan-Frederik Carl

„Es war eine kalte, stürmische Winternacht. In den kümmerlichen Sträuchern auf der Heidelandschaft um G. hing feiner, weißer Reif, der fast wie gerieselter Zuckerguß auf einem Tortenbelag aussah, hätte ihn der strenge Nord nicht immer wieder mit heftigen Stößen aufgewirbelt und über die ringsherum liegende Ebene verstreut. Auf einer kleinen Erhebung mitten in dieser düsteren Gegend stand das Haus derer von Murksfeld, ein schöner, wenn auch altmodischer Bau im Jugendstil. Es lag wie ein schwarzer, aufgereckter, dösender Riese in all dem Weiß; nur ein schwaches Leuchten von einem Fenster auf der Westseite des Gebäudes zeugte davon, daß hier noch Leben war und noch einer wach. Frau von Murksfeld, die Hausherrin war es. Sie saß allein in ihrem Wohnzimmer und las in einem Gedichteband, offenbar von einem deutschen Dichter geschrieben, vielleicht von Eichendorff, oder von Mörike, wir konnten es aus der Entfernung nicht genau erkennen; aber die Worte schienen ihr zu gefallen, denn sie wandte nicht ein einziges Mal den Blick ab und auf zu dem unwirtlichen Tosen, das sie umhüllte, das ihr jedoch in diesen festen Mauern, so gern es wollte, nichts anhaben konnte."

Tassilo von Helmrad-Knarre, der bekannte Kriminalschriftsteller, machte eine Spannungspause. In die entstehende Stille hinein sah sich Inspektor Georg Brüning kurz suchend um. Er hoffte in dem Gedränge um ihn herum Emilia zu entdecken, seine Frau, die sich vor der Lesung von ihm getrennt hatte, um in dem der Buchhandlung gegenüberliegenden Supermarkt noch etwas für nachher zum Abendessen einzukaufen, aber entweder Emilia hatte sich in der „Alli"-Filiale doch länger aufgehalten, als sie versprochen hatte, oder ihr kleiner Körper wurde von irgendeinem bulligen 1,90-Hünen so verdeckt, daß sie ihm unsichtbar blieb, er konnte sie jedenfalls nicht entdecken. Der Laden war brechend voll und so stickig, daß Brüning schon jetzt in seiner Herbstjacke zu schwitzen begann. Er hatte schon davon gehört, daß Helmrad-Knarres seltene Lesungen gut besucht waren, aber daß er kaum Platz haben würde, um sich auch nur am Ohr zu kratzen, damit hatte er nicht gerechnet. Wenigstens entschädigten die schönen blauen Kerzen, die überall auf hohen

Ständern leuchteten, mit ihrem feierlichen, ruhigen Licht für die drangvolle Enge.

„*...sie für einen Moment das Buch aus der Hand legte, um einen Schluck aus dem Weinglas neben ihr auf dem Beistelltisch zu trinken, fiel ihr Blick auf die kleine Schnittwunde an ihrem freien rechten Unterarm...*" Brüning drehte sich erschrocken um, so daß er eine kleine blonde Frau vor ihm anstieß, die ihm daraufhin einen ärgerlichen Blick zuwarf. Verdammt, er war ins Nachdenken geraten, und hatte den Fortgang der Lesung verpaßt. Bei diesen Veranstaltungen mußte man sich aber auch so sehr konzentrieren! Na, seine Idee war es nicht gewesen, hierherzukommen, sondern Emilias; wiewohl auch er ein begründetes Interesse daran hatte, den Autor live zu erleben.

„*...nur ein ärgerlicher kleiner Unfall. Fritjof war so ungeschickt gewesen mit dem Küchenmesser, daß er ihr aus Versehen eine Schnittwunde zugefügt hatte, als er die Tomaten aufschneiden wollte. < Claudia >, hatte er gesagt, < das tut mir wirklich leid. Ich bin abgerutscht...warte, ich hole dir ein Pflaster, ich mache das gleich wieder gut...> Er war so lieb, so fürsorglich gewesen, und sie mochte doch sowieso kaum böse sein, so ein guter, ein zuvorkommender Ehemann er immer war....*" Aha, er hatte sie also aus Versehen mit dem Küchenmesser verletzt. Wie sollte sich denn daraus eine Kriminalgeschichte entwickeln? Brüning gefiel der Anfang nur mäßig, vor allem die einleitenden Worte, die von Winter und Sturm handelten, waren ihm doch sehr bekannt vorgekommen aus Groschenheftchen und Zeitschriften, und es wunderte ihn, daß ein so bekannter Autor einen solchen Stil verwendete, um sein Werk zu beginnen. Doch wer konnte sich ein Urteil über Helmrad-Knarre erlauben? Sein erzählerischer Ruhm hatte sich bereits über die Grenzen von Köln und Deutschland hinaus verbreitet, über seine literarischen Techniken konnte man schon in gelehrten Büchern nachlesen, eine Universität hatte ihm die Ehrendoktorwürde zuerkannt, was wußte man schon, welch findige Methode ein solcher Meister seines Fachs anwandte, um seinen Kriminalgeschichten das rechte Flair zu geben? Vielleicht ironisierte er die abgedroschene Erzählweise der schriftstellerischen Winkeladvokaten? Vielleicht hatte er verborgene Kraft in ihnen entdeckt, den Leser in neue literarische Perspektiven einzuführen? Wer wußte das? Brüning hätte diesen knapp fünfzigjährigen Mann da oben auf der Bühne bewundern mögen – wäre da nicht diese andere Sache gewesen, die ihn wie einen Spürhund an ein fliehendes Beutewild gekettet hatte. Aber das war lange her.

„....war schon längst wieder verheilt, der Schnitt fest geschlossen, das Pflaster wieder von der Haut gelöst. Ein kleiner, unwichtiger Unfall, mehr nicht. Ihre Gedanken gingen zu Fritjof über, der heute morgen hinunter nach Zürich gefahren war, um einige geschäftlich Dinge zu erledigen. Sie vermißte ihn, obgleich sie wußte, daß er bereits übermorgen zurückkehren würde. So sehr liebte sie ihn! Ihr Liebe war frisch, obgleich schon mehr als zehn Jahre alt, diese ungleiche Liebe zwischen einer begüterten Frau und einem ehrgeizigen, aber mittellosen Aktienhändler aus kleinen Verhältnissen."

Brüning stutzte leicht. Holla, diese Worte erinnerten ihn doch stark an eine ganz reale Sache, in der er höchstpersönlich zu tun gehabt hatte....und in die auch dieser Mann dort auf der Bühne verwickelt gewesen war! Erzählte Helmrad-Knarre den unwissenden Zuhörern vielleicht seine eigene Geschichte?

Nun, ganz unwissend waren sie möglicherweise nicht; schließlich hatte der Fall vor Jahren einige Aufmerksamkeit erregt. Helmrad-Knarres Ehefrau Luzia, eine schöne, reiche Italienerin aus adligem Hause, war am Morgen des 4. Januar 1987 tot in ihrer Wohnung aufgefunden worden. Er selbst, Kriminalinspektor Brüning von der Kölner Mordkommission, war polizeilicherseits mit der Sache befaßt worden, hatte aber bei seinen Ermittlungen nichts Verdächtiges feststellen können. Die Frau war einfach...*eingeschlafen.* Man hatte sie aufrecht sitzend in ihrem Wohnzimmer gefunden, ein Buch neben sich, einen Telefonhörer noch in der erbleichten linken Hand, und alles, was an dieser hübschen Szenerie nicht stimmte, war die Tatsache, daß Luzia Helmrad-Knarres Herz aufgehört hatte zu schlagen. Sogar der Herzschrittmacher, den sie wegen angeborener Beschwerden damals schon seit Jahren tragen mußte, hatte einwandfrei funktioniert. Nur das Herz wollte offenbar dem Leben der schönen Italienerin ade sagen, das machte keinen Mucks mehr.

Und hatte nicht auch Helmrad-Knarre kurz vor dem Tode seiner Frau die Stadt verlassen? Er war mit dem Intercity nach München gereist, zu einem Kongreß des PEN, auf dem er einen Vortrag über die Kunst der Kurzgeschichte halten sollte, und hatte deswegen, wenn er es überhaupt gebraucht hätte, für den Todestag seiner Frau ein perfektes Alibi. Dabei hätte er, wie Brüning bei kleineren Nachforschungen herausfand, durchaus ein Motiv gehabt, um seine Frau vom Leben zum Tode zu befördern. Man munkelte von Spiel- und Wettschulden, die er heimlich vor sich hergetragen hatte, offenbar schon recht ernst bedrängt von mehreren zwielichten Gläubigern, denen er nunmehr aber, da als Alleinerbe seiner Frau eingesetzt, leicht Abhilfe verschaffen konnte; man sprach auch von Streit mit seiner Gattin über diese Schulden und davon, daß sie keineswegs gewillt gewesen war, ihm mit ihrem Gelde aus der Patsche zu helfen, der zu dieser Zeit noch weit weniger erfolgreich und finanziell abgesichert gewesen war; man erzählte sich also so einiges, daß stark für eine Ermordung der Luzia durch die Hand des Schriftstellers sprach, aber ihm war auf Pech und Schwefel nichts nachzuweisen gewesen. Der Tod seiner Frau war nun mal ein Tod, wie er alle Tage vor kam. Ein Herz, das schon von Kindesbeinen an schwächlich und anfällig gewesen war, gab, ohne jeden bemerkenswerten Anlaß, einfach so den Geist auf. Man mußte das akzeptieren. Dahinter waren keine dunklen Schliche zu entdecken.

Brüning merkte, wie sich seine Erinnerungen an diesen alten Fall machtvoll in sein Bewußtsein schoben und das Gehörte überlagerten. Er meinte, zwei Geschichten parallel vor sich ablaufen zu sehen: eine fiktive und eine reale, und je länger er lauschte, desto mehr faszinierte es ihn, sie mit einander zu vergleichen und auf Gemeinsamkeiten und Unterschiede zu untersuchen. Tief versunken hörte er zu, die Menschen um sich herum, die stickige Luft und die Kerzen hatte er völlig vergessen.

„...Der Wind draußen nahm zu, und sein unablässiges Heulen ließ Claudia von Murksfeld leise erschauern. Wie gut, daß sie hier drinnen geborgen und in Sicherheit war. Um keinen Preis der Welt hätte sie sich jetzt in diese schauerliche Öde hinausbegeben mögen. Daß ihr Haus aber auch so einsam dalag, weit entfernt von den Häusern in G.! Aber ach, sie selbst hatte ja das Anwesen nie aufgeben wollen, immer an der Tradition ihrer alten Familie gehangen, und allen Bitten Fritjofs widerstrebt, der mit ihr nach Nürnberg, nach Fürth ziehen wollte, oder gar nach München."

Also auch aus einer alten Familie, diese Claudia. Er sah sich wieder einmal um, aber Emilia war weit und breit nicht zu sehen. Zum Kuckuck, wo blieb sie denn nur? Er wollte sie so gerne an seiner Seite haben!

„Gedankenverloren nahm sie wieder das Buch zur Hand, doch irgendeine kaum wahrnehmbare Unruhe hinderte sie daran, sich wie zuvor auf die Verse zu konzentrieren, und sie stellte es bald wieder in das Bücherbord hinter dem Sofa zurück. Was nun? Fernsehen? Die Küche aufräumen? Ohne Fritjof war es langweilig."

Helmrad-Knarre räusperte sich, und Brüning nahm die Unterbrechung wahr, ihn genauer in Augenschein zu nehmen. Das Licht der Kerzen wiederstrahlte auf seinem gebräunten, noch kaum faltigen Gesicht, das von vielem Nachdenken, aber auch von Tat und Abenteuer zeugte. Der dunkelbraune, korrekte Schnurrbart, die über beide Schultern fallenden Haare und der Ohrring gaben ihm das Aussehen eines Lebemannes, die kleinen, blauen Augen, die wie blasse Seen über der Nase lagen, und die hohe Stirn eher die Attitüde eines Hochschuldidakten. Seine Kleidung war korrekt, entbehrte aber nicht jener gewissen Nachlässigkeit, die allen Künstlern eigen ist und mit der sie ihre Freiheit von jedem kollektiven Zwang dokumentieren; und seine Birkenstocksandalen sollten wohl den jugendlichen Protest verkörpern, den sich auch der gealterte Dichter noch in allen Behaglichkeiten des Lebens, in aller Angepaßtheit ans „System" bewahrt hatte.

Helmrad-Knarre fuhr fort zu lesen.

„Ein plötzliches leichtes Unwohlsein brachte sie dazu, sich wieder auf das Sofa niederzusetzen, und unwillkürlich faßte sie mit der rechten Hand an ihre Brust. Ihr Herz – regte es sich wieder, machte es Schwierigkeiten? Sie hatte ein schwaches Herz, aber seit Monaten keine Probleme mehr damit gehabt, es konnte doch nicht...tatsächlich, es fühlte sich irgendwie schwer an, fast dumpf, und doch konnte da nichts Ernstes... Die Medikamente lagen ungebraucht im Badezimmerschrank...

Plötzlich geschah es. Mit einem gewaltigen, unvorbereiteten Ruck raste ihr Herz kurz auf – und kam dann zum Stillstand. Claudia von Murkwitz, panisch vor Entsetzen, erhob sich halb von ihrem Sofa, griff mit beiden Händen an ihren linken Busen, als könne sie durch puren Druck das Organ zum Weiterpochen zwingen, setzte sich dann kraftlos wieder nieder, hob noch den Blick flehentlich zum Himmel – und verschied. Tosender Wind, der sich fast zum Orkan erhob, begleitete ihr stilles Sterben, und während die Fensterscheiben in allen Tonlagen klirrten, entfuhr dem starren Mund der Hausherrin kein einziger Seufzer mehr."

Der Schriftsteller machte erneut eine Pause und hob den Blick, um die Reaktion des Publikums auf diesen dramatischen Höhepunkt seiner Erzählung zu prüfen. Gespannte Stille umgab ihn. Auch Brüning hielt fast den Atem an, die Erinnerungen dröhnten auf ihn ein wie Paukenschläge, und in diesem Moment begegnete sein Blick dem Helmrad-Knarres.

Zum Donner, was vermeinte er in diesen unergründlich blassen Augen zu lesen? Belustigung? Schadenfreude? Herausforderung? Vielleicht alles zusammen? Oder hatte er nur Halluzinationen? Kam es ihm nur so vor, als lächele der Vorleser ganz unmerklich, als wollte er sagen: sieh, Freund, so führe ich dich ein zweites Mal an der Nase herum?

Er wich dem Blick des Dichters aus, sich weitere Details des „Falles" ins Gedächtnis zurückrufend. Helmrad-Knarres Frau war bei einem Telefongespräch gestorben. Ein Bekannter hatte sie gegen 17 Uhr angerufen, um sie zu einem Abendessen am Wochenende einzuladen, und just während dieses Telefonates hatte Luzias Herz aufgehört zu schlagen. „Ich komme gerne, Gerald" hatte sie noch gesagt, „und..." – dann habe sie nur noch geschwiegen, und ihr unheimliches Schweigen habe er mit keinem Wort mehr aufzuheben vermocht, gab Gerald Luther, der Freund, Brüning zu Protokoll. Dieser Umstand war es gewesen, der Brüning so gestört hatte. Bei Anruf Tod – das schien so künstlich, so gestellt, das erinnerte ihn so sehr an Kriminalfilme, in denen die Opfer auch ausgerechnet beim Telefonieren ums Leben kamen – sei es durch einen heimlich heranschleichenden Meuchler, sei es durch geheime Vorrichtungen, die den Tod auf raffinierte Weise herbeiführten. Er hatte Helmrad-Knarre hart zugesetzt damals – obgleich der natürlich ein hieb- und stichfestes Alibi gehabt hatte. Er war fast zu weit gegangen. Dies hatte ihm der Schriftsteller nie verziehen, glaubte er.

Er folgte weiter der Geschichte, in der ein gewitzter Kommissar die Ermittlungen aufnahm und allerlei Ungereimtheiten in dem scheinbaren Unfalltod der Murkwitz feststellte. So hatte sie zwar ein von Natur aus schwaches, aber seit Jahren tadellos funktionierendes Herz besessen, und ihr Arzt hatte ihr noch vor einem Monat eine ausgezeichnete Gesundheit bescheinigt. Der Beamte fand heraus, daß Fritjof Murkwitz einen Haufen Schulden gemacht und außerdem seine Frau hinter ihrem Rücken dreimal betrogen hatte. Wenn sie es herausfand, war alles aus, und er blieb auf seinen Schulden sitzen. Der Kommissar trieb Murkwitz in die Enge, konnte ihm aber zunächst nichts nachweisen.

„<Machen Sie sich darauf gefaßt, Herr von Murkwitz, ich kriege Sie ans Schlafittchen. Sie haben Ihre Frau heimtückisch ermordet, darauf würde ich mein ganzes Haus verwetten, und früher oder später finde ich den Hinweis, der mir beweist, daß Sie bei der Sache Ihre Finger im Spiel hatten.>

<Nur zu, Kommissar, tun Sie sich keinen Zwang an. Ich wüßte zwar nicht, wie Sie das anstellen wollen, aber bitte – schnüffeln Sie ruhig weiter! Ich habe meine Frau nicht ermordet, ich habe ein reines Gewissen.>

<Das werden wir ja sehen.>"

Brüning merkte, wie ihm der Schweiß in dünnen Fäden die Stirn herunterrann. Als erzähle Helmrad-Knarre ihre eigene Auseinandersetzung nach – kein Zweifel, diese Worte bedeuteten eine späte Rache an seinen unangenehmen Fragen.

Die Parallelen nahmen Überhand, man konnte sie unmöglich noch ignorieren. Die Frau aus begütertem Hause, deren Mann Schulden hatte. Das schwache Herz. Der Abend allein zu Haus, nachdem der Gatte tags zuvor die Stadt verlassen hatte. Der Herzstillstand aus heiterem Himmel. Nur das Telefongespräch, das Luzia zum Zeitpunkt ihres Todes geführt hatte, fehlte in Helmrad- Knarres Fiktion.

Und wieder fühlte er die Augen des Autoren auf sich lasten, auch wenn er ihm nicht direkt ins Gesicht sah. Er fühlte die vielen kleinen Blicke, den unterschwelligen Augenaufschlag, sah, daß der Mann sich in seine Richtung gedreht hatte, daß seine dünnen, knochigen Knie direkt auf seinen Körper deuteten, als seien es Dolche, zum Wurfe gezückt. Er bemerkte das konstante Lächeln auf dem Gesicht des Intellektuellen, die Lamoryanz, die Lust, mit der er jedes Wort betonte, eine herausfordernde, wütende Lust, die in jede Silbe die eigene Erinnerung an Vorgänge des eigenen Lebens legt, und diesen seltsamen, dunklen Zorn, daß ein Polizeibeamter es gewagt hatte, in etwas geschickt Verborgenem, Intimen herumzuwühlen, indem er ihn über sein Alibi zur Todeszeit befragt hatte. Brüning wollte fast im Boden versinken. Er meinte, das ganze Publikum sei Zeuge ihres stummen Zweikampfes, richte die Augen auf die Duellanten und erwarte den nächsten Stoß.

„*<Aber wie zum Teufel hat er es angestellt? Die Frau ist einfach gestorben, und bei ihrem Tode war ihr Ehemann hunderte von Kilometern entfernt. Kommissar, er kann es nicht angestellt haben, und wenn Sie sich die Hand abschneiden lassen!>*

<Ja, ja, wie zum Teufel hat er es angestellt. Das, Doktor, müssen wir herausfinden.>"

Wie hatte Helmrad-Knarre es angestellt? Aber um Gottes willen, dies alles mußte ein böser, surrealer Traum von Dali sein! Dieser Autor hatte niemanden umgebracht! Was er da vorlas, war bloß eine Kriminalgeschichte, und kein Tatsachenbericht, und auch wenn es sein mochte, daß er biographische Fakten hineingewoben hatte, hieß das noch lange nicht...Brüning, reiß dich zusammen! Der Mann dort oben liest eine spannende Story vor, weiter nichts!

Weiter nichts?

„*Nachdenklich betrachtete der Kommissar den rötlichen Strich an der Hand der Leiche. Ein Schnitt. Mit einem Messer offensichtlich. Konnte das zu etwas führen?*

<Doktor, bitte untersuchen Sie diese Stelle.>"

Nun, der Kommissar schien schon auf dem Wege zu dem Hinweis zu sein, den er benötigte. Ganz im Gegensatz zu ihm selbst.

Aber verdammt, Brüning! Nun laß die Spekulationen! Das ist gegessen! Vergangenheit!

„*<Haben Sie Ihre Frau mit einem Messer geschnitten, Murkwitz?>*

<Ja...ja...es stimmt...ein harmloser Unfall...nichts Besonderes, Kommissar... Ich rutschte unglücklich mit dem Küchenmesser ab, beim Tomatenschneiden, und Claudia stand dicht neben mir...Ein kleiner Schnitt, weiter nichts!>"

Brüning hatte so eine Idee, worauf Helmrad-Knarres Plot hinauslaufen würde. Wenige Minuten später folgte die Auflösung des Rätsels:

„*<Leugnen ist zwecklos, Murkwitz. Wir haben mikroskopisch feine Spuren von Andorphin an dem Messer gefunden, eines pflanzlichen Giftes, das Ihnen sehr bekannt vorkommen dürfte. Es wirkt erst nach 24 Stunden, dann aber augenblicklich und führt zum Herzstillstand des Opfers, und, das ist das Wichtigste, es läßt sich weder im Blut noch in den Exkrementen der Leiche nachweisen. Sie waren es, Murkwitz, Sie haben ihre Frau scheinbar aus Versehen geritzt, und dann sind Sie seelenruhig in die Schweiz gefahren, mit der beruhigenden Gewißheit, ein wasserdichtes Alibi zu haben.>*

Murkwitz sah den Polizisten nur schweigend und haßerfüllt an.

<Abführen, Müller.>"

Helmrad-Knarre stand auf, und in die respektvolle Stille hinein brandete Beifall auf, während überall Lichter angingen. Die Lesung war zu Ende. Auch Brüning klatschte, aber seine Handbewegungen hatten etwas Mechanisches, und so schnell er konnte, drängte er sich aus der Buchhandlung, wo er fast mit Emilia zusammengestoßen wäre.

„Georg! Da bist du ja! Tut mir leid, ich habe mich festgequatscht."

„Macht nichts, Liebling. Du, äh, hast auch nichts verpaßt."

„Dann ist es ja gut."

***

In dieser Nacht konnte Georg Brüning nicht einschlafen. Als er alle Methoden, vom Schäfchenzählen bis zum Dreimal-tief-Luftholen-und-ausatmen, durchprobiert hatte, erhob er sich verzweifelt, gab Emilia einen zärtlichen Kuß in den Nacken und machte sich dann auf zu einem nächtlichen Spaziergang durch den Vorort von Köln. Was er erlebt hatte, hatte ihn so stark aufgewühlt, daß sein Kopf gänzlich durcheinandergeraten war. Es kam ihm alles wie ein Traum vor. Er hatte an den Helmrad-Knarre-Fall überhaupt nicht mehr gedacht, als Emilia ihn zu der Lesung mitgenommen hatte, und plötzlich war in den Strudel einer Auseinandersetzung gerissen worden, der aus sicherer Distanz und mit den subtilsten Mitteln, die er je kennengelernt hatte, ausgefochten worden war.

Helmrad-Knarre hatte ihm die gesamte Geschichte noch einmal erzählt. Nur war es eben eine fiktive Geschichte gewesen, und sie endete mit der Überführung des Ehemanns. In der Realität aber deutete nichts darauf hin, daß der Ehemann ebenfalls für den Tod seiner Gattin verantwortlich war.

Nichts? Brüning, sei nicht blöd! Du hast doch selbst gesagt, daß vieles darauf hindeutet! Eine Menge schlagender Indizien! Aber gegen alles steht Helmrad-Knarres perfektes Alibi, das nicht zu knacken sein wird, denn dies ist die Realität, kein Kriminalroman mit Happy-End, in dem das Gute das Böse besiegt. Das muß man sich leider aus dem Kopf schlagen.

Aber warum hatte er es erzählt?

Er wanderte durch die mondbeschienen Gäßchen, genoß die kühle Luft, die ihm unter die Rockärmel fuhr – Himmel, er liebte diese Stadt. Liebte die putzigen Häuschen, die roten Dächer und die weißen Arkaden, und am allermeisten liebte er das sanft dahingleitende Wasser des Rheins, vor allem bei Nacht, wenn es geheimnisvoll schwarz und unergründlich aussah. Er wollte niemals irgendwo anders leben.

Ein *Telefonanruf...*

Plötzlich habe sie geschwiegen, und nichts habe dieses anhaltende Schweigen zu brechen vermocht.... Gerald, ich komme gern, oder so ähnlich, und dann... dann...

Tot...

Sie waren es, Murkwitz. Sie haben Ihre Frau scheinbar aus Versehen mit dem Messer geritzt...

Er stutzte.

Alles stimmte überein: die Frau, das schwache Herz, die Schulden, das perfekte Alibi. Nur ein Telefongespräch gab es in der Geschichte nicht, dafür einen „versehentlichen" Schnitt mit dem Messer.

Lag auch hier eine Parallele vor?

Hatte er etwas übersehen?

Wieder überdeckten vernünftige Erwägungen sein Denken, während er ruhelos weiter bis zum Rheinesufer lief, Gedanken, die ihm bedeuteten, daß das alles großer Quatsch und eine bloße Vergangenheitsbewältigung des bekannten Autors sei. Freud läßt grüßen, alter Junge! Und nebenbei hat er dich auch noch ein wenig foppen wollen.

Der Rhein lag spiegelglatt. Mondlicht tanzte auf den beruhigten Wellen, in der Ferne schrien Flußvögel, eine Nachtigall sang irgendwo ein melancholisches Lied. Der Anblick beruhigte seine Gedanken, und zum ersten Mal in dieser Nacht glaubte er, Frieden über der Sache zu finden.

Da klickte es. Die Gemeinsamkeit. *Das war es.* Kein Telefongespräch, sondern ein Messer. Wie war die Tat in der Geschichte denn vollzogen worden? Eine Sache wurde in Gang gesetzt, und sie tat nicht sofort ihre Wirkung, sondern erst Stunden später, als der Täter schon über alle Berge war. War es möglich....?

Diese kleinen blauen Augen. Verdammt, sie haben mich darauf hinweisen wollen.

So schnell er konnte, eilte er nach Hause zurück.

***

Helmrad-Knarre war noch im Morgenmantel, als er seine Haustür öffnete. „Inspektor Brüning! Guten Morgen! Ich erinnere mich an Sie! Der tragische Tod meiner Frau... Wer könnte die Angelegenheit vergessen? Bitte, kommen Sie doch herein!"

Er führte den Inspektor in den Eingangsflur, hinter dem sich ein geschmackvolles Inneres ausbreitete. Kostbare Gemälde, Vasen, Teppiche – seit Helmrad-Knarre zu Ruhm gekommen war, benötigte er das Geld seiner Frau nicht mehr, um Luxus herauszukehren.

„Darf ich Ihnen etwas anbieten, Herr Brüning? Scotch, Whisky, Wasser...?"

Der Polizeibeamte ging auf die Frage nicht ein, sondern sah nur suchend im Wohnzimmer umher.

„Würden Sie mir wohl Ihr Telefon zeigen, Herr Helmrad-Knarre?"

„Aber gewiß, hier ist es..." Der Schriftsteller deutete auf ein altmodisches gelbes Modell auf einer Kommode, das Brüning sehr bekannt vorkam... es war das Telefon, mit dem Luzia telefoniert hatte, als sie starb...

Er benutzt es immer noch, dachte er, und in seinem Kopf begann es zu pochen.

„Wollen Sie telefonieren? Selbstverständlich..."

„Nein danke... ich wollte... es mir nur ansehen..."

Mit einem Ruck hatte er die Hörmuschel auseinandergenommen, und unter den aufmerksamen Blicken Helmrad-Knarres einen winzigen schwarzen Knopf herausgepuhlt, der an dem Plastik festgeklebt gewesen war.

„Oh mein Gott. Ich hatte so etwas erwartet."

„Was haben Sie erwartet, Herr Brüning?" Helmrad-Knarres Augen waren hell wie Wasser in der Sonne, es leuchtete Spott darin.

„Ein Sensor. Das war es also. Darauf sind wir nicht gekommen, und Sie haben die Frechheit besessen, ihn nicht zu entfernen. Sie Teufel. Sie haben ihn noch nicht einmal entfernt."

„Na und? Was bedeutet es schon?"

„Wieso haben Sie mich darauf gebracht?"

„Ich weiß nicht... Sagen Sie es mir?"

„Hinter Ihre Abgründe werde ich wohl nie kommen, Sie Scharlatan. Zweifellos, AP-136 von der Firma Tannenfeld. Ein Sender, der in der Lage ist, den Herzschrittmacher ihrer Frau auf „Aus" zu stellen, sobald sie telefoniert. Und ihn nach einiger Zeit wieder einschaltet, damit niemand merkt, wie er manipuliert worden ist. Und Sie haben ihn an Ort und Stelle gelassen. Unser Labor wird alles haarklein nachweisen."

Die Stille zwischen den Männern war dick. In den Augen-Seen des Kriminalautors hätte man ertrinken können.

„Ich wollte, daß Sie darauf kommen, Brüning. Eines Tages sollte die Wahrheit ans Licht kommen, und wenn es auf elegante Weise geschähe – warum nicht? So habe ich mich von meiner Schuld gereinigt, und Sie haben am Ende doch noch Ihren Fall gelöst."

„Sie rühren mich zu Tränen."

„Wie schön zu wissen."

„Wissen Sie auch, daß Sie eine lebenslängliche Gefängnisstrafe erwartet?"

„Schon... es sei denn..."

Brüning erstarrte.

Starrte in die kalte Mündung eines Revolvers.

„Sie..."

„Es sei denn, Brüning, Sie nehmen die Lösung vorher mit ins Grab.

Und ich glaube, das werden Sie."

***

Um die letzte Parallele der Geschichte nachzutragen: das Haus Helmrad-Knarres stand ebenso einsam wie das der von Murkwitzs, und so hörte niemand den Schuß, der in den vielen Räumen des Herrenhauses schnell verhallte.

Verfolgungsjagd

Thomas Pfanner

Diese verfluchte Gegend wird ziemlich sicher mein Ende sein. Und das wird gar nicht mehr lange auf sich warten lassen. Sie rücken immer näher und lassen sich von meinen Abwehrmaßnahmen in keiner Weise beeindrucken. Noch dazu wird es langsam dunkel. Ich habe kein Nachtsichtgerät. Das bedeutet nicht mehr und nicht weniger, als dass mit dem letzten Sonnestrahl auch mein elendes Leben zu Ende gehen wird. Die Müdigkeit zerrt an meinen Reflexen und spielt mit dem in Todesangst ausgestoßenen Adrenalin Katz und Maus.

Mit Mühe und Not habe ich einige Sekunden herausgeholt und nutze sie, um eine Falle zu bauen. Mit aller gebotenen Eile suche ich mir eine geeignete Stelle und finde sie in einem der zahlreichen verfallenen Torbogen. Verschwitzt und unendlich ermattet lasse ich meine müden Glieder in den zweifelhaften Schatten der geborstenen Mauer plumpsen.

Das Gelände allein reicht schon für einen ausgiebigen Albtraum. Ich irre hier seit unendlichen Stunden durch ein Gewirr geborstener Mauern. Vor Jahren standen hier Fabrik-Hallen in endlosen Reihen. Das alles liegt so lange zurück, dass ich mich überhaupt nicht erinnern kann. Zudem wurden die Hallen aus Ziegelsteinen erbaut, eine Methode, die heute nicht mehr gebräuchlich ist. Immerhin hilft mir diese Methode in meiner augenblicklichen Situation ungeheuer. Die nackten Stahlgerippe heutiger Fabrikationshallen bieten praktisch keine Deckung. Hier jedoch existieren Mauerreste von beeindruckender Stärke und hinter einem solchen Mauerrest ducke ich mich gerade und spanne einen dünnen Draht. Rasch ist der schmale Bogen der Tür überwunden und an der anderen Seite der Draht mit einer Handgranate verbunden. Unverzüglich raffe ich mein Sturmgewehr an mich und laufe geduckt weiter.

Ich bin völlig fertig. Den ganzen Tag dauert mein Kampf nun schon, rennen, schießen, rennen, schießen. Ein Wunder, dass ich noch über Munition verfüge. Ein weiteres Wunder, dass der Feind ungerührt immer neue Truppen in die Schlacht führt. Wo die wohl alle herkommen? Hier wohnt niemand, hier gibt es nur Mondlandschaft. Seit Tagen habe ich keine Tiere mehr gesehen, nicht mal Regenwürmer. Als ich so drüber nachdenke, fällt mir auch auf, dass hier vedammt wenig Bäume wachsen. An und für sich nichts Überraschendes für eine Industrie-Brache, wenn nicht auf den wenigen freien Plätzen ein paar Kastanienbäume wachsen würden. Sie sind groß und auch alt. Vor allem aber sind sie alle tot. So tot, dass die Krähen darauf verzichten, auf den toten Ästen nach Aas Ausschau zu halten. Vermutlich sind auch die Krähen tot.

Ein schmetternder Knall schreckt mich aus meinen Gedanken, eine Wolke aus Staub und Backsteinkrümeln wirbelt hinter mir hoch. Sehr gut. Es sind ziemlich viele Kämpfer, die hinter mir her sind, aber sie sind nicht sehr schlau. Ich nutze den Moment, um die Ruine zu verlassen und seitlich einen dieser kleinen Plätze mit einer einzelnen toten Kastanie zu durchqueren. Merkwürdig, ausgerechnet Kastanien. Das sind meine Lieblingsbäume. Nun, dies hier ist nichts weiter als ein Friedhof, angefüllt mit Gebäuden und Technik, alles tot und vergangen. Da können Bäume wohl keine Ausnahme machen. Und schließlich will der Feind mich auch hier beerdigen.

Es macht ein paar Mal >Thomb< neben meinem Kopf, der Einschlag der Geschosse in eine entfernt aufragende Backsteinwand fällt mit dem Knall der Abschüsse zusammen. Verdammt, sie sind wieder heran. Manchmal habe ich fast den Eindruck, die nehmen zwischendurch ein Auto. Aber Autos gibt es auch schon lange nicht mehr. Ich lege einen Sprint auf das Kopfsteinpflaster und springe mit letzter Kraft in einen ausgebrannten Bus, der vor der nächsten Fabrik-Ruine geparkt ist. Ich kenne das Modell, ein Linienbus der Marke Büssing, Baujahr 1963. Wie so manches an diesem unwirklichen Ort wirft mich die Erinnerung an meine frühe Jugend zurück. Zu meinem Unglück gelingt mir die Rückbesinnung immer nur für Sekunden. Die Sekunden zwischen rennen und schießen verbringe ich in einer Art nachdenklicher Hast, halb bewusstlos führe ich die nötigen Bewegungen mechanisch aus und schaffe mir einen winzigen Freiraum für Gedanken. Dieses Mal gestatte ich mir, einen Augenblick lang zurück in der Zeit zu gehen. Einen Augenblick, nicht länger als das Aufblitzen eines Fotoapparates in der Dunkelheit, sitze ich in diesem Bus. Ich bin vier Jahre alt und der Bus fährt durch Siegburg. Ich staune über das Treiben auf der Straße und die vielen Plakate und Bilder an den Wänden der Häuser. Es ist ein schmerzhaftes

Staunen, denn ich verstehe so wenig von dem, was vor sich geht. So wie heute.

Der Augenblick geht vorüber und schenkt mir ein wenig gefährliche Erholung. Drüben aus der Ruine joggen ein paar Gestalten, ich erkenne sie an ihrem schmutzigweißen Uniformen, in ihren Händen halten sie die neuesten Nadel-Gewehre. Weiße Stahlhelme fand ich immer lachhaft, in dieser Anzahl überdenke ich meinen Standpunkt besser noch einmal. Ich überbringe mit meinem guten alten G3 stählerne Grüße, drei oder vier fallen, der Rest wirft sich in Deckung. Die nächsten zwei Sekunden nutze ich, robbe über den schrundigen Boden des Büssing zu einem ausgefransten Loch und arbeite mich dort hindurch in das Backsteingebäude hinein. Keine Sekunde zu früh, ein Kugelregen verbröselt das Wrack des Busses endgültig. In aller Eile renne ich durch das Gebäude, an der anderen Breitseite hinaus und immer weiter. Einer Eingebung folgend lasse ich das nächste Gebäude liegen und stürme erst dahinter in einen Turm, der sich an den Komplex anschließt. Den Eingang sichere ich mit einer Haftmine, die per Lichtschranke ausgelöst wird. Der Turm erscheint auf den ersten Blick nicht halb so verfallen wie der Rest der Umgebung. Ich kämpfe mich die ausgewaschene Treppe hinauf und werfe mich oben hinter die Fensterbank. Vorsichtig luge ich heraus und erschrecke. Die verfallene Landschaft erstreckt sich bis zum Horizont. Ein schneller Rundblick bringt die Gewissheit, dass es sich so in alle Richtungen verhält. Kein Ausweg. Kein Möglichkeit der Orientierung. Keine Möglichkeit der Flucht. Überall erkenne ich von meiner Position aus die weißen Stahlhelme. Überall sind sie, zahlreich und beweglich. Sie bewegen sich auf mich zu. Dann wird es wohl so sein. Wieder ein Augenblick der Rückbesinnung. Schlagartig leuchten die Menschen auf, denen ich auf meinem Lebensweg begegnet bin. Vor allem die Menschen, denen ich unrecht tat. Die netten Mädchen, die ich nicht heiratete, die Freunde, die ich im Stich ließ, die Untergebenen, die ich drangsalierte. Keine Ruhmesbilanz, weiß Gott nicht. Natürlich, an Gott glaubte ich auch nie, und wenn ich das hier um mich herum sehe, erkenne ich auch jetzt noch nicht das Wirken eines Schöpfers. Vermutlich bewegt sich die Zahl der Menschen, die schlecht auf mich zu sprechen sind, in ähnlichen Regionen wie die Zahl der Stahlhelme, die hinter mir her sind. Inklusive Gott. Natürlich, zeitlebens war ich ein Zyniker. Was schlussendlich auch meine Kinder vertrieben hat. Vier Kinder, alle verloren. Unterm

Strich lauter gute Gründe, warum ich diesen Kampf allein ausfechten muss. Bitterkeit mischt sich mit Trotz. Mit trotziger Sturheit habe ich noch jeden besiegt, all die Jahre blieb dies mein Siegfaktor. Entschlossen renne ich die Treppe wieder hinunter. Langsam wird es dunkel, aber das betrachte ich mittlerweile als Vorteil. Der Feind ist weiß gekleidet und hebt sich dadurch in der Dämmerung wesentlich besser ab. Wenn nur meine Müdigkeit nicht wäre, jeder einzelne Muskel scheint mit Blei gefüllt zu sein. Das hier dauert schon viel zu lange. Ich hänge am Leben und ich werde mich so lange wie irgend möglich und so heftig wie irgend möglich wehren. Unten angekommen springe ich durch ein Loch in der Wand und renne los. Nicht so schnell, eher wie ein Dauerläufer. Ich will die Reihen des Feindes durchbrechen und dabei nicht vor der Zeit aus Erschöpfung zusammenbrechen. Kaum um die nächste Ecke gebogen, bricht die Hölle endgültig los. Hinter mir geht meine Mine los, der barbarische Lärm lässt darauf schließen, dass der ganze Turm einstürzt. Vor mir blitzt es an mehreren Stellen auf. Ich vertraue auf mein Glück, eine andere Möglichkeit existiert nicht mehr. Ich erwidere das Feuer und vertraue darauf, selbst nicht getroffen zu werden. In Deckung zu gehen, verbietet sich nun. Der Feind ist überall, hinter jedem Schutthaufen und in jedem finsteren Loch entlang der endlosen Mauerreste. Im Zweifel also immer in meinem Rücken. Sie werden mich kriegen, immer deutlicher wird die Übermacht. Für einen Erschossenen tauchen zwei neue Gestalten auf. Die Einschläge kommen näher, nur noch eine Frage der Zeit. Ich werde wütend, wütend und verzweifelt. Verzweifelte Gedanken drängen in meinen Kopf. Wie komme ich überhaupt in diese Lage? Wer sind die Anderen eigentlich? Nie sah ich ein Gesicht. Zu meiner unendlichen Enttäuschung ergab sich bislang nicht ein einziges Mal die Gelegenheit, einem besiegten Feind ins Gesicht zu sehen. So kann ich nur hoffen, einen meiner alten Feinde erwischt zu haben, einen von früher, der vielleicht diese Sache hier angezettelt hat.

Laut macht es >klack<. Eisiger Schrecken durcheilt mich. Keine Munition mehr, die Zündnadel des G3 schlug ins Nichts. Vor Schreck bleibe ich kurz stehen und ziehe damit das Verhängnis auf mich. Ein Schlag trifft mich in die Brust und wirft mich in den Dreck. Die Waffe geht verloren und ich sehe nur noch Sternchen. Verdammt, warum muss das so schnell passieren? Von mir aus kann das Ende warten, keine Qual ist schlimm genug, wenn sie nur das Ende hinauszögert. Vor allem will ich nicht auf diese Weise abtreten. Nicht von gänzlich Unbekannten gekillt werden, ohne wenigstens den Grund für all das zu erfahren.

Das Schießen hört auf. Ich spüre es körperlich, wie sich mir die Feinde nähern. Ein einziger Gedanke beherrscht mich noch, mobilisiert die letzten Reserven. Drei Handgranaten warten in meiner Brusttasche. Mühsam klaube ich sie heraus, drehe sie seitlich und halte sie verdeckt. Schatten fallen auf mich herab.

Habe ich von dieser Szene nicht meine ganze Kindheit lang geträumt? Ich blinzele. Was war das für ein Gedanke? Wo kam der her? Wie angeleuchtet kommt von der Seite ein Paket Licht und Lärm über mich und verzerrt meine Wahrnehmung. Egal, ich muss mich auf den Feind konzentrieren. Mit spitzen Fingern ziehe ich von zwei Granaten die Sicherheitsringe ab. Wenn ich jetzt loslasse, nehme ich meinen Feinden den schon sicher geglaubten Triumph. Ich presse die Augen fest zusammen und reiße sie wieder auf, um im Leben zu bleiben. Von der Seite dröhnt mich wieder das Licht an, ganz kurz, aber sehr intensiv. Keine Zeit, mich darum zu kümmern. Sie sind jetzt über mir. Gleich ist es soweit, nur noch den besten Zeitpunkt abwarten. Ich schüttele heftig den Kopf, um das Dröhnen herauszuschütteln. Da beugt sich eine der weiß gekleideten Gestalten zu mir herab. Du? Aber das ist nicht möglich. Du bist doch tot. Aber diese Hakennase, der bleiche Teint, die kleinen dunklen Augen, der *Geruch*. Sie ist es. Sue will meinen Tod? Aus lauter Fassungslosigkeit entgleitet mir ein Sicherheitsbügel. Drei Sekunden. Nein! Das will ich nicht. Ich will sie nicht noch einmal töten. Zwei Sekunden. Das Dröhnen von der Seite wird übermächtig, es verkleistert mein Denken. Ich bäume mich auf, will sie verscheuchen, sie warnen. Eine Sekunde. Keine Kraft mehr. Ich weine. Mein Leben lang habe ich Unglück verbreitet und nun kröne ich alles mit dem Tod meiner Frau. Wie furchtbar. Das Dröhnen frisst mich auf.

***

„Ach Gott. Jetzt hat er es endlich geschafft."

„Das ist aber auch ein zähes Arschloch. Haben Sie gesehen, wie der gewütet hat?"

Die beiden Frauen in den weißen Kitteln sahen sich erleichtert an. Die Größere nahm ihren Notizblock und las laut vor, was sie schrieb: „15.45 Uhr. Hermann Eiden, unheilbar komatös seit 100 Tagen, gemäß § 24 Leistungsgesetz der Krankenkassen ordnungsgemäß von seinen Leiden erlöst. Kreiskrankenhaus St. Eustachius, Unterschrift."

Sie steckte den Notizblock wieder ein und sagte zu der anderen Frau: „Gehen Sie schon mal vor. Ich hänge nur noch die Schläuche ab."

Kaum war sie allein, beugte sie sich mit einem vor Befriedigung glühenden Lächeln zu dem Toten herunter und flüsterte ihm ins Ohr: „Na, mein Lieber? Es geht doch nichts über eine von langer Hand vorbereitete Rache. Ich bin sicher, dass Du eine gute Arbeit zu schätzen weißt."

Dann straffte sie sich wieder, rieb sich die Hakennase, die genauso bleich war wie ihre Gesichtshaut und verließ den Leichnam mit einem zufriedenen Leuchten in ihren kleinen dunklen Augen.

Das Panama-Huhn

Gesine Schulz

„Nein, Frau Rutkowsky, zur Polizei kann ich nicht gehen. Auf gar keinen Fall. Mein Mann kegelt mit unserm Polizisten. Sie wissen nicht, wie das auf dem Dorf ist. Und wenn mein Mann davon erfahren würde ...” Frau Papendieck schüttelte den Kopf. „Das könnte ich nicht ertragen. Dann bring ich mich um.”

Karo beschloss, sicherheitshalber einen doppelten Vorschuss zu verlangen.

„Und Sie meinen nicht, dass Ihr Mann Ihnen glauben würde, wenn Sie ihm versichern-”

„Nein. Wie sollte er auch? Wenn ich nicht wüßte, dass ich das auf dem Foto nicht sein KANN, würde ich mir ja selbst nicht glauben! ... Und manchmal, nachts, wenn ich darüber nachdenke, und sich meine Gedanken um und um im Kreise drehen, dann habe ich Angst, dass ich wahnsinnig geworden bin. Neulich bin ich früh um zwei aufgestanden und habe das Foto in die Hand genommen. Nur um mir zu beweisen, dass ich mir nicht alles eingebildet habe ...”

Frau Papendieck zupfte das Ziertuch aus ihrer Blusentasche und tupfte sich die Augen ab.

„Tja”, sagte Karo. „Es klingt wirklich merkwürdig. Nehmen Sie Drogen?”

„Nie!”

„Haben Sie schon mal Gedächtnisausfälle gehabt?”

„Nein, jedenfalls nicht, dass ich mich erinnern könnte. Na ja, ich vergesse schon mal was. Den Einkaufszettel. Oder einen Geburtstag. Aber ich würde nicht vergessen, wenn ich mit einem fremden Mann geschlafen hätte, glauben Sie mir. Noch dazu in dieser Position.”

Sie blickten beide auf das Farbfoto, das auf Karos Schreibtisch lag.

„Aber es sieht aus wie Ihr Po, ja?”

„Ja. Das macht es ja so schlimm. Seit unserem Panama-Urlaub letztes Jahr ist mein Po nicht zu verkennen.”

„Ach, das Huhn stammt aus Panama?”

Frau Papendieck lächelte zum ersten Mal. „Wir waren ein bisschen beschwipst und hielten es für eine wirklich witzige Idee. Die Zeichnung stammt aus einer Rum-Reklame. Wir hatten sie aus einer Zeitschrift ausgerissen, die in unserem Hotel auslag. Dirk sagte, es sähe aus wie ein glückliches Huhn. Das ist sein Kosename für mich, manchmal. Weil er sagt, ich gackere wie ein glückliches Huhn, wenn ..., eh, während, hm, Sie wissen schon."

Karo nickte.

„Ja, und dann bummelten wir durch die Altstadt und kamen an dem Tatoo-Shop vorbei. Da ist's passiert." Frau Papendieck schüttelte den Kopf. „Ich habe mir gesagt, es ist ja nicht völlig unmöglich, dass der Tätowierer das Motiv noch mal verwandt hat, dass es noch eine Frau gibt, die dies Huhn auf der rechten Pobacke hat ... aber dass sie in unser Dorf kommt, auf unseren Hof, und dann so fotografiert wird, und ich mit dem Foto erpresst werde, das KANN doch nicht sein! Kann nicht. Es ist ein Alptraum ... Würden Sie den Fall übernehmen, Frau Rutkowsky?"

Karo nickte. Sie würde. Obwohl das Land nicht so ihr Ding war. Aber die Leute, die unten vor der LICHTBURG Schlange standen, wollten nicht zu ihr, sondern in den neuen Film von Tom Tykwer. Und nur in ihrem zweiten Job, als hochbezahlte Putzfrau einiger Villen im Essener Süden und eines traumhaften Lofts in Katernberg, konnte sie wählerisch sein, welche Aufträge sie übernahm. Als Privatdetektivin konnte sie das nicht. Noch nicht.

Karo nahm das Foto in die Hand. Von dem Mann war kaum etwas zu sehen. Von der Frau wenig mehr. Der Küchentisch war aus altem Kiefernholz, die Vorhänge am Fenster von Laura Ashley. Eine Putzkundin, die den englischen Land-Look liebte, hatte die gleichen. „Und das ist bei Ihnen zu Hause."

„Nein, nein! Auf unserem Hof, ja. Aber nicht in unserem Haus, sondern in dem ehemaligen Altenteil. Ein Häuschen, das hinter dem Obstgarten steht. Wir haben es seit einem Jahr vermietet."

„Aha? Und an wen?"

„An jemanden aus Köln, Max Penk. Er nutzt es hauptsächlich an den Wochenenden."

„Und was ist er für einer? Das Foto wurde in seiner Küche aufgenommen. Kann er etwas damit zu tun haben?"

Uli Papendieck zögerte. „Er ist ein sehr netter Mensch. Sympathisch. Aber ..."

„Aber?"

„Na ja. So eine Erpressung traue ich ihm eigentlich nicht zu. Weil er wirklich nett ist. Und er hat auch genug Geld. Aber ... also, er schreibt nämlich Krimis, und ich habe mich schon gefragt, ob so ein Krimiautor vielleicht ... na ja, so etwas mal ausprobieren möchte, oder so. Aber eigentlich glaube ich es nicht."

„Max Penk?" sagte Karo. „Von dem habe ich noch nie gehört. Kann nicht sehr erfolgreich sein. Wohl möglich, dass er Geld braucht und lieber krumme Dinger dreht, als über sie zu schreiben."

Uli Papendieck schüttelte den Kopf. „Das hat er wirklich nicht nötig. Wenn Sie versprechen, es niemandem zu verraten ..."

Karo hob eine Hand. „Ehrenwort einer Privatdetektivin!"

Frau Papendieck beugte sich vor und flüsterte: „Er ist nämlich Sophie Réchaud."

„Sophie Réchaud? Nee! Wirklich?"

„Wenn ich es Ihnen doch sage." Uli Papendieck nickte mehrmals.

Sophie Réchaud, der neue Star des deutschen Landhaus-Krimis! Rosamunde Pilcher trifft Stephen King. Selbst Karo hatte von ihr gehört. Ihm.

„Sophie Réchaud ein Mann. Soso." Ein Mann mit allen Merkmalen eines Hauptverdächtigen. „Weiß er von Ihrer Tätowierung?"

„Ich bitte Sie. Natürlich nicht. Und auch sonst niemand."

Was nicht sein konnte. „Vielleicht hat er mal auf einer Leiter gestanden und in Ihr Schlafzimmer geguckt?"

„Unsinn. Dies ist schließlich nicht Bayern! Und Herr Penk ist aus Köln. Das habe ich doch schon gesagt."

„Dann gehen Sie vielleicht in die Sauna? Haben das Huhn Ihrer besten Freundin gezeigt? Oder waren Sie zur Massage? Auf der Sonnenbank? Oder bei einem Arzt?"

„Nein. Glauben Sie mir, ich habe mir schon den Kopf zermartert darüber. Nur bei der Frauenärztin war ich vor zwei Monaten. Aber die kommt nicht in Frage. Sie ist über sechzig und sehr seriös. Ich bin seit Jahren bei Doktor Forster in Moers. Und meine Mutter ist auch schon zu ihr gegangen. Nie im Leben könnte meine Frauenärztin mit so etwas zu tun haben! Nie."

Karo war geneigt, ihr zuzustimmen, als sie am nächsten Tag auf das graue Haupt zwischen ihren Oberschenkeln blickte.

„Ich kann nichts entdecken, Frau Rutkowsky. Keine Spur von einer Entzündung. Es war vielleicht nur eine vorübergehende

Irritation. Melden Sie sich, wenn es wieder auftritt."

Karo strich die Ärztin von der Liste der Verdächtigen. Vorläufig. Der Krimi-Autor war der Täter ihrer Wahl.

Konrad Krieger, der Experte, dem sie das Foto vorgelegt hatte, hielt es für echt. „Sehr unwahrscheinlich, dass es sich um eine Montage handelt. Mit an Sicherheit grenzender Wahrscheinlichkeit ist es ein genuines Foto von einem tätowierten Frauengesäß. Bei einer ziemlich eindeutigen Tätigkeit. Wobei ich die Vorliebe mancher Leute für Küchentische nicht verstehe. Vor allem, wenn es sich wie hier um alte Tische handelt. Die Gefahr, sich einen Splitter einzuhandeln -"

„Niemand wurde verletzt", hatte Karo ihn unterbrochen und sich verabschiedet. Er war stets hilfsbereit und eine Koryphäe auf seinem Gebiet, aber so etwas von langatmig, dass man nur durch einen fluchtartigen Rückzug entkommen konnte.

Von der Frauenärztin in Moers fuhr Karo weiter nach Leeken. Nichts als flaches Land, Pappelalleen und niederländisch anmutende Ortschaften.

„Mein Mann ist heute unterwegs", hatte Uli Papendieck Karo am Morgen telefonisch mitgeteilt. „Er ist in dem Komitee, das das Traktor-Rennen in zwei Wochen vorbereitet. Vor vier Uhr erwarte ich ihn nicht zurück. Aber sollte er früher kommen und Sie sehen ..."

„Ach, dann fällt mir schon eine Ausrede ein", sagte Karo. Sie hatte immer eine Kollektion von DUBBER-WARE-Plastikbehältern im Kofferraum. Und jede Menge Prospekte über diese *preiswerte Alternative für die preisbewusste Hausfrau.* Ihre Mutter vertrieb die Marke auf Hausfrauenparties und für Karo war die Rolle einer Vertreterin oft eine nützliche Tarnung.

Der Bauernhof der Papendiecks lag außerhalb des Dorfes. Der zweistöckige Backsteinbau hatte weißgestrichene Fensterrahmen und war mit liebevoll bepflanzten Blumenkästen geschmückt. Neben dem Haus lag ein eingezäunter Gemüsegarten, dahinter eine Scheune und mehrere Ställe.

Karo wollte gerade die Stufen zur dunkelgrünen Haustür emporsteigen, als Uli Papendieck um die Hausecke bog. Mit einem kleinen Hackebeil in der Hand kam sie auf Karo zu. Das Beil war ebenso wie ihre Schürze blutbespritzt.

Karo sah die Schlagzeilen vor sich:

Selbstjustiz!
Junge Bäuerin
meuchelt Krimi-Autor, um Ehe zu retten!

Sophie Réchaud ein Mann!
Ein Erpresser!
Tot!

„Hallo", lächelte Uli Papendieck. „Ich schlachte gerade ein paar Gänse. Warten Sie einen Moment? Dann zeige ich Ihnen sein Haus."

Das ehemalige Altenteil hinter der Obstwiese sah aus wie des Städters Traum vom Landleben. Buchsbaumhecken grenzten den schmale Vorgarten ein. Ein kiesbestreuter Weg führte zur königsblauen Haustür, die von himmelblauen Holzkübeln mit weißen Rosenbäumchen flankiert wurde. Butzenscheiben mit schmucken weißen Scheibengardinen; innen Terrakottafliesen und ausgesuchte bäuerliche Antiquitäten; Rosenmuster auf Kissen und Vorhängen; jeder technische Komfort in der Küche.

Karo hielt eine Vergrößerung des Po-Fotos in der Hand. Ohne Zweifel war es in dieser Küche aufgenommen worden. Mit Selbstauslöser. Karo überprüfte den Aufnahmewinkel. „Hier muss der Fotoapparat gestanden haben, sehen Sie?" Sie klopfte auf den frei im Raum stehenden Butcher's Block. Es sah schlecht aus für Sophie Réchaud.

„Darf ich das Foto noch mal haben?" Uli Papendieck lehnte am Fenster und studierte die vergrößerte Aufnahme. „Hm. Wissen Sie was? Herr Penk kann es gar nicht gewesen sein. Ach, bin ich erleichtert. Weil-"

„WAS? Wieso?" Karo riss ihr das Foto aus der Hand.

Die Bäuerin deutete auf ein verwischtes Gelb, das auf dem Foto durchs Fenster zu sehen war. „Das sind die Osterglocken. Im Vorgarten. Er war damals verreist, nach Italien. Er kann also mit dem Foto nichts zu tun haben. Und mit der Erpressung. Ich habe die Blumen nämlich geplündert, für das Jubiläum von unserem Gospelchor. Zwei große Körbe voll. Sah toll aus."

Mist. Karo befragte ihre Klientin noch einmal gründlich. Die blieb dabei: niemand hier habe ihr Huhn gesehen, außer vielleicht die Frauenärztin.

Karo stöhnte. Globalisierung hin oder her - sie glaubte einfach nicht daran, dass der Panamaische Tätowierer gerade auf Erpressungstournee durch Europa war.

Irgendjemand musste nach einer sehr genauen Vorlage einen zweiten Po tätowiert haben. Im Auftrag des Erpressers oder der Erpresserin. Und irgendeine zweite Frau hatte seitdem eine solche Tätowierung. Mindestens drei Leute wussten etwas über die Angelegenheit. Der Tätowierer und das Paar auf dem Foto. In die Erpressung, tippte Karo, war nur das Paar involviert. Oder sie allein?

Karo trank im Dorfkrug ein Bier und begann anschließend, die Tatoo-Studios im Umkreis abzuklappern. Es gab erstaunlich viele. Eines wurde von einer pensionierten Handarbeitslehrerin geführt, die sich auf Kreuzstich-Tatoos spezialisiert hatte. Niemand gab zu, dieses oder überhaupt ein Huhn tätowiert zu haben. Woody Woodpecker, den deutschen Adler, Donald Duck - ja. Aber kein Huhn. Bis Karo nach Bickum kam, zum Studio von Tom Duhley.

Er erinnerte sich an das Huhn, den Po, die Frau und deren Begleiter. Aber sagen wollte er nichts. „Datenschutz, wissen Sie".

Karo nickte und fing an, Scheine über die Theke zu schieben.

Bei 200 Euro fiel ihm ein, dass es gar keine Daten zu schützen gab. Weil er keine Namen kannte, nur wußte, dass die Blondine in der einzigen Buchhandlung der Kreisstadt arbeitete. „Meine Freundin arbeitet in dem Café gegenüber. Von da guckt man voll in den Buchladen. Da habe ich sie öfters gesehen." Seine Personenbeschreibung von ihrem Begleiter, der in bar bezahlt hatte, war brauchbar.

Die Beschattung der Buchhändlerin war nicht weiter schwierig. Karo lief ihr eine Mittagspause lang wie ein Hündchen hinterher, von der Buchhandlung zur Reinigung, zum Italiener und zurück. Abends folgte sie ihr im Auto zu einem zweistöckigen Wohnhaus. Schon am nächsten Abend bekam die Buchhändlerin dort Besuch von einem Mann, auf den die Beschreibung von Tom Duhley passte. Karo notierte seine Autonummer.

Leider hatte Lutz Berner, ihr Ex-Freund und der einzige erpressbare Polizist, den sie kannte, erst am nächsten Morgen wieder Dienst.

Anscheinend hatte er eine anstrengende Nacht hinter sich, denn seine Widerstandskraft war gering, als Karo ihn kurz nach neun im Essener Polizeipräsidium erreichte. Keine Stunde später erfuhr Karo von ihm, auf wen der Wagen zugelassen war, und sie musste ihrer Auftraggeberin die bedauerliche Mitteilung machen, dass der Fall gelöst sei.

Ihr Mann Dirk war der Erpresser; mit der Buchhändlerin hatte er seit längerem ein Verhältnis.

Uli Papendieck wurde weiß wie Milch und sah zu Boden. „So", sagte sie schließlich, unnatürlich ruhig. „So ist das also."

„Es tut mir sehr leid", sagte Karo. Und, nach einer Weile: „Sie haben Gütertrennung?"

„Ja, haben wir. Sie meinen, er will mit ihr ein neues Leben anfangen? Er hat nichts. Und Buchhändlerinnen verdienen nicht viel, nicht? Ich habe nie verstanden, warum. Da war die Erpressung keine schlechte Idee. Ich hätte gezahlt. Meine Eltern hatten ein paar Felder als Bauland verkauft. Von daher habe ich einige hübsche Aktienfonds." Sie nickte kurz. „Ich danke Ihnen. Den Rest übernehme ich."

Karo dachte an das blutige Hackebeil. „Machen Sie keine Dummheiten, nein?"

Uli Papendieck schüttelte den Kopf. „Nie wieder."

Monate später, Karo putzte gerade eine ihrer Villen, fiel ihr Blick auf eine der Illustrierten auf dem gläsernen Sofatisch. Zeit für eine Tasse Tee, entschied sie, nach einem Blick das Cover:

Exklusiv in COUNTRY & ELEGANZ!
Ein neuer Kurzkrimi
von Sophie Réchaud,
der Queen des deutschen Landhaus-Krimis

Karo legte das Staubtuch zur Seite, kochte sich ein Kännchen Tee und machte es sich im Sessel bequem. Schreiben konnte er, dieser Max Penk, aber das war nicht der einzige Grund, aus dem Karo immer schneller las.

Die Geschichte spielte - natürlich - in einem Landhaus. Die reiche, betrogene und erpresste Gattin hatte sich während des Urlaubs auf Guadeloupe zu einer Schwanen-Tätowierung überreden lassen. In den Augen ihres liebenden Gatten besaß sie nämlich einen Schwanenhals. Dann erfuhr sie von dem Privatdetektiv, einem gutaussehenden, aber desillusionierten ehemaligen Polizisten, die Wahrheit. Erst litt sie stumm, dann sann sie auf Rache. Am Hauptbahnhof der nächsten Großstadt kaufte sie drei AIDS-infizierten Drogenabhängigen ihre benutzten Nadeln ab. Während eines vermeintlichen Liebesspiels fesselte sie ihren Mann kunstvoll mit handbedruckten Seidenschals. Sie zog Tinte in die Nadeln und tätowierte ihm langsam und schmerzhaft ein krummes Herz auf seine rechte Pobacke. Dabei erzählte sie ihm, woher die Nadeln stammten. Dann setzte sie ihn vor die Tür.

Der Tee war kalt geworden. Karo las den Krimi ein zweites Mal durch. Anschließend ließ sie sich von der Auskunft die Nummer raussuchen und rief auf dem Bauernhof an.

„Hier Penk, bei Papendieck", meldete sich eine Männerstimme.

Karo legte sehr behutsam auf.

Darüber musste sie erstmal nachdenken.

Was sie jetzt brauchte, war heißes Wasser und Kognak.

Keine zehn Minuten später lag sie in der weißen Marmorwanne und ließ eine Weinbrandbohne nach der anderen auf ihrer Zunge zergehen, während aus in der Decke verborgenen Lautsprechern Elgars Violinkonzert in den Raum strömte. Das Badewasser hatte Karo großzügig mit einem französischen Zimt-Badeöl angereichert. Die Hausbar dieser Villenbesitzer war ein Witz, aber die Flaschen und Flakons in ihrem Bad ließen keine Wünsche offen. Sie musste nur darauf achten, dass sie sich nachher nicht wieder Rasierschaum unter die Achseln sprühte, in der irrigen Annahme, es handele sich um ein ihr noch unbekanntes Deo.

Der goldene Kelch

Marcus Winter

Er schlenderte gemächlich über den Gehweg der kleinen, ruhigen Vorortsiedlung. Während er seinen großen ledernen Aktenkoffer von der linken in die rechte Hand nahm, ließ er seine Blicke scheinbar ohne große Aufmerksamkeit durch die gepflegten Vorgärten und über die eindrucksvollen Hausfassaden gleiten.

Hier war er richtig. Noble, gediegene Einfamilienhäuser, nicht zu protzig und alle mindestens schon zehn bis fünfzehn Jahre alt. Dementsprechend waren die Gärten üppig und dicht, viele Tannen, Hecken und Zypressen schirmten die Grundstücke voneinander ab.

Trotz der spätsommerlichen Schwüle trug er an diesem Nachmittag wieder einen tadellos sitzenden Anzug mit weißem Hemd und korrekt gebundener Krawatte. Schon auf dreihundert Meter sah er aus wie ein typischer Versicherungsvertreter. Aber schließlich war er ja auch einer - zumindest ein bisschen. Bereits vor vielen Jahren hatte er ein Gewerbe als selbstständiger Versicherungsmakler angemeldet und zahlte als solcher auch regelmäßig seine Steuern. Was sollte er auch sonst in Zeile 72 der Einkommenssteuererklärung eintragen? Etwa die Wahrheit?

Einen kurzen Augenblick verharrte er vor einer großen Mauer mit einer blank polierten Messingtafel, aus der hervorging, dass der Hauseigentümer Unternehmensberater war. Durch das schmiedeeiserne Tor sah er einen dunkelblauen Mercedes und ein BMW-Cabrio. Also war vermutlich jemand zuhause. Eigentlich schade, dachte er, während er weiterging, das Haus sah wirklich äußerst vielversprechend aus.

Vom nächsten Grundstück hörte er Hundegebell und Kindergejohle, ein Haus weiter ließ jemand gerade eine Jalousie herunter und daneben mähte ein etwa vierzehnjähriger Junge den Rasen. Doch er hatte Geduld. Noch in diesem Jahr wurde er fünfzig und verfügte über eine Menge Berufserfahrung und Routine. Irgendwo in diesem Nobelviertel gab es mit Sicherheit auch Villen, in denen niemand zuhause war. Der Ehemann in seiner Firma, die liebe Gattin im Fitnessstudio und der Nachwuchs im Freibad oder beim Surfen draußen am Baggersee.

Eine halbe Stunde später fand er ein paar Straßen weiter, am Ende einer Sackgasse, das geradezu ideale Objekt. Das anderthalbgeschossige Haus lag auf einem sehr großen Grundstück, relativ weit von der Straße und den Nachbarvillen entfernt. Nirgendwo auf dem exakt gestutzten Rasen lag Kinderspielzeug herum, vor dem Haus parkte kein Auto, kein Hundegebell war zu hören.

Über dem ganzen Haus lag eine einladende Stille.

Während er langsam über das Natursteinpflaster auf die Haustür zuging, nahm er schmunzelnd zwei Infrarot-Bewegungsmelder wahr, die vermutlich mit dem Außenlicht gekoppelt waren. Diese weißen Plastikkästchen hatten sich seit Jahren in den Gärten und an den Hauswänden vermehrt wie Pilze im August. Die Dinger funktionierten nur nach Einbruch der Dunkelheit und sollten nächtliche Einbrecher verscheuchen. Nächtliche Einbrecher! So ein naiver Schwachsinn. Die Leute stellen sich den gemeinen Villeneinbrecher offenbar immer noch als unrasierten, dunkel gekleideten Typen vor, der mit Taschenlampe und riesiger Brechstange im Mondschein umherschleicht. Vielleicht noch mit einer schwarzen Augenmaske und breiter Nummerntafel unter dem Kinn, wie die Jungs von der Panzerknacker AG?

Es gab nun wirklich keinen vernünftigen Grund, ausgerechnet in der Dunkelheit seiner Arbeit nachzugehen. In praktisch jedem Haus war dann ja schließlich, außer vielleicht in den Ferien, jemand anwesend. Außerdem waren nachts fast überall die Rolläden heruntergelassen, es gab keinen Verkehrslärm, der irgendwelche Geräusche überdecken konnte und man brauchte tatsächlich eine Taschenlampe, um in den Wohnungen etwas Mitnehmenswertes finden zu können. Jeder Nachbar, der etwas später heimkehrte oder seinen Hund noch mal vor die Tür ließ, würde sofort etwas hören oder sehen und die Bullen anrufen. Und die wären des nachts auch noch in wenigen Minuten da, während sie tagsüber alle Hände voll zu tun hätten, den großstädtischen Verkehrskollaps zu betreuen.

Villeneinbruch in der Nacht? Das war ein verstaubtes Fernsehkrimi-Klischee.

Er stand nun vor der großen, massiven Haustür aus alter Mooreiche. Rechts befand sich ein Klingelknopf aus Messing, jedoch keinerlei Namensschild. Das gefiel ihm. Offenbar kein neureicher

Aufsteiger, der unbedingt zeigen mußte, daß ihm dieses Haus gehörte. Er mochte diese Newcomer nicht, die auch stets darauf achteten, dass die mittleren Buchstaben am Kennzeichen ihres neuen Mercedes die eigenen Initialen waren. In deren Wohnungen fand man meist nur Schrott, ein paar Dali-Drucke vielleicht, etwas protzigen Modeschmuck und eine goldene Herren-Rolex.

Dieses Haus roch nach altem Geld. Er drückte den Klingelknopf und lauschte angespannt. Natürlich kein elektronisches Gedudel, sondern ein richtiger Westminster-Gong. Das hatte er auch so erwartet, das passte zum Haus. Er hörte keinerlei sonstigen Geräusche aus dem Inneren des Gebäudes. Nach einer halben Minute schellte er nochmals.

Nach so vielen Jahren mußte er sich innerlich nicht mehr auf den Fall einstellen, dass plötzlich doch jemand zur Haustür kam. Er würde sich wie immer freundlich vorstellen: "Schönen guten Tag, gnädige Frau, ich komme von der Lebensversicherung und möchte Ihnen einmal ..." Weiter kam er meistens nicht und in der Regel wurde er dann freundlich, aber bestimmt abgewimmelt und konnte anschließend in Ruhe die Suche nach einem neuen Objekt aufnehmen.

Es geschah aber auch manchmal, dass er tatsächlich ins Haus gebeten wurde und ab und zu kam es sogar zum Abschluss von Versicherungsverträgen. Er konnte sich seinen Erfolg manchmal selbst kaum erklären. Vielleicht lag es daran, dass er, im Gegensatz zu echten Versicherungsvertretern, überhaupt nicht aufdringlich war. Im Gegenteil - er selbst war es ja, der möglichst schnell das Gespräch beenden und das Haus verlassen wollte. Die Kunden spürten, dass er ihnen nicht ganz hartnäckig eine Lebensversicherung aufschwatzen wollte und glaubten sich daher gut beraten.

Wie immer schellte er auch hier ein drittes Mal und achtete anschließend auf mögliche Geräusche aus dem Hausinneren. Nichts. Er schaute sich kurz um, stellte fest, dass niemand auf der Straße und auf dem Bürgersteig zu sehen war und machte sich auf den Weg zur Rückseite des Hauses. Der gepflegte Garten bestand an den Grundstücksrändern aus hohen, dichtstehenden Büschen und Laub- und Nadelbäumen. Die Terrasse war von keiner Seite her einsehbar. Wirklich ideal, zum Beispiel, um unbeobachtet nackt in der Sonne zu liegen. Aber eben auch, um einzubrechen.

Er sah sofort das Fenster rechts neben der Terrasse, das sich in Kippstellung befand. Keine Blumen auf der Fensterbank, vermutlich die Küche. Er nahm die beiden OP-Handschuhe aus Latex, die sich im Seitenfach seines Aktenkoffers befanden, und streifte sie über. Nachdem er durch die schmale Fensteröffnung gegriffen hatte, musste er leider feststellen, dass es sich um einen abschließbaren Verriegelungsgriff handelte. Es wäre ja auch zu einfach gewesen.

Schon an der Haustür war ihm das hochwertige Sicherheitsschloss aufgefallen. Die Hausbewohner hatten auf Einbruchsicherung Wert gelegt, sie waren offenbar vom Architekten gut beraten worden. Vielleicht waren sie auch schon früher mal Opfer eines Einbruchs gewesen und hatten daher vorgesorgt.

Als er um die Hausecke herumging, entdeckte er die Kellertreppe, wo sich auf halber Höhe ein kleines Fenster befand. Hier hatte man offenbar gespart. Einfacher Holzrahmen, keine Isolierverglasung. Er ging zurück auf die Terrasse; die Umrandung eines kleinen Blumenbeetes bestand aus dicken, schweren Kieselsteinen. Er nahm ein etwa drei Kilo schweres Exemplar in die Hand, setzte sich auf einen der Gartenstühle aus massivem Teak und wartete.

Nach zehn Minuten hörte er das sich nähernde Dröhnen eines schweren Dieselmotors. Es schwoll immer wieder laut an, man hörte das Zischen hydraulischer Leitungen und rumpelnde und klappernde Geräusche. Die städtische Müllabfuhr. Das war äußerst günstig. Ein Düsenjäger im Tiefflug, eine 1000er Kawasaki oder ein Golf GTI mit Subwoofer-Lautsprechern wäre zwar auch gegangen, doch der Müllwagen war geradezu ideal.

Er richtete sich auf und ging, den großen Pilotenkoffer in der linken und den Stein in der rechten Hand, zur Kellertreppe und schritt sechs Stufen hinunter, um vor dem Fenster zu warten. Als der Lkw offenbar gerade direkt vor dem Haus war und seinen Motor kurz aufheulen ließ, schlug der Mann auf der Treppe einmal kurz und kräftig zu. Das klirrende Geräusch ging fast ganz im Dröhnen des Diesels unter, zumindest dürfte außerhalb des Grundstücks niemand etwas gehört haben.

Er wartete noch einige Minuten ab, dann griff er durch das Loch in der Scheibe und entriegelte das Fenster von innen. Nachdem er in den Keller eingestiegen war, machte er sich auf den Weg nach oben. In Kellerräumen gab es für ihn absolut nichts zu holen. Er wußte zwar, dass es hier manchmal Tresore gab, meistens einbetoniert unterhalb der Treppe, die hoch in die Wohnung führte. Doch Geldschränke knacken, heiße Arbeit, das war nicht sein Metier. Viel zu aufwendig.

Die Wohnung war genau so, wie er es erwartet hatte. Gediegene Einrichtung, teilweise Antiquitäten, echte Teppiche, Ölbilder und Aquarelle an der Wand. Er ging zunächst zur Terrassentür und öffnete sie weit. Reine Routine - Fluchtweg sichern, für den Fall, dass einer der Hausbewohner zu früh nach Hause kam.

Dann begab er sich zur Haustür und schob eine kleine antike Kommode, die auf dem Flur stand, vor die Eichentür. Das würde ihm, für den Fall der Fälle, den nötigen Vorsprung einbringen. Er war schließlich in den letzten 20 Jahren nicht einmal erwischt worden, und das sollte auch so bleiben. Klar, ein paar Mal war er schon von heimkehrenden Hausbesitzern überrascht worden, doch dank seiner Vorsichtsmaßnahmen war er immer problemlos entkommen. Er war bei der Polizei ein vollkommen unbeschriebenes Blatt. Darauf war er zu Recht stolz.

Geräuschlos begab er sich über die Marmortreppe in das Dachgeschoss. Die oberste Etage eines Hauses brachte er immer möglichst sofort und schnell hinter sich. Wenn man sich oben befand, während unten jemand nach Hause zurückkehrte, saß man praktisch in der Falle; zumindest war eine schnelle Flucht, ohne gesehen zu werden, sehr viel schwieriger.

Leise und vorsichtig öffnete er die erste Tür. Dahinter befand sich eine Art Arbeitszimmer mit einem alten, englischen Mahagoni-Schreibtisch, einem Bücherschrank und mehreren Regalen. In den Schreibtischschubladen fand er eine kleine, aber sehr kostbare Briefmarkensammlung und zehn Krügerrand-Münzen, die er in seinem schwarzen Lederkoffer verschwinden ließ. Beim Hinausgehen fiel sein Blick noch kurz auf ein Foto, das in einem kleinen Messing-Rahmen auf der Schreibtischplatte stand. Es zeigte einen etwa sechzigjährigen Mann. Über die rechte Bildecke lief diagonal ein schmales, schwarzes Samtband, das schon ziemlich eingestaubt war. Der Gute schien schon vor längerer Zeit verstorben zu sein.

Geräuschlos drückte er auch die Türklinke des nächsten Raumes herunter. Als er einen Blick in das Schlafzimmer warf, durchfuhr ihn ein Adrenalinstoß. Im ersten Augenblick schien es, als läge in dem breiten Ehebett ein riesiges Insekt. Es war eine alte, weißhaarige Frau, die auf dem Rücken lag und schlief. Auf den Augen hatte sie eine große dunkle Schlafbrille. Sie sah ein wenig aus, wie die Ratekandidaten bei "Was bin ich?".

Nachdem er die Tür leise zugezogen hatte, atmete er tief durch. Es war durchaus nicht das erste Mal, dass er in eine solche Situation geriet. Er hatte zum Beispiel schon unvermittelt in einem Kinderzimmer gestanden, in dem ein Baby seinen Mittagsschlaf hielt, während die verantwortungslose Mama vermutlich gerade zum Einkaufen gegangen war. Einmal hatte er einen kranken, bettlägerigen Opa vorgefunden, der in seinem abgedunkelten Zimmer vor sich hin röchelte. In einem mondänen Badezimmer hatte er eine gut gebaute Sechzehnjährige in der Wanne gesehen, die neueste "Bravo" lesend, mit einem voll aufgedrehten Walkman auf den Ohren.

Da er sich auch in vermeintlich leeren Häusern stets absolut geräuschlos bewegte, war er von den meisten Menschen überhaupt nicht bemerkt worden. Praktisch immer hatte er die jeweiligen Türen unbemerkt wieder schließen und sich aus dem Staub machen können. Genau wie heute.

Er dachte kurz nach. Auf die Durchsuchung des Schlafzimmers mußte er ganz klar verzichten, auch wenn hier vermutlich der meiste Schmuck und die größte Menge Bargeld zu finden gewesen wäre. Aber die Nerven hatte selbst er nicht, am frühen Nachmittag in einem Zimmer umherzuschleichen, in dem die Hausherrin ein Nickerchen hielt.

Aber das Erdgeschoß würde er deswegen keinesfalls sausen lassen. Er schlich die Treppe hinab und schaute zunächst kurz in jeden Raum. Nicht, dass da irgendwo noch jemand ein Mittagsschläfchen machte. Er fand ein weiteres Schlafzimmer, welches offenbar von jüngeren Leuten benutzt wurde, noch ein Arbeitszimmer, ein geräumiges Esszimmer, die Küche und das riesige Wohnzimmer. Mit dem Wohnzimmer fing er an. Als er langsam über die kostbaren Brücken und Seidenteppiche schritt, bedauerte er für einen kurzem Moment seine aufgrund der von ihm bevorzugten Arbeitsweise begrenzten Transportmöglichkeiten. Auch keines der Gemälde würde, selbst wenn er es aus dem Rahmen schnitt, in seinen Pilotenkoffer passen.

Auf einem kleinen Sideboard sah er einen zwanzig Zentimeter hohen, goldenen Krug. Er war reich verziert und mit bunten Steinen besetzt. Sicherlich nichts echtes, aber doch eine handwerklich gute Nachbildung eines mittelalterlichen Trinkgefäßes. Vermutlich nur vergoldet, aber doch einigermaßen wertvoll. Nach kurzem Abwägen entschied er sich, den Krug stehenzulassen. Er wäre recht schwer zu einem guten Preis abzusetzen, und er würde auch einfach zu viel Platz in seinem Lederkoffer einnehmen.

Er konnte sich vage entsinnen, so einen Krug vor vielen Jahren schon einmal gesehen zu haben. War das nicht auch hier in dieser Stadt gewesen, nur in einem anderen Ortsteil? Wenn es eine Nachbildung war, hatte der andere Krug sicherlich aus der gleichen Serie gestammt. Auch damals hatte er sich entschieden, das Goldgefäß nicht mitzunehmen. Ein offenbar richtiger Entschluß, denn der Krug schien ja nicht gerade selten zu sein, was seinen Wert sicherlich noch mehr minderte.

In einem großen Vitrinenschrank fand er dann auch etwas viel Besseres. Er stand vor der umfangreichsten Sammlung antiker Taschenuhren, die er je in einem Privathaushalt gesehen hatte. Selbst manches kleine Museum konnte hier nicht mithalten. Da er sich beim Einladen beeilte, zählte er nicht genau mit, aber es waren mindestens vierzig reich verzierte, wirklich alte und ausgesuchte Stücke, die er vorsichtig in seinem Koffer verschwinden ließ. Die würden sich ganz hervorragend absetzen lassen, viel besser als irgendwelche protzigen Rolex-Uhren oder dicke Perlenketten.

Er beschloss, lediglich noch das Schlafzimmer im Erdgeschoß kurz zu inspizieren. Auf die paar Euro Haushaltsgeld in irgendeiner Kaffeetasse im Küchenschrank konnte er gut verzichten. Im rechten Nachtschränkchen fand er ein Paar ziemlich gute goldene Ringe und ein ganz annehmbares Kollier. Auf der linken Seite lag in einer Schublade eine Pistole, ein Colt Government, Kaliber 45 ACP. Er ließ die Waffe unberührt liegen, obwohl er wusste, dass Svetozar ihm tausend Euro für das Ding bezahlen würde. Er hasste Gewalt. Er hatte noch niemals eine Schusswaffe besessen und würde auch niemals eine stehlen.

Auf keinen Fall würde er vorsätzlich andere Menschen angreifen und verletzen. Nun gut, einmal hatte er, als er von einem heimkehrenden Villenbesitzer überrascht wurde, mit einer Blumenvase nach ihm geworfen, bevor er über die Terrasse davonlief. Das war jetzt mindesten zehn oder zwölf Jahre her. Ein anderes Mal war er gerade in der ersten Etage gewesen, als eine Frau vom Einkaufen zurückkam. Er hatte sich so lange versteckt gehalten, bis die Frau auf der Toilette war. Dann hatte er sie eingeschlossen und sich aus dem

Staub gemacht. Aber pure Gewalt, womöglich mit einer Waffe - nein, das kam nicht in Frage.

Nun ja, es war auch einmal jemand zu Tode gekommen, nach einem Einbruch. Aber damit hatte er eigentlich nichts zu tun. Das waren alles nur die üblichen Übertreibungen der Medien gewesen.

Er stand damals gerade in einem luxuriösen Wohnzimmer und begutachtete einen Gegenstand hinsichtlich seines vermutlichen Wertes. Plötzlich hörte er, wie die Haustür aufging und sah, wie ein etwa sechzigjähriger Mann und eine Frau so um die fünfzig hereinkamen. Er hatte sich seinerzeit nur noch seinen Aktenkoffer geschnappt und war flitzen gegangen, noch bevor man sich überhaupt richtig gegenübergestanden hatte. Erst am nächsten Morgen konnte er lesen, dass der Mann vor Aufregung einen Herzinfarkt bekommen hatte und noch in der Wohnung gestorben war. Riesige Artikel und ausführliche Nachrufe waren erschienen. Der Mann schien ein hohes Tier gewesen zu sein, Herr von Soundso. Vorstandsvorsitzender einer Bank, Aufsichtsratmitglied hier und Golf-Club-Präsident dort.

Na und? Was konnte er denn dafür? Wie konnte man ihn, den „leider unerkannt entkommenen Einbrecher", für den Tod des Mannes verantwortlich machen? Dieser Herr von Soundso wäre doch bei der nächsten Gelegenheit auch einer Herzattacke erlegen. Etwa während einer wichtigen Aufsichtsratssitzung oder beim heimlichen Bordellbesuch.

Gerade wollte er das Schlafzimmer wieder verlassen, als ihm ein Gedanke durch den Kopf schoss. Dieser Gegenstand, den er damals gerade begutachtete, als die Eheleute von Soundso ins Haus kamen. War das nicht ...? Doch, das war eben dieser ähnliche goldene Kelch gewesen, der genau so aussah, wie das Gefäß hier nebenan im Wohnzimmer. Die Dinger waren wirklich praktisch identische Exemplare.

Er beschloss, sich das Trinkgefäß noch einmal genau anzuschauen und ging zurück in den großen Wohnsaal. Wie angewurzelt blieb er vor dem Sideboard stehen. Der goldene Kelch war weg. Stand nicht mehr an seinem Platz.

Er drehte sich um.

Er sollte den Kelch nur noch einmal, für den Bruchteil einer Sekunde, zu sehen bekommen. Dann sauste das massive Stück auf seinen Schädel und alles um ihn herum verschwand im Dunkel.

Mit einer Kraft, die man der alten Dame gar nicht zugetraut hätte, schlug sie ein zweites und drittes Mal auf den Hinterkopf des auf dem Boden liegenden Mannes ein. Dann glitt der Kelch aus ihrer Hand und sie wankte zum Telefon. Sie wählte „110".

„Hallo, Polizei? Hier Constanze von Lauenbrunn, Ahorngasse 22. Man hat bei uns eingebrochen. Ein fremder Mann..., er liegt jetzt hier im Wohnzimmer ja... nein... ich glaube, ich habe ihn erschlagen... doch bestimmt... von Lauenbrunn, sagte ich doch bereits ... Nummer 22. Gut, ich warte."

Sie ging hinaus in den Vorgarten und setzte sich langsam auf die hölzerne Bank. Schon bald konnte sie die Sirene des herannahenden Streifenwagens hören.

Wo nehmen sie bloß das Geld fürs Futter her?

Martin Spiegelberg

„Wollen wir heute nicht mal im Speisesaal frühstücken?" fragte Helmholtz seine Gattin.

„Mir zu anstrengend, außerdem ist es im Bett doch so romantisch."

Helmholtz wunderte sich ein wenig über diese Antwort, denn die Romantik war aus ihrer Ehe mit den Jahren immer mehr verschwunden. Und wenn Binchen beim Frühstück im Bett irgendwelche romantischen Gefühle hatte, dann hatten sie sicher nichts mit ihm zu tun, sondern mit Christopher Lambert oder einem der anderen Schönlinge, deren Filme sie dutzendweise konsumierte.

Natürlich nur vom Sessel aus auf Video, denn der Vorschlag, mal ins Kino zu gehen, wurde von Binchen grundsätzlich mit dem Satz: „Mir zu anstrengend" abgelehnt.

Binchen hatte den Hörer schon in der Hand. „Due Frühstück, aber subito und avanti", sagte sie und legte den Hörer wieder auf. Helmholtz seufzte gottergeben. Sprachen waren nicht gerade die Stärke seiner Frau. Er hingegen war stolz auf sein ausgezeichnetes Spanisch, das er damals in Südamerika gelernt hatte. Damals... Er seufzte erneut. Es klopfte an der Tür, er machte auf, und Manolo der Kellner schob den Wagen mit dem Frühstück in das Hotelzimmer. Er zwinkerte Helmholtz zu und sagte in hastigem Spanisch etwas von Fütterung der Dickhäuter, denn das Wort „Elefant" hätte die *Señora* verstanden. Helmholtz grinste ihn an, gab ihm einen Fünfhundert-Peseten-Schein und antwortete mit dem klassischen Schlachtruf der iberischen Machos: *„Hay que ser hombre."*

Die Bemerkung, man müsse eben ein Mann sein, kam ihm aus seinem eigenen Mund inzwischen allerdings ein wenig lächerlich vor. Zehn Zentimeter kleiner als seine Frau, nicht einmal halb so schwer und völlig von ihr und dem Wohlwollen ihrer Eltern abhängig. Das war von ihm übriggeblieben. Nicht einmal seinen Namen hatte er behalten, denn Binchens Vater hatte darauf bestanden, daß er ihren

Nachnamen annahm. Sie war das einzige Kind, der Thronfolger war ihrem Vater versagt geblieben, und der Name der Düsseldorfer Metall-Dynastie durfte nicht untergehen.

Mein Gott, kann das Weib essen, dachte er zum x-ten Mal, als er sah, wie sie sich über das Frühstück hermachte. Er fühlte einen leichten Brechreiz in der Magengrube.

„Willst du nichts essen, Kalli?", rief Binchen vom Bett aus. An ihrem Kinn hing ein Eigelbfaden und sie bestrich ein süßes Brötchen fingerdick mit Honig.

„Ich komme gleich, Schatzi. Ich geh mich erst rasieren", antwortete er in der Hoffnung, daß sie, bis er mit der Morgentoilette fertig war, das Frühstück für beide verschlungen haben würde.

Als er wenig später geduscht, rasiert, mit geputzten Zähnen und frisch parfümiert aus dem Bad kam, hatte sie ihm tatsächlich gerade noch ein Stück Toast, eine Scheibe Käse und eine Tasse Kaffee übriggelassen.

„Bist selber schuld, wenn du auch immer so lange im Bad brauchst", sagte sie. Der Eigelbfleck an ihrem Kinn war inzwischen eingetrocknet und sie wälzte sich aus dem Bett, um sich anzuziehen. Er wandte sich ab, aß den Toast mit Käse und trank den Kaffee.

Als er Binchen vor gut zwanzig Jahren kennengelernt hatte, hätte man sie, die blonde rheinische Frohnatur, mit etwas gutem Willen als „vollschlank" bezeichnen können. Später wären die Bezeichnungen über „füllig", „pummelig" und „stattlich" bis „fett" gegangen. Für ihren jetzigen Zustand fiel Helmholtz beim besten Willen kein Wort ein. Auf die Frage, ob sie Kinder hätten, pflegte er seit einiger Zeit zu antworten: „Sehen wir aus wie Artisten?"

Binchen brach dann immer in Kichern aus und sagte: „Ach, mein Kalli. Immer einen Scherz auf den Lippen."

Zum Lachen war ihm schon lange nicht mehr zumute.

„Vergiß nicht, daß du noch das Kabrio holen willst", sagte Helmholtz.

„Kannst du das nicht machen, Kalli? Es ist doch so weit zur Autovermietung und bei der Hitze, außerdem kann ich doch kein Spanisch."

„Du wolltest unbedingt das Kabrio haben, und der Laden ist höchstens hundert Meter vom Hotel entfernt. Die Angestellten sprechen alle fließend Deutsch, außerdem hat der Arzt gesagt, du sollst dich mehr bewegen", sagte Helmholtz. Es war wichtig, daß sie das Auto holte.

„Immer muß ich alles machen", maulte Binchen. „Ich wollte sowieso nicht auf diese blöde Insel. Ich wäre lieber auf Kreuzfahrt gegangen. Und jetzt holst du mir nicht mal das Auto. Wo's doch schon so heiß ist draußen."

„Vergiß deinen Führerschein und deine Kreditkarte nicht, Schatzi. Wir treffen uns dann vor dem Hotel", sagte Helmholtz unerbittlich. Manchmal mußte man energisch sein, *hay que ser hombre.*

Sie zog sich ein geblümtes Kleid über. Früher hatten ihr noch Sachen von der Stange gepaßt, später mußte sie in Spezialgeschäften für Übergrößen einkaufen, dann ließ sie ihre Sachen nach Maß anfertigen. Was sie jetzt trug, sah aus, als hätte es Omar der Zeltmacher angefertigt.

„Also gut", seufzte Binchen, schulterte ihre Handtasche und stapfte aus der Tür.

Helmholtz nahm sein schönstes Seidentuch aus der Kommode, schließlich war heute ein besonderer Tag. Er stellte sich vor den kleinen Spiegel und band es kunstvoll. Er brauchte fast fünf Minuten, bis er mit dem lässigen Fall des Tuches zufrieden war. Dann ging er zum großen Spiegel und betrachtete sich eingehend. Die sonnengebräunte Haut, die sportliche Figur, der gepflegte kleine Schnurrbart, er sah für Mitte vierzig verdammt gut aus. Das meinte Susi auch. Und Manuela. Und Yukiko. Er konnte noch viel Spaß haben, die Heimlichkeiten würden bald vorbei sein. Nach einer angemessenen Trauerzeit selbstverständlich. Den schwarzen Anzug hatte er schon ausgesucht. Er lächelte versonnen, wobei er seine perfekten weißen Zähne bewunderte. Dann nahm er sein blaues Sacco mit den Goldknöpfen aus dem Schrank, das paßte gut zu der weißen Leinenhose, und setzte die Kapitänsmütze auf, die Binchen ihm gekauft hatte. Er holte einige Sachen aus dem obersten Fach des riesigen Kleiderschrankes - er hatte ein Versteck ausgesucht, das Binchen aus lauter Trägheit nie finden würde -, packte die Sachen in seine Umhängetasche und schlenderte aus dem Zimmer zur Hotelbar. Bis Binchen den Weg zur Autovermietung geschafft hatte, bis sie die Formalitäten hinter sich gebracht hatte - sie war unglaublich umständlich, wenn es um solche Dinge ging - war noch genug Zeit für eine kleine Stärkung. Er hatte sich in letzter Zeit angewöhnt, nach dem Frühstück einen Cognac zu trinken.

„Morgen, Paco", sagte er zum Barkeeper. „Gib mir bitte einen *Lepanto*."

Er hatte sich schnell mit den Angestellten angefreundet, denn es gab nicht viele Touristen, die die spanische Sprache beherrschten.

„Ein *Lepanto*. Sehr wohl, *Señor*. Haben Sie heute Geburtstag?"

„Das Leben, lieber Paco", sagte Helmholtz, „ist zu kurz, um schlechten Cognac zu trinken, um schlechte Bücher zu lesen, oder um sich mit langweiligen Menschen abzugeben." Bevor Helmholtz in die Metallfamilie eingeheiratet hatte, hatte er guten Cognac nicht von schlechtem unterscheiden können. Die Menschen, mit denen er zu tun hatte, waren samt und sonders sterbenslangweilig, und Bücher hatte er noch nie gelesen. Höchstens Binchens Sparbücher.

Paco lachte pflichtschuldigst und füllte das Glas besonders großzügig.

Helmholtz trank den Cognac schnell, aber mit Genuß. Dann sagte er: „Gib mir noch einen, Paco, einen vorletzten." Er hütete sich, einen letzten zu bestellen, denn das brachte im spanischen Volks-Aberglauben Unglück.

„Einen vorletzten. Sehr wohl, *Señor*." Diesmal machte er das Glas noch voller als sonst.

Helmholtz sah das knallrote Kabrio mit Binchen am Steuer vorfahren. Er trank den Cognac aus, zahlte, wobei er wie immer ein gutes Trinkgeld gab, und ging auf die Tür des Hotels zu.

„Vielen Dank, *Señor*. Und einen schönen Tag!" rief Paco ihm nach. Den werde ich haben, dachte Helmholtz und steuerte auf Binchen und das Auto zu. Dabei genoß er die bewundernden Blicke der vier bleichen Damen britischer Herkunft, die um einen Tisch herumsaßen, Tee tranken und Bridge spielten.

„Wo bleibst du denn? Ich wart schon die ganze Zeit", jammerte Binchen, als er sich auf den Beifahrersitz setzte.

„Ich habe mich noch ein bißchen mit dem Barmann unterhalten. Er hat hier so wenig Ansprache, der arme Kerl."

„Manchmal glaube ich, du redest lieber mit diesen ungebildeten spanischen Bauern als mit mir."

Das könnte schon wahr sein, mein Schatz, dachte Helmholtz. Diese Bauern sagen manchmal recht kluge Dinge, und sie haben ein Niveau, das du nie erreichen wirst.

Diese Leute waren die Nachkommen der Conquistadoren, die die halbe Welt erobert hatten. Ihnen fühlte sich Helmholtz mehr zugehörig als seinen Landsleuten. Und wenn man's genau nimmt, dachte er, sehe ich auch eher wie ein Spanier aus als wie ein Teutone.

„Aber nein, Schatzi", sagte er. „Es macht mir bloß manchmal Spaß, mal wieder Spanisch zu reden, ehe ich es ganz verlerne."

„Du solltest dich lieber um die spanischen Geschäftspartner der Firma kümmern. Aber dazu ist sich der Herr ja zu fein."

Von wegen, dachte er. Am Gängelband deines selbstherrlichen Vaters den Hofhund spielen, das könnte dir so passen. Lieber mache ich gar nichts.

„Aber da machst du ja lieber gar nichts und läßt dich aushalten", sagte Binchen, als hätte sie seine Gedanken gelesen.

Jaja, ich lasse mich aushalten. Du dagegen bist schon seit Jahren nicht mehr auszuhalten, dachte Helmholtz und grinste in sich hinein. Er verwandelte das Grinsen in sein gewohntes strahlendes Lächeln und sagte: „Ach, weißt du, Schatzi, in der Firma würde ich mehr Unheil anrichten als nützen, das hat Papa doch selbst gesagt. Also lasse ich lieber die Finger davon."

„Du bist und bleibst einfach ein Taugenichts", sagte sie. „Aber ein lieber." Dabei produzierte sie die Karikatur eines süßlichen Lächelns.

Ihm drehte sich der Magen um, und die zwei mehrstöckigen Schnäpse rumorten gehörig in seinem Gehirn, als Binchen mit achtzig in eine Kurve ging.

„Eben", sagte er. „Was sollen wir uns streiten? Es ist ein wunderschöner Tag, und wir haben uns doch so auf den Ausflug gefreut."

„Was hast du denn in der Tasche?" fragte Binchen.

„Badezeug. Ich dachte, vielleicht kommen wir in San Vicente an den Strand."

„Du willst doch wohl nicht in diese Drecksbrühe reingehen", sagte sie. „Da wimmelt es doch von Kolibakterien, und Ölpest und Quallen gibt es auch."

Sie ging nie an den Strand, es gab keinen Badeanzug, der ihr gepaßt hätte, und irgendwo hatte sie noch einen kleinen Rest Schamgefühl, deshalb hatte sie sich auch keinen anfertigen lassen. Nein, geschwommen war sie seit zehn Jahren nicht mehr, und auch andere Versuche, sich sportlich zu betätigen - Aerobic, Skilanglauf, Radfahren - waren nach kürzester Zeit in die Kategorie „Mir zu anstrengend" eingeordnet worden.

„Dann eben nicht“, sagte er.

„Du kannst ja morgen baden gehen. Aber heute machst du den Ausflug mit mir.“

Und läufst an der kurzen Leine, ohne zu bellen und zu beißen, ergänzte er innerlich.

Wenig später kamen sie in San Vicente an. Binchen parkte den Wagen vor der mittelalterlichen Kirche, die eine der Attraktionen der Insel war.

„Komm, wir sehen uns die Kirche an. Da drin ist es sicher nicht so heiß wie hier draußen“ sagte Helmholtz.

Von Binchen kam das stereotype „Mir zu anstrengend“, diesmal mit dem Zusatz: „Und kühl ist es im Café auch.“

Helmholtz schlenderte auf die Kirche zu, die weiß gekalkt war, wie fast alles auf dieser Insel. In der Kirche war es wirklich so kalt, daß er fröstelte. Die Mauern waren meterdick, schließlich hatte die Kirche auch als Zuflucht vor allen möglichen Eroberern gedient, die die Insel im Lauf der Jahrhunderte heimgesucht hatten.

Helmholtz sah sich in Ruhe alles an, was im Reiseführer als sehenswert angepriesen worden war, dann ging er zurück auf den Vorplatz. Es war Nebensaison, außer Binchen saßen nur ein paar Einheimische auf der schattigen Terrasse des Cafés. Aber sie wäre auch in einem Rudel von Pauschaltouristen aufgefallen. Sie arbeitete sich zielstrebig durch ein Sortiment von Kuchen, Torten und anderem Gebäck, das den ganzen Tisch einnahm. Sie wurde von den Erwachsenen mit verstohlenen und von den Kindern des Ortes mit offen amüsierten Blicken gemustert. So etwas hatten diese Leute, deren Vorfahren seit zwei Jahrtausenden alles Mögliche erlebt hatten, noch nicht gesehen.

Helmholtz war es peinlich, aber an dieses Gefühl hatte er sich schon lange gewöhnt. Er setzte sich zu ihr. Der Kellner kam und musterte ihn mit einem mitleidigen Blick. Er bestellte einen Kaffee mit Cognac, und als er ihn ausgetrunken hatte war auch Binchen mit ihrem zweiten Frühstück fertig.

„Was sollen wir denn jetzt noch machen?“ fragte sie, als sie wieder im Auto saßen. Das „jetzt noch“ klang, als hätten sie schon ein umfangreiches Ausflugsprogramm hinter sich.

„Mich würde das Meerwasser-Aquarium interessieren. Das ist nicht weit von hier, und in der Nähe ist ein bekanntes Fischrestaurant", sagte Helmholtz.

„Fischrestaurant klingt gut, aber das Aquarium ist doch wieder so'ne anstrengende Latscherei."

„Ist es nicht", sagte Helmholtz und schlug den Reiseführer auf. „Hier steht, daß man auf Wunsch auch mit einem Elektrokarren herumgefahren wird. Und „*Los Tiburónes*" hat den längsten Unterwassertunnel der ganzen Inselgruppe."

„Das ist natürlich was anderes, wenn man nicht so viel laufen muß. Und der Tunnel ist sicher interessant. Was heißt denn „*Los Ti...*"

„*Tiburónes*", ergänzte Helmholtz. „Das heißt 'die Haifische'. Die haben laut Reiseführer auch die größte Sammlung von Haien in ganz Spanien."

„Wahrscheinlich die einzige", meinte Binchen.

Eine Viertelstunde später parkten sie vor dem Schild mit der Aufschrift „*Aqua Park Los Tiburónes.* José Maria Vargas." Die Farbe auf dem Schild war teilweise abgeblättert, und die ganze Anlage wirkte heruntergekommen. Auf dem Parkplatz standen nur zwei Autos und ein Geländemotorrad.

„Sieht aus, als wäre es zu", sagte Binchen.

„Kann nicht sein. Hier steht, es ist das ganze Jahr täglich von morgens zehn bis abends acht geöffnet."

Sie stiegen aus und gingen die paar Schritte zur Kasse. Die Eintrittskarten waren erstaunlich günstig, es gab auch eine Videokassette und einen Fotoband vom Aqua Park zu kaufen, beides aufgenommen von einem Juan Vargas. Hinter der Kasse saß ein dickbäuchiger verschwitzter Mann, der ein gelbliches T-Shirt trug, alte Jeans und einen Stoppelbart. Er nahm das Geld, schob die Karten rüber und schaute die Gäste kurz an. Dann stutzte er, sah nochmal hin, und auf einmal kam Leben in sein mißmutiges Gesicht.

"Eso es increíble! Señora Helmholtz!"

„Woher kennen Sie mich?" fragte Binchen ungläubig.

„Wie werde ich Sie nicht kennen, *Señora*! Ich habe fünfzehn Jahre lang für Ihren Herrn Papa gearbeitet. In Düsseldorf."

Der Mann sprach Deutsch mit einem kaum wahrnehmbaren Akzent. Er sprang von seinem Stuhl auf und kam aus dem Kassenhäuschen heraus. Er lachte über's ganze Gesicht und zeigte dabei einen prächtigen goldenen Schneidezahn. Komisch, dachte Helmholtz, in südlichen Ländern bewegen sich auch die Dicken mit einer gewissen Eleganz.

Der Kassierer war inzwischen dabei, Binchen wild die Hand zu schütteln. Helmholtz hatte das Gefühl, er würde sie gar nicht mehr loslassen.

„Gestatten, mein Name ist José Maria Vargas, ich bin der Besitzer dieses bescheidenen Unternehmens. Aber nennen Sie mich bitteschön Pepe, wie alle anderen."

Es war kaum zu fassen, Binchen war rot geworden wie eine Vierzehnjährige. Falsch, rügte sich Helmholtz, heutzutage werden auch die Vierzehnjährigen nicht mehr rot.

„Äh... Sehr erfreut, Herr..."

„Pepe!" sagte der Mann.

„Herr...Pepe. Das ist mein Mann Karl-Heinz", sagte Binchen, wobei sie ungeschickt auf Helmholtz deutete.

Der Spanier nahm kurz seine Hand und sagte: „Angenehm", ohne Helmholtz richtig anzusehen.

„Wenn *Señora* Helmholtz mir die Ehre gibt, ist es mir ein Vergnügen, Sie beide persönlich herumzuführen. Sie sind selbstverständlich eingeladen."

Er hüpfte wie ein Gummiball zurück in sein Kassenhäuschen, kam mit den paar Geldscheinen zurück, die die Eintrittskarten gekostet hatten, gab sie Binchen und sagte: „Am Ende Ihrer Besichtigung werde ich Ihnen das Video, das mein Bruder Juan von unserer Anlage gemacht hat, als Geschenk mitgeben."

Er stieß einen lauten spanischen Redeschwall aus, ein magerer alter Mann tauchte aus einer Tür des Wirtschaftsgebäudes auf und nahm den Platz an der Kasse ein.

„Nur für den Fall, daß noch andere Gäste kommen. Wahrscheinlich werden wir zw... drei allerdings allein sein, denn es ist Nebensaison und die Geschäfte laufen nicht besonders gut. Warten Sie bitte einen Moment, ich komme gleich mit dem Elektro-Auto."

„Der überschlägt sich ja fast", konstatierte Helmholtz. „Er muß gute Erinnerungen an seine Zeit in Deutschland haben."

„Ich bin sicher, er hat sich in unserem Betrieb wohlgefühlt. Unsere Sozialleistungen waren schon immer vorbildlich."

Ich weiß, ich weiß, hätte Helmholtz fast gesagt, aber er verkniff es sich.

„Mir ist der Kerl einfach zu aufdringlich", sagte er. „Er kann ja die Finger kaum von dir lassen. Wahrscheinlich spekuliert er auf ein gutes Trinkgeld."

Binchen sah ihn an, als käme er vom Mars. „Ist das etwa Eifersucht? Mein Gott, Kalli wird auf seine alten Tage noch zum rasenden Othello." Sie fing an zu kichern, ihr Gesicht verfärbte sich rot, und sie mußte sich auf eine Bank setzen, sonst wäre sie vielleicht ohnmächtig geworden.

Das wäre natürlich eine noch elegantere Lösung, dachte Helmholtz, wenn sie hier und jetzt kollabiert und an Herzversagen draufgeht. Würde mir einen Haufen Geld sparen.

Ihre Gesichtsfarbe war wieder normal, aber sie kicherte immer noch leise, als Pepe mit dem Elektrokarren zurückkam.

„Das freut mich, *Señora,* daß Sie so gut gelaunt sind", sagte der Spanier, stieg schwungvoll vom Karren und bot Binchen mit grandioser Geste seinen Arm an. Sie stand auf, legte ihren Arm in seinen und ließ sich zum Karren führen. Sogar mit einer gewissen Grazie, wie Helmholtz verwundert feststellte.

„Wenn Sie bitte auch aufsteigen würden, *Señor*", sagte Pepe, Helmholtz trottete hinter seiner Frau her und setzte sich auf den Rücksitz. Binchen hatte sich natürlich neben Pepe gesetzt.

Sie fuhren -endlos, wie es Helmholtz schien- durch den Park, der nichts zu bieten hatte, außer ein paar zerzausten Papageien, einem Becken, in dem zwei Delphine, deren Haut fast völlig von Pilzen zerfressen war, lustlos ihre Kunststückchen vorführten, und einem Gehege mit räudigen Schimpansen. Dabei redete Pepe in einem fort und Binchen hing gebannt an seinen Lippen. Schließlich sagte Pepe: „So, meine Herrschaften, und jetzt präsentiert Ihnen José Maria Vargas den absoluten Höhepunkt des Aqua Parks: Den Haifischtunnel."

Sie fuhren eine Rampe hinunter, und es schien ihnen, als befänden sie sich auf einmal in absoluter Dunkelheit. Ihre Augen gewöhnten sich langsam an das Dämmerlicht, das hier unten herrschte, und schließlich konnten sie alles erkennen. Der Tunnel hatte einen Durchmesser von etwa zwei Metern fünfzig, man konnte also mühelos mit dem Elektrokarren durchfahren. Pepe hielt den Karren an und hielt einen Vortrag über die verschiedenen Arten von Haien, die sich im Becken befanden. Es war gespenstisch. Die Fische glitten durch das Becken, lautlos und elegant, sie zeigten ihre Zähne und musterten die Besucher mit winzigen kalten Augen.

„Sagen Sie, Herr... äh... Pepe, so sehr viel ist ja bei Ihnen nicht los", sagte Binchen.

Das war gewaltig untertrieben, sie waren die einzigen Gäste weit und breit.

„Wo nehmen Sie bloß das Geld fürs Futter her?"

Typisch, das ist mal wieder alles, woran sie denken kann, dachte Helmholtz, aber er hatte nicht mit Pepes Erfindungsreichtum und Improvisationsgeschick gerechnet.

„Können Sie ein Geheimnis für sich behalten, *Señora*?", fragte er mit gedämpfter Stimme und Verschwörermiene. Dabei rückte er näher an Binchen heran, und unternahm den aussichtslosen Versuch, ihr den Arm um die Schultern zu legen. Sie nickte aufgeregt und wurde wieder rot wie ein Backfisch.

„Die Fische sind nicht echt", flüsterte er. Sakrament, dieser Pepe war ein Genie. Er hatte die Anmachertour etwas übertrieben, aber jetzt hatte sie ihm selbst den Vorwand gegeben, sie wegzulocken.

„Wie, nicht echt?", fragte sie.

„Sie haben vollkommen recht, *Señora*, wir könnten uns das Futter für zwanzig Haie dieser Größe nicht leisten. Deshalb haben wir elektrisch betriebene Attrappen genommen."

Gerade schwamm ein Hammerhai am Tunnel vorbei, der durch die vergrößernde Wirkung des Glases noch riesiger wirkte, als er ohnehin schon war.

Binchen war völlig aus dem Häuschen. „Und wie funktioniert das?", fragte sie aufgeregt.

„Wir haben eine Schaltzentrale, da sitzt ein Angestellter, der die Fische per Fernbedienung bewegt. Nachts kommen sie aufs Trockene, und ihre Batterien werden aufgeladen."

„Unglaublich!" Binchen sah ein fünf Meter langes, gefährlich aussehendes Exemplar vorbeischwimmen. „Herr... Pepe, alles glaube ich Ihnen, aber das nicht."

Sie hat den Köder geschluckt, dachte Helmholtz und frohlockte innerlich.

„Sie haben mein Wort, gnädige Frau." Oh Gott, jetzt war er von „*Señora*" schon zu „gnädige Frau" vorgedrungen. Er übertrieb wirklich etwas, aber sie fiel darauf rein, und das war die Hauptsache.

„Und wenn Sie mir nicht glauben, werde ich ihnen mit Vergnügen die Zentrale zeigen. Niemand soll sagen, daß José Maria Vargas seine Gäste belügt. Allerdings nur unter einer Bedingung."

„Welche?", fragte Binchen.

„Sie dürfen niemand auf der Welt jemals etwas davon erzählen, was Sie jetzt gleich sehen werden. Und das gilt selbstverständlich auch für den *Señor*."

„Sie können sich auf mich verlassen", sagte Helmholtz. „Aber ich möchte mir das nicht ansehen. Mir ist nicht gut."

„Och Kalli! Komm doch mit", maulte Binchen. „So etwas kriegst du nie mehr zu sehen."

„Nein, wirklich nicht. Ich gucke mir lieber noch etwas die Fische - oder vielmehr die technischen Wunderwerke- an."

„Ich werde die Frau Gemahlin nicht allzulange entführen", sagte Pepe, reichte ihr wieder den Arm und geleitete sie durch den Tunnel zu einer Tür. Hoffentlich nicht, dachte Helmholtz. Mach es kurz, sie soll nicht lange leiden, eigentlich war sie ja ganz nett. Er wunderte sich selbst darüber, daß er an sie schon in der Vergangenheit dachte.

Helmholtz ging auf den Ausgang zu. Ohne zu trödeln, aber auch nicht mit übertriebener Eile. Ohne jemand direkt anzusehen, aber auch ohne auffällig wegzugucken. Als er zum Auto kam und in seiner Hosentasche nach dem Autoschlüssel kramte, fiel ihm ein, daß Binchen die Schlüssel in ihrer Handtasche hatte, die sie niemals aus den Augen ließ. Er grinste in sich hinein. In der Unterwelt von Buenos Aires hatte man ihn *serpiente* genannt, die Schlange. Wegen seiner Schnelligkeit, und wegen seiner Gnadenlosigkeit. Es gibt Dinge, die verlernt man auch nach jahrelangem geruhsamem Eheleben nicht. Drei Minuten später fuhr er in Richtung Norden.

Er hatte sich überlegt, ob er das Verdeck des Autos zumachen sollte, hatte sich aber dagegen entschieden. Das Modell, das er fuhr, war hier so verbreitet, daß sich niemand an ihn erinnern würde, und ein geschlossenes Kabrio würde bei dem Wetter eher auffallen. Er beobachte sorgfältig die Fahrzeuge, die hinter ihm fuhren, und eine Zeit lang dachte er, ein Motorrad würde ihn verfolgen. Es bog kurz vor La Siesta in einen Feldweg ein und murmelte halblaut, als würde er belauscht: „Nur nicht paranoid werden, Alter. Dir kann nichts passieren."

Im Norden der Insel lag die berühmte Küstenstraße. Berühmt für den grandiosen Ausblick und die gefährlichen Kurven. Die engste Kurve mit dem schönsten Blick hieß aus naheliegenden Gründen *curva del diablo*, denn der Teufel forderte hier immer wieder seinen Tribut. Jedes Jahr starben einige Touristen, die versuchten, gleichzeitig die Schönheit des Ausblicks zu genießen und mit der engen Kurve fertig zu werden. Die meisten dieser Touristen fuhren offene Autos.

Es gab hier einen *miradór*, also einen Aussichtspunkt mit Parkplatz, auf dem Helmholtz das Kabrio abstellte. Er konnte die Küstenstraße nach beiden Seiten beobachten, so daß er sicher war, daß ihn niemand beim Beseitigen des Wagens erwischen würde. Er mußte zehn Minuten warten, aber er hatte sogar daran gedacht, einen Photoapparat mitzunehmen, deshalb sahen die Vorbeifahrenden nur einen unauffälligen Touristen, der Photos machte, und vergaßen ihn sofort wieder. Schließlich war die Straße frei. Helmholtz nahm seine Tasche aus dem Kofferraum, setzte sich in den Wagen, ließ ihn an und fuhr ihn auf die Straße. Zum Glück hatte Binchen einen Automatikwagen genommen, das war aber naheliegend, denn auch der Umgang mit einem Schaltgetriebe war ihr „zu anstrengend". Helmholtz hatte schon vorher einen kräftigen Stock von einem Meter fünfzig Länge gefunden. Er löste die Handbremse und legte den Schalthebel auf „vorwärts". Während das Auto langsam anfing zu rollen stieg er aus und stieß den Stock kräftig auf das Gaspedal. Das Kabrio machte einen Satz vorwärts und verschwand auf Nimmerwiedersehen. Der Abgrund war fünfhundert Meter tief, Helmholtz hörte nur ein leises „Platsch", als das Auto ins Meer fiel.

Schade, es war noch fast neu, dachte er. Obwohl, warum eigentlich? Die Firma ist versichert, und wenn ich Binchens Geld habe, setze ich mich nie mehr in so eine Proletenkutsche. Dann läuft unter Ferrari gar nichts mehr. Jeder wußte, daß Binchen nie einen Sicherheitsgurt anlegte. Logisch, der Gurt, der ihr paßte, mußte noch erfunden werden. Er hatte gelesen, daß die Meeresströmung hier besonders stark war, also war es nicht verwunderlich, wenn ihre Leiche nie gefunden würde.

Er hörte ein Auto kommen und versteckte sich in einem Gebüsch. Dann zog er sich bis auf die Unterhose aus, und zog die grobe Baumwollhose, das fleckige Hemd und die schäbige Jacke an, die Sachen, die er in der Umhängetasche mitgenommen hatte. Ein ausgefranster Strohhut machte den einheimischen Bauern komplett. Er überlegte, ob er ein Foto mit Selbstauslöser von sich machen sollte, denn das hatte wirklich Seltenheitswert. *Serpiente*, der eleganteste Gangster von Buenos Aires, oder der schöne Carlos, wie er in der Düsseldorfer Scene genannt wurde, als spanischer Bauer verkleidet. Bist du blöde, sagte er zu sich selbst, das belastende Beweismaterial auch noch selbst herzustellen?

Der Stock, mit dem er das Auto über die Klippe befördert hatte, leistete ihm gute Dienste als Wanderstab, und er erreichte den nächsten Ort eine Stunde später. Seine eleganten Klamotten hatte er säuberlich zusammengelegt und in der Umhängetasche verstaut. Er nahm den Bus in die Hauptstadt, und fand eine öffentliche Toilette, die er als ärmlicher Bauer betrat und als modisch gekleideter Tourist wieder verließ.

Die Zeit reichte noch, um vor dem Abendessen zu baden und sich umzuziehen. Er wusch sich sehr gründlich, denn er fühlte sich durch den Mord irgendwie besudelt, obwohl er ihn nicht persönlich begangen hatte. Das war schon früher sein großer Fehler gewesen. Er hatte Abscheu vor körperlicher Gewalt, und überließ die Dreckarbeit lieber anderen. Auf diese Weise hatte er einen Mitwisser, aber das ließ sich nun mal nicht vermeiden. Außerdem hatte Pepe aus seiner Düsseldorfer Zeit den Ruf, äußerst diskret zu sein, und er bezahlte ihn gut.

Helmholtz zog seinen Abendanzug an, trank noch einen trockenen Sherry an der Bar und ging dann in den Speisesaal. Jeder Tisch war für vier Personen gedeckt und seine Tischgenossen, die Knesebecks, waren schon da.

„Schönen guten Abend, Herr Helmholtz", sagte Frau Knesebeck. „Wo ist denn die Frau Gemahlin?"

„Sie müßte gleich kommen. Wissen Sie, wir haben heute einen Ausflug im Kabrio gemacht, und sie wollte sich unbedingt noch die Küstenstraße im Norden ansehen. Ich habe dankend verzichtet, mir wird doch beim Autofahren so leicht schlecht."

„Gefährlich, die Küstenstraße", sagte Knesebeck. Er war pensionierter General und hatte sich die verstümmelte militärische Ausdrucksweise nie abgewöhnt.

„Schon drei Mann über die Klinge gesprungen, dieses Jahr, hört man."

„Albert!", sagte seine Frau. „Nun mach doch dem Herrn Helmholtz keine Angst."

„Meine Frau ist eine sehr gute und vorsichtige Autofahrerin", sagte Helmholtz. „Und das Mietauto ist ganz neu und in ausgezeichnetem Zustand. Wahrscheinlich hat sie noch eine Imbisspause gemacht und kommt etwas später."

„Ja, wahrscheinlich." Frau Knesebeck sah ihn mit jenem mitleidigen Blick an, den alle Leute bekamen, wenn es um Binchens Äußeres ging.

„War immer dagegen, daß Frauen Führerscheine machen", knurrte Knesebeck. „Fahren entweder lahmarschig oder wie gesengte Sau."

„Albert!", sagte Frau Knesebeck.

„Ist doch wahr", war seine Antwort. Er wirkte in Zivil und ohne Monokel irgendwie nicht komplett.

„Was haben Sie denn alles angeschaut?", fragte Frau Knesebeck, um von den Taktlosigkeiten ihres Mannes abzulenken.

„Wir waren zuerst in San Vicente und haben uns die Kirche angesehen. Dann waren wir noch im Aqua Park."

„Hört man ja schlimme Sachen von", sagte Knesebeck. „Besitzer soll in Deutschland Obermafioso gewesen sein."

„Also wirklich, Albert, das sind doch nur Gerüchte. Aber die Anlage ist wohl in recht verkommenem Zustand, sagt man."

„Nun", sagte Helmholtz, „bis auf den Haifischtunnel ist es wirklich nichts Besonderes."

„Kolossale Burschen, diese Haie. Fressen alles, was ihnen vor die Flinte kommt. Frage mich, wie das finanziert wird", meinte Knesebeck.

„Es wird ja gemunkelt, der Park sei immer knapp am Konkurs", sagte Frau Knesebeck.

Helmholtz verabscheute diese typisch teutonische Angewohnheit, die schlimmsten Dinge über andere Leute zu sagen, und sie dann durch Floskeln wie „man sagt", „es heißt", oder durch ein eingestreutes „soll" zu relativieren. Woanders nannte man das üble Nachrede, bei Leuten wie den Knesebecks galt es als Konversation.

„Als wir da waren, waren wir in der Tat die einzigen Gäste. Wo nehmen sie bloß das Geld fürs Futter her, wenn die Geschäfte immer so mies laufen?"

„Haschisch!", trompetete der General. „Gilt als großer Drogenhändler, dieser Vargas. Hätte es unter Franco nicht gegeben!"

„Ja, es heißt wirklich, der Aqua Park sei nur eine Tarnung für einen florierenden Haschischhandel", sagte seine Frau.

Die Knesebecks verbrachten jedes Jahr sechs Monate hier, und was den Inselklatsch anging, waren sie wirklich kompetent. Aber hier waren sie ausnahmsweise nicht ganz informiert, denn bei Pepe kriegte man nicht nur Haschisch, sondern vom Heroin bis zum Maschinengewehr alles, was das Herz begehrte.

„Wohl doch über die Klippe gegangen, Ihre Gnädigste", sagte Knesebeck, als das Dessert gebracht wurde.

„Sie ist so sprunghaft manchmal", sagte Helmholtz. „Bestimmt hat sie sich spontan entschlossen, noch etwas anderes zu unternehmen."

„Habe mir unter sprunghaft immer was anderes vorgestellt als die Gnädigste. Hähähä."

Helmholtz zog es vor, den Digestiv in angenehmerer Gesellschaft -seiner eigenen- zu trinken und verabschiedete sich höflich. Er machte einen Spaziergang durch den Ort, trank in verschiedenen Bars Cognac und plauderte mit den Barkeepern. Jetzt, wo es vorbei war, war er so überglücklich, daß ihm nicht mal die unerträglichen Knesebecks die Laune verderben konnten. Endlich war er die bescheuerte Kuh los und hatte das Geld. Sie hatten natürlich ein Testament auf Gegenseitigkeit gemacht.

In Gedanken versunken darüber, wohin er mit der Kohle auswandern sollte -Acapulco, Rio oder vielleicht Bali- ging er langsam und leicht angedudelt vor Freude und durch den Cognac zurück ins Hotel.

„Guten Abend, Rosita", begrüßte er die Rezeptionistin.

„Guten Abend, *Señor*", antwortete sie. „Die *Señora* ist schon auf dem Zimmer."

„Die was!?"

„Sie hat den Schlüssel gerade abgeholt. Vor fünf Minuten", antwortete Rosita.

„Das muß... War es wirklich meine Frau.?"

Helmholtz brach am ganzen Körper der Schweiß aus. Er wurde kreidebleich.

„Ich glaube nicht, daß ich sie verwechseln würde", sagte Rosita mit dem wohlbekannten mitleidigen Gesichtsausdruck.

Sein Herz raste, er konnte keinen klaren Gedanken fassen.

„Ist Ihnen nicht gut? Sie sind so blass. Soll ich einen Doktor holen?", fragte Rosita.

„Neinneinnein, schon in Ordnung", sagte Helmholtz, wandte sich ab und ging zur Treppe. Er stieg langsam Stufe um Stufe hoch. Irgendwas war schiefgelaufen. Aber was? Langsam kam er wieder zu sich. Schließlich war er *serpiente* der Gangster, und es gab keine Situation, mit der er nicht fertig wurde. Ihm würde schon eine Erklärung für sein plötzliches Verschwinden einfallen. Und Pepe konnte sich auf was gefaßt machen, wenn er ihn in die Finger kriegte. Wenn es sein mußte, konnte er seinen Widerwillen gegen Gewalt auch überwinden. Er war an der Zimmertür angekommen und klopfte.

„Komm rein, Kalli, es ist offen!", rief Binchen. Wäre doch gelacht, dachte er, wenn mir nicht eine Story einfiele, die diese Nullintelligenzlerin mir abnimmt. Er ging in das Zimmer.

Binchen saß auf einem Sessel und richtete einen kleinen Revolver auf ihn, der in ihren Händen wie ein Spielzeug -aber nichtsdestotrotz gefährlich- aussah.

„Überraschung!", flötete sie mit jenem verlogenen süßlichen Ton in der Stimme, den er schon immer gehaßt hatte.

„Rühr dich nicht vom Fleck, Kalli. Sonst bist du tot." Er blieb wie angewurzelt stehen.

Sie nahm mit der linken Hand den Hörer vom Telefon und rief die Rezeption an, ohne ihn aus den Augen zu lassen und ohne die Hand mit der Knarre zu bewegen. Sie sagte in fließendem, fast akzentfreiem Spanisch, sie habe einen Einbrecher erwischt, man solle bitte die Polizei holen. Dann legte sie auf.

„Aber Binchen", sagte er verdattert, „wo hast du denn Spanisch gelernt?"

„Von Pepe natürlich. Für die zukünftige Chefin des *Aqua Park Los Tiburónes* ist es doch wohl angebracht, die Landessprache einigermaßen zu beherrschen. Außerdem unterhält Pepe sich mit seiner *querída* gerne in seiner Muttersprache."

Helmholtz konnte es nicht glauben.

„Die Beweiskette ist übrigens lückenlos, mein lieber Kalli. Wir wußten nicht genau, was du mit dem Auto vorhattest, deshalb ist dir Juanito auf dem Motorrad gefolgt. Als du zur Küstenstraße fuhrst, war alles klar. Juanito kennt auf dieser Insel jeden Feldweg, und bis du an der *curva del diablo* warst, lag er schon mit seiner Videokamera auf der Lauer. Das Ende des Autos ist minutiös aufgezeichnet."

Fotobuch und Video von Juan Vargas. Natürlich, dachte Helmholtz, Pepes Bruder.

„Das beweist noch gar nichts", sagte er. „Das interessiert höchstens die Versicherungsdetektive. Die Bullen lachen sich darüber tot."

„Juanito hat natürlich auch gefilmt, als du Pepe die fünfzigtausend Anzahlung übergeben hast. Und was du dabei zu ihm gesagt hast, hat er per Richtmikrophon aufgenommen."

Finito, dachte Helmholtz. Das reicht für eine Verurteilung.

Jemand hämmerte an die Tür. „*Abrír la puerta! Policía!*"

„*Un momento*!", rief Binchen.

„Aber... Warum?", fragte Helmholtz.

„Weißt du das nicht, Kalli? Ein großer Fehler, den viele Leute machen, ist zu denken, Sex sei nur was für die jungen sportlichen Typen. Kennst du nicht das Lied 'Animal Crackers' von Melanie?"

Er kannte nur Elvis und die Beatles, und auch die waren ihm im Moment egal.

„In diesem Lied gibt es eine Zeile, die heißt:

...so I'll be a fatty for all my life.

But some people think that fatties are nice."

Es war unglaublich. „Du und Pepe?"

„Ja. Ich und Pepe. Und wenn du das meinst: Nein, Pepe Vargas ist kein Artist, aber für einen Mann seiner Leibesfülle ist er verdammt gelenkig."

Das Hämmern an der Tür wurde lauter. Binchen wälzte sich aus dem Sessel, um aufzumachen. Dabei hielt sie den Revolver nach wie vor auf Helmholtz gerichtet.

„Du und Pepe. Wie lange schon?", fragte er.

„Seit fünf Jahren." Sie öffnete die Tür. „Was glaubst du, woher er am Anfang das Geld fürs Futter genommen hat?"

Mein ist die Rache

Nessa Altura

Als die Lichtallergie bei mir als unheilbar diagnostiziert wurde, ließ ich endgültig die Rollläden im Haus herunter. Nun waren nur noch der hölzerne Christus an der Wand und ich in unserem einst so bevölkerten Wohnzimmer. Die ärztliche Auskunft, die jeden hätte niederschmettern müssen, war mir die Bestätigung, auf die ich so lange gewartet hatte. Nachdenklich blies ich ein wenig Staub aus der Dornenkrone.

Verloren, gewonnen.

Ich hatte immer schon gewußt, dass es in mir steckte, hatte ein Leben lang dagegen angekämpft. Mein innerer Kompass, den mütterliche Liebe, Grundschullehrer, Pfarrer und Ausbilder sorgsam genordet hatten, verlor plötzlich seinen magnetischen Pol. Kein Sonnenlicht, keine Heilungschancen, keine Richtung mehr. Noch am Telefon, als ich die Nachricht erhielt, fing die Nadel sachte an zu zittern und drehte sich dann im Kreis, schmeckte die Freiheit, tanzte entfesselt herum.

Was ich verloren hatte, erschien mir gering. Eine einzige Himmelsrichtung nur, dafür aber hatte ich alle anderen bekommen. Das langweilige Liebe, Gute, Selbstlose, das meine Erzieher eingepflanzt hatten, war ein streng umgrenzter Ort, ein Garten, der mit den Jahren immer kleiner und dürrer geworden war; das Gegenteil war Weite, war Wildnis, war Süden und Westen, war Ost und Nord-Nord-Ost, Südwest und Südost, ach, war eigentlich überall.

Sacht schloß ich die Haustür. Es war eine herrliche Juninacht, ich hatte fast bis elf Uhr warten müssen, bis es dunkel genug für mich war. Das Böse, das Schlechte - ich sammelte euphorisch die Begriffe; es waren so viele wie Sterne am Himmel: Rache, Grausamkeit, Boshaftigkeit, Wut, Niedertracht, Neid, Habgier, Haß, Zorn, Mißgunst, Skrupellosigkeit ... es hätte unendlich so weitergehen können. Ich war mit einem Mal reich. Welch ein Spektrum an Emotionen, an aufregenden Möglichkeiten ...

Meine Schritte folgten dem Flußpfad, er bog in westlicher Richtung zu den herrschaftlichen Villen. Ich hörte Stimmen hinter Hecken, farbige Lampions schimmerten unter Bäumen, der Duft von Gegrilltem lag in der Luft. Die Fenster waren zumeist dunkel, doch hinter einem sah ich Licht. Ich blieb im Schutz der Lorbeerhecke stehen: Ein junges Mädchen, das mir noch nie begegnet war, las ein Buch und streichelte dabei gedankenverloren eine getigerte Katze auf ihrem Schoß. Mißgunst meinerseits, ich konstatierte es zufrieden, meine Reflexe waren in Ordnung.

Das nächste erleuchtete Fenster stand offen, ich wagte kaum zu atmen, um meinen Spähplatz nicht zu verraten. Eine alte Dame mit violett-grau getöntem Haar polierte hingebungsvoll silberne Kannen mit einem schwarzen Ebenholzgriff. Die Küche sah teuer aus und war so tadellos aufgeräumt wie meine in den letzten zehn Jahren nicht; durch die Jalousien des Nachbarraums sandte blau das Fernsehen seine Botschaft. Gelächter; hier saß wohl der Rest der Familie bei einer deutschen Komödie. Boshaft stellte ich mir vor, wie ein Blitz in diese Küche fahren würde, heute nacht noch - es war schwül - und alles, das frisch polierte Silberzeug eingeschlossen, verrußen würde. Ich lachte leise in mich hinein und setzte meinen Weg fort. Jetzt kam ich in eine Gegend mit einfacheren Behausungen, sie lagen mit der Rückseite dem Fluß, mit der Vorderseite der Südstadt zu. Auf den Haustreppen saßen Männer und redeten, Kinder, die eigentlich schon längst hätten im Bett sein müssen, lungerten mit walkman Stöpseln in den Ohren herum und genossen die ferienhafte Atmosphäre. Ich beschleunigte meine Schritte; hier kam ich mir wie ein Eindringling vor. Ansammlungen von Menschen einfacher Herkunft waren mir von jeher unheimlich.

Einige Straßen weiter beobachtete ich ein gutgekleidetes Paar auf einer Terrasse, das schweigend zusammen rauchte, halbvolle Rotweingläser vor sich, die Schultern einander berührend. Die Vertrautheit zwischen den beiden war unübersehbar. Neid. Bohrender Neid; mein Mann hatte mich schon vor Monaten verlassen, weil er die permanente Dämmerstimmung im Haus nicht mehr ertrug.

Weiterwandernd bis zur eher bürgerlichen Oststraße fand ich ein schummriges Schlafzimmerfenster - ein Kinderzimmer, wie ich feststellen konnte, nachdem ich mich vorsichtig näher herangeschoben hatte. Plötzlich öffnete sich die Tür, eine barfüßige Frau mit blonden lockigen Haaren und Jeans schlüpfte herein, zog geräuschlos die Decke über dem schlafenden Kind zurecht und löschte das Nachtlicht. Sie zog sich leise zurück und in mir blühte Haß auf; gut so, ich schürte ihn mit Erinnerungen, meine Kinder waren schon seit Jahren aus dem Haus und fanden meine mütterlichen Zuwendungen längst lästig.

Zuhause angekommen streifte ich die Schuhe von den schmerzenden Füssen. Massierte den Spann. Blickte zum Gekreuzigten, prüfte die Nägel in seinem Fleisch. Gewissenhaft kontrollierte ich, ob meine lang unterdrückten Gefühle noch vorhanden waren. Jawohl, die da draußen hatten es gut, schliefen, tranken, plauderten, streichelten sich - nur ich saß hier verlassen herum. Zur ewigen Dunkelheit verurteilt. Ich goß absichtlich Öl ins Feuer meiner niedrigen Instinkte, verhalf der Mißgunst zur Tiefe, der Bosheit zur Reife, dem Neid zur vollen Entfaltung und dem Haß zur unerbittlichen Größe. Selbstmanipulation gewiß, aber sie machte Spaß. Ich holte mir eine Tasse Tee und schrieb mir meine Botschaften von der Seele - sie flossen mir nur so in die Feder.

„Warte, wenn deine Katze stirbt, stirbst auch du ...", schrieb ich dem jungen Mädchen aus dem Villenwesten; „Fürchte Gewitter", schrieb ich der alten Dame mit den violetten Haaren, „der Blitz wird dich und dein Haus versengen." „Weißt du denn nicht, dass du betrogen wirst?", schrieb ich dem getreuen Paar ins Stammbuch, an wen von den beiden sich diese Nachricht wenden würde, wußte ich noch nicht; eigentlich war es auch einerlei - wenn es nur das traute Glück zerstörte. Und für die Mutter in der Oststraße erfand ich eine ganz besondere Grausamkeit: „Vorsicht - der Schutzengel deines Kindes hat Urlaub...".

Bei meinem nächsten nächtlichen Gang schob ich die Benachrichtigungen in die dazugehörigen Briefkästen - ich hatte ein Taschenlämpchen bei mir, um keine Fehler zu machen.

Notierte mir nebenher Straßen-, Hausnummern und Familiennamen. Vielleicht würden sie mir noch nützlich sein.

Dann blieb mir nichts weiter als zu warten. Ich wollte die Nägel ganz langsam in die heile Welt der anderen treiben, Hammerschlag für Hammerschlag. Tagsüber blieb mir nur das Telefon. Ich übte mit einem Taschentuch über dem Mund, mit einem Kassettenrekorder, mit einem Gasluftballon, der, wenn man an seiner Öffnung atmete, eine sonderbare Mickymausstimme verlieh. Ich hatte mir - dank der neuen Komfortauskunft - die Telefonnummer der jungen Frau besorgt und meldete mich als Sprechstundenhilfe einer Tierarztpraxis: Ich wolle nur routinemäßig alle Katzenhalter vor einer derzeit grassierenden tödlichen Katzengrippe aus Asien warnen. Das entsetzte Schweigen, das dieser Botschaft folgte, freute mich herzlich. Das erfolgreiche Liebespaar machte es mir einfach: Ich hinterließ mit schmelzender Stimme Ort und Zeit für ein Rendez-vous auf dem Anrufbeantworter. Ich hatte mich für den Mann als Betrüger entschieden; soviel Solidarität mit meinem Geschlecht mußte sein. Der Oma teilte ich in amtlichem Ton mit, dass vor einem schweren Gewitter während der Nachtstunden gewarnt werde, man möge alle elektrischen Geräte ausstöpseln, um den zu erwartenden Schaden möglichst gering zu halten. Meine Gesprächspartnerin legte verwirrt auf, und ich malte mir aus, wie sie nun hektisch in dem großen Haus umhereilte, um alle Stecker zu ziehen und dabei so manche mühsame Programmierung zu löschen. Es würde Tage dauern, bis ihre Familie alles wieder in Ordnung gebracht hätte. Für die blonde Mutter mußte ich nicht lange nachdenken: Ich ließ sie wissen, dass das Krankenhausbett für ihren Sohn im Elisabethenhospital bereitstünde. Dann schaltete ich den Fernseher ein: Ich hatte mein Tagespensum für heute geschafft. Kein schöner Land ... diese Sendung war mir ans Herz gewachsen.

Am nächsten Morgen erwachte ich mit einer grandiosen Idee. Diesmal würde ich meine Opfer nicht erschrecken, sondern beschenken. Mein Sohn hatte mir zum letzten Weihnachten einen internet-Anschluß beschert und nun würde ich die Wonnen des anonymen Einkaufs auskosten: exotische Sexartikel für das tüchtige Ehepaar, einen Satz Krücken für die Mutter, eine Wetterstation für die Oma, einen Platzreservierung auf dem virtuellen Tierfriedhof für das Katzenmädchen. Die Nägel würden wie von allein tiefer ins Fleisch gleiten.

Danach mußte ich meinen Allergiespezialisten aufsuchen; meinen Opfern verschaffte dies eine Atempause. In Ordnung, sollten sie sich in Sicherheit wiegen. Auch Christus am Kreuz hatte seinen Essigschwamm bekommen.

Den nächsten Hammerschlag herzustellen, war nicht ganz einfach. Bisher hatte ich nur das Naheliegende getan, das, was Hinz und Kunz auch eingefallen wäre. Nun aber war Hirnschmalz vonnöten. Christus sah traurig aus, ich dachte an seine letzten qualvollen Stunden. Nun würde ich meine Opfer verschwistern, so wie Jesus seine Jünger zu

Brüdern im Geiste gemacht hatte. Ich schrieb der Mutter mit dem Kind, dass das Katzenmädchen ihm seine Katze schenken wolle und gab deren Adresse an; ich schrieb dem Ehepaar, dass der männliche Part ein uneheliches Kind habe und gab die Adresse der jungen Jeans-Mutter an; ich schrieb dem Katzenmädchen, dass die Oma ihrer Katze nach dem Leben trachte, weil sie immer in ihrem Blumenbeet scharre, und gab die Adresse der alten Dame an; und zuletzt - es wollte mir zuerst rein gar nichts einfallen - schrieb ich der Oma, dass sie jede Nacht von dem männlichen Teil des glücklichen Paares beim Ablegen ihrer Kleider beobachtet werde - ich gab ihr seine Adresse und bezeichnete ihn als eigentlich harmlosen Spanner.

Der nächste nächtliche Gang durch die Stadt ergab keine besonderen Beobachtungen: Es war immer noch ungewöhnlich schwül, und in allen Häusern war es still. Die Hitze der Nacht scheuchte die Menschen in ihre Höhlen. Die Oma in der Weststadt hatte die Klappläden vorgelegt, der Katze war vermutlich das Herumstreunen verboten worden, die Mutter in der Oststraße hütete ängstlich ihr Kind und das Ehepaar im Süden hatte sich nichts mehr zu sagen. Die Nägel saßen schon ganz schön tief; es würde ein Leichtes sein, sie auch das letzte Stück noch hineinzutreiben.

Während ich über meinen nächsten Zug nachdachte, würden draußen die Telefone heißlaufen. Man würde sich erst beschimpfen, dann allerlei anvertrauen und am Ende womöglich verbünden. Gegen mich. Aber es würde nichts nützen. Ich wußte nicht, woher ich diese Sicherheit nahm.

Schließlich wienerte ich mit einem Staubtuch die wertvolle Oberammergauer Holzschnitzerei. Die Hand- und Fußgelenke waren besonders sorgfältig gearbeitet, man sah Muskeln und Sehnen und natürlich die Wundmale. Auch er hatte fest vertraut. Und dennoch keine Chance bekommen.

Ich richtete ein Päckchen Rattengift her, wühlte in meinem Schlafzimmerschrank nach einem Spitzenhöschen aus meiner längst vergangenen Flitterwochenzeit, und legte das Fernglas meines Mannes bereit. Für den Jungen färbte ich eine Mullbinde mit roter Tinte; morgen Nacht würde ich für die notwendige Beweislage sorgen. Ich schlief gut. Meine neue Freiheit lastete mich aus, das Grübeln über meine Symptome und deren Ursachen hatte ein Ende. Unheilbar - ein endgültiges Urteil, ein Fakt, Ergebnis einer langen Desensibilisierungstortur, Frieden. Der Stahlstift saß erst richtig, wenn der Nagelkopf im Fleisch versank.

Meine vierte nächtliche Runde - ich bin ein Gewohnheitsmensch, hielt mich daher streng an die einmal gewählte Route - führte mich zunächst zum Haus am Fluss; ich warf das Rattengift, das ich in Speckstreifen gewickelt hatte, einfach über den Zaun. Mochten Katzen überhaupt Speck? Eigentlich heißt es doch: mit Speck fängt man Mäuse ... ich ärgerte mich, dass ich nicht logischer vorgegangen war, schrieb die Leichtfertigkeit meiner gestrigen Euphorie zu. Das Fernglas schob ich der alten Dame unter die sorgsam gestutzten Forsythiensträuche, sorgte jedoch dafür, dass das schwarze Lederbändchen eine Schleife auf den makellosen englischen Rasen zeichnete, die man am hellen Tage bemerken mußte. Selbst wenn die Dame altersbedingt den grauen Star haben sollte, so hatte sie es doch hundertmal besser als ich, die ich, wenn die Sonne hochstand, vor Schmerzen am Boden kroch. Dabei fiel mir ein, dass ein paar verfleckte pornografische Heftchen das Gesamtbild abrunden konnten; ich machte mir eine mentale Notiz - mit den Überlegungen, wie solcherlei zu beschaffen wäre, konnte ich mich später im Bett befassen. Wenn sich Gottvater nicht gescheut hatte, von seinem Sohn die Gesellschaft von Huren und Wichsern zu verlangen, so konnte auch ich mich dazu zwingen. Das Spitzenhöschen hängte ich für die Nachbarschaft weithin sichtbar in den Apfelbaum, der vor dem Haus des glücklichen Paares seine Äste in den sternenübersäten Junihimmel streckte. Problematischer waren die blutigen Binden; als ich die Stufen zur Haustür hinaufging, flutete grelles elektrisches Licht auf den Vorplatz - die junge Mutter mußte sensorgesteuerte Außenlichtanlagen haben, was ich für eine höllische Verschwendung hielt. Ich taumelte erschrocken zurück, wußte, dass ich mich schleunigst entfernen mußte, wollte ich nicht zu lästigen Nachfragen Anlaß geben. Schließlich ging ich pro forma einige Häuser weiter, um dann an der Rückseite des Hauses zurückzulaufen, geduckt wie ein Dieb in der Nacht. Es war mir peinlich, aber es gab keine andere Möglichkeit. Schließlich hatte auch Jesus in einem Stall voller Mist sein Leben beginnen müssen, obwohl er doch ebenso gut in die Wiege eines Königshauses hätte gelegt werden können. Ich ließ die blutigen Binden in die Mülltonne fallen, obenauf, wo sie der jungen Mutter, wenn sie am nächsten Morgen die Speisereste entsorgte, sofort ins Auge springen würden. Ich selbst hatte es eindeutig schlechter als sie

- mußte ich doch immer mit dem stinkenden Unrat den ganzen Tag im Haus verbringen und konnte mich seiner erst nach Sonnenuntergang entledigen.

Als ich morgens hinter meinen lichtundurchlässigen Vorhängen aus dem Spezialgeschäft in der Zeitung las, dass eine Katze in unserem Viertel einen Autounfall verursacht hatte, dachte ich mir nichts dabei. Dass bei dem Unfall ein kleiner Junge, der der Katze hinterhergelaufen war, verletzt worden war, machte mich dann aber schon stutzig. In mir breitete sich ein Gefühl lustvoller Erwartung aus - so oder so ähnlich mußte sich Gottvater gefühlt haben, als der erste Karfreitag der Menschheitsgeschichte anbrach. Auf der zweiten Seite las ich, dass sich eine junge Frau aus enttäuschter Liebe vom Aussichtsturm gestürzt habe; leider stand keine Adresse dabei - sie war aus der Südstadt, vermutete ich, denn dort lag auch der wegen seines Panoramablickes allseits beliebte Bismarckturm. Ich schenkte mir Kaffee nach, spähte durch das Dämmerlicht des Wohnzimmers auf meinen Oberammergauer; zum ersten Mal fiel mir auf, wie überaus kunstfertig der Holzschnitzer es verstanden hatte, Christus´ Körpergewicht an den Nägeln aufzuhängen. Die Schmerzen der Kreuzigung müssen unvorstellbar gewesen sein.

Ich schlug die nächste Zeitungsseite auf und mußte grinsen: Ein Einbrecher, ein Autodieb und ein Spanner waren gestern verhaftet worden, letzterer aufgrund einer Anzeige, wie es hieß. Die heißen Nächte trieben eben immer eine Menge Gesindel aus den warmen Wohnungen ... Und schließlich, dass eine ältere Frau der anhaltenden drückende Schwüle wegen einen Herzanfall erlitten habe. Nicht weiter von Interesse für einen Lokalreporter, nur eine winzige Notiz. Auch mich berührte das nicht sonderlich, so etwas kam im Sommer alle Tage vor. Das konnte mir nicht genügen.

Am Abend fand ich die Luft stickig und ließ deshalb meinen Nachtspaziergang ausfallen. Alles kam zu dem, der Zeit hatte zu warten, so hieß es doch.

Tags drauf wurde im Radio vor infizierten Zecken gewarnt, Gehirnhautentzündung, ein junges Mädchen war bereits komatös ins Krankenhaus eingeliefert worden. Ich nahm mir vor, bei Fieber sofort die beschriebene Nackensteife zu überprüfen, man konnte ja nie wissen. Rundfunkmeldungen eben, wie sie im nachrichtlichen Sommerloch üblich sind, dachte ich.

Der Tag ging vorbei; ich beschäftigte mich mit Schönheitspflege. Legte eine kühlende Maske auf, feilte Fuß- und Fingernägel. Abends wurde ich unruhig, die anhaltende Schwüle beschwerte meine Gedanken. Komatös - was mochte das bedeuten? Solcherlei kleine Fluchten waren dem Gekreuzigten nicht gestattet worden ... Ich betrachtete nachdenklich meine frischlackierten Nägel im Schein der abgedunkelten Lampe: Hatte da einer seine Hand im Spiel, dessen Potential des Bösen sich schon verausgabt hatte? Unwillkürlich fanden meine Blicke das Kruzifix, das stumm wie sonst an der Wand hing. Der Gekreuzigte dauerte mich.

Plötzlich donnerte es. Das Kruzifix bebte. Ich zählte die Zeit zwischen Blitz und Donner, das Gewitter war noch ein wenig entfernt, kam aber näher. Ich ließ die Rolläden herauf: draußen lag schwarz meine Nacht. Sturmböen rüttelten meine alte Buche. Es war, als rängen ihre Zweige die Hände, suchten nach mir zu greifen. Das grelle Licht eines Blitzes, der urplötzlich in ihre Krone fuhr, schlug wie ein Schwert in meine lichtscheuen Pupillen; der Schmerz war unbeschreiblich. Stöhnend ertrug ich den fast gleichzeitigen Donnerschlag; die große Panoramascheibe, ihrer Rollläden beraubt, zersprang.

Ich mußte die Besinnung verloren haben.

Nach einer Weile fand mich auf dem Boden inmitten von Scherben wieder, nach einem Stuhlbein tastend, an dem ich mich hochziehen konnte. Ich war geblendet worden, mehr noch, vollkommen blind, Scherben überall, der teure Spannteppich eine glitschige Lache. In meinem linken Handgelenk steckte tief ein gezackter gläserner Keil und ich fühlte, wie mein klägliches Schicksal sich in meinem eigenen kleinen Privatteich aus warmem Blut erfüllte. Meine tauben Fingerspitzen ertasteten das Christuskreuz, das die Schallwellen von der Wand gefegt haben mußten.

„Mein ist die Rache", flüsterte eine tiefe Stimme.

„Und die Kraft und die Herrlichkeit in Ewigkeit," ergänzte unendlich gehorsam eine schwächere, jüngere.

Es mochte aber auch das Tosen des Sturms gewesen sein, der sich so jäh legte wie er gekommen war. Von Norden, dachte ich mir noch, plötzlich merkwürdig hellsichtig trotz des absoluten Dunkels um mich herum. Ich spürte das Knistern der elektromagnetischen Energie, die der Blitz im Wohnzimmer zurückgelassen hatte.

Dann zitterte die Kompaßnadel noch einmal leicht und stand endgültig still.

Die Autoren

Nessa Altura
Sie lebt in Süddeutschland, ist verheiratet, hat zwei Kinder, hat in Tübingen studiert, in Hamburg und Bonn gelebt und gearbeitet. Seit einigen Jahren schreibt sie Romane und Kurzgeschichten und ist Glauser-Preisträgerin 2002 (Kurzkrimi). Ihre besonderes Interesse gilt abgründigen Geschichten, die den Sparten Krimi, Thriller und mystery zuzurechnen sind.
http://www.nessaaltura.de

Urban Blau
Geboren auf Sylt als Sohn des Direktors einer Marionettenwanderbühne. Kinderstube sind die Proben und Aufführungen des Marionettentheaters. Studium der Deutschen Literatur, Philosophie und Kunsthistorik in Münster. Während des Studiums Arbeit am dortigen Stadttheater, anfangs als Inspizient, später als Regieassistent. Nach dem Examen Arbeit als Lektor und Dramaturg bei der Taurus-Filmproduktion in München, als Aufnahmeleiter bei der Bavaria-Film, als redaktioneller Mitarbeiter beim Bayerischen Fernsehen.
Urban Blau ist ein Pseudonym. Der Autor lebt mit seiner Frau und seinen beiden Kindern in Berlin.
http://www.urban-blau.de

Wolfgang Burger
Geboren 1952 im Südschwarzwald und aufgewachsen in Säckingen. Er ist promovierter Ingenieur und arbeitet heute an der Universität Karlsruhe als Wissenschaftlicher Angestellter und Leiter eines Forschungslabors. Er ist verheiratet, hat drei Töchter und lebt in Karlsruhe. Seit 1995 schreibt er Kriminalromane sowie satirische und kriminelle Kurzgeschichten.
http://www.wolfgang-burger.com

Karin Burschik
Jahrgang 1958, war in vielen Berufen tätig, aber nicht zu halten, so als Marktforscherin und Journalistin, Empfangsdame, Physikstudentin,

Kindermädchen und Karatetrainerin. Doch nie ließ sie die Finger von der Schreibmaschine und machte schließlich das Schreiben zu ihrem Beruf. Seitdem veröffentlichte sie über hundert Storys und Artikel sowie acht Bücher, vor allem Kriminalromane. Außerdem schrieb sie den Text zur Gospel-Oper „New Start" und ein Hörspiel, das der Hessische Rundfunk produzierte. Nebenbei arbeitet sie als Fitnesstrainerin, Seminarleiterin und als Redakteurin des Newsletters von der Vereinigung zur Förderung deutschsprachiger Kriminalliteratur.
http://www.netcologne.de/~nc-burschka/

Jan-Frederik Carl
Geboren 1977, aufgewachsen in Hamburg, 1996 Abitur. Zivildienst bei der Hamburger Diakonie. Seit 1997 Jura-Studium an der Universität Hamburg, strebt zur Zeit sein erstes Examen an. Berufsziel: freier Schriftsteller.

Ina Coelen
Geboren 1958 in Vorst. Mit 18 Jahren war sie Mitglied der IGDA (Interessensgemeinschaft Deutschsprachiger Autoren), sie ist Mitglied der „Sisters in Crime" und beim „Syndikat". Sie studierte Visuelle Kommunikation und gründete 1984 mit ihrem Mann ein Werbeatelier. Seither zeichnet sie Cartoons, macht Illustrationen, schreibt Kindertexte und Kriminalerzählungen. Sie lebt mit ihrem Mann, zwei Kindern und drei Katzen in Krefeld. Zusammen mit Ingrid Schmitz gibt sie Krimi-Anthologien heraus.

Ulrich K. Hefner
Geboren 1961 in Bad Mergentheim, Mitglied im DPV Deutscher Presse Verband e.V. und der IGdA, Interessengemeinschaft deutscher Autoren e.V., freier Autor und Journalist.
http://www.autorengilde.de

Barbara Jung
In Gießen geboren, wohnt jetzt in Frankfurt am Main. Veröffentlichung von drei Horrorromanen, einer vierbändigen Science-Fiction-Saga sowie einem Kinderbuch und diversen Kurzgeschichten in Anthologien und Artikel in Literaturzeitschriften. Mitarbeit in der Redaktion des ScienceFantasy-Flash.
http://www.bejot.de

Wolfgang Kemmer
Geboren 1966 in Simmern/Hunsrück, Studium der Germanistik, Anglistik und Angloamerikanischen Geschichte in Köln, arbeitet als Lektor in einer Literatur-Agentur, lebt in Augsburg, zahlreiche Veröffentlichungen.
http://people.freenet.de/wkemmer/

Hartwig Liedtke
Geboren 1952, studierte Psychologie und Medizin in Berlin, Mainz und Köln. Nach seiner Promotion, Facharztausbildung und langjährigen Tätigkeit als Oberarzt in einem Unfallkrankenhaus arbeitet er jetzt in einer chirurgischen Gemeinschaftspraxis, in der er der Spezialist für Gelenkoperationen und handchirurgische Eingriffe ist. Er lebt in Köln und ist seit vielen Jahren Mitglied eines Kabaretts.

Gabi Neumayer
Geboren 1962 in Hilden. Seit ihrem Linguistikstudium lebt sie in Köln und arbeitet dort als freie Autorin, Lektorin, Journalistin und Redakteurin. Sie ist Chefredakteurin des Webnewsletters für AutorInnen „The Tempest" von autorenforum.de und schreibt - vor allem übers Schreiben - für verschiedene Zeitschriften. Neben zahlreichen Ratgebern und Artikeln hat sie bisher drei Kinderbücher veröffentlicht, mehrere Sciencefiction-Storys und Kurzkrimis. Sie ist Mitglied bei den „Sisters in Crime" und im „Syndicat".
http://www.gabineumayer.de

Hans van Ooyen
Schriftsteller, Fotokünstler, Rezitator und Regisseur, Jahrgang 1954, geboren und aufgewachsen in Duisburg-Rheinhausen, Studium der Germanistik und Philosophie in Bochum, langjährige Tätigkeit als Lektor und Cheflektor eines Verlages, danach Diplom Marketing-Management in Dortmund, von 1991 bis 2001 Mitglied der Geschäftsführung einer Agentur für Marketing und Werbung in Dortmund und Berlin, langjähriges Mitglied des Verbandes deutscher Schriftsteller, davon acht Jahre Mitglied des NRW-Landesvorstandes und Stellvertretendes Mitglied des WDR-Rundfunkrates, zahlreiche Veröffentlichungen. Alfred-Kitzig-Preis der Stadt Ahlen, Deutscher Kurzgeschichtenpreis, Literaturpreis der Stadt Aachen, u.a.
http://www.van-ooyen.de

Thomas Pfanner
Geboren 1960, verheiratet, zwei Kinder, Studium der Paläontologie, Ausbildung zum Altenpfleger, Tätigkeiten als Heimleiter und Dozent. Lebt in St. Augustin.

Micha Rau
Geboren 1957 in Berlin, verheiratet, zwei Kinder, freier Schriftsteller, Veröffentlichung von Kinderbüchern, Kriminalromanen und Kurzgeschichten.

Ulrike Rudolph
Geboren 1955 in Duisburg, Studium Uni Hamburg, danach mehrere Jahre angestellte Lektorin bei einem Kölner Fachverlag; seit 1989 freiberufliche Redakteurin, Autorin und Lektorin, zahlreiche Sachbuchveröffentlichungen und Artikel in Zeitschriften und im Internet; im Krimisektor aktiv seit 1998; Kurzgeschichten in diversen Krimianthologien; im Redaktionsteam von *Mordio* des SinC German Chapter, Mitglied im Syndikat.
http://www.urudolph.de

Ingrid Schmitz
Geboren 1955 in Düsseldorf, arbeitete dort als Speditionskauffrau bei einer kanadischen Reederei und später im sowjetischen Außenhandel, bevor sie sich zu einer Karriere als Mutter und Hausfrau entschied und nach Krefeld an den Niederrhein zog.
Von der tödlichen Stille auf dem Land inspiriert, schloss sie ein dreijähriges Studium über das Schreiben ab. Sie hat zahlreiche Kurzgeschichten veröffentlicht und betätigt sich auch als Herausgeberin von Kriminal-Anthologien. 2000 gewann sie beim Niederrheinischen Krimiwettbewerb. Für diverse Fachzeitschriften und Internet-Newsletter schreibt sie Fachartikel und Rezensionen, arbeitet außerdem als Manuskript-Gutachterin und Literatur-Agentin. Sie ist schreibendes Mitglied bei den Sisters in Crime und beim Syndikat. 2001 war sie Mit-Organisatorin der ersten Krefelder Krimi-Tage.
http://www.krimischmitz.de

Regina Schreiner

Geboren 1935, verheiratet, ein Sohn, wuchs in einer thüringischen Kleinstadt auf und lebt seit 1958 in München. Bis 1989 war sie im erlernten Beruf als kfm. Angestellte tätig, seitdem Konzentration auf das Schreiben. Sie veröffentlichte Kurzprosa und Lyrik in Literaturzeitschriften und Anthologien sowie eine Erzählung in "Literatur in Bayern". Sie schreibt Romane und Reiseberichte und leitet seit 2002 die Autorinnengruppe München.

Martin Spiegelberg

Geboren in Hamburg 1955, in Marburg und Stuttgart aufgewachsen. Nach Schule und Zivildienst freischaffender Jazzmusiker (Trompete und Gitarre). 1985 von Sammy Drechsel als Musiker und Komponist für die "Münchner Lach- und Schießgesellschaft" engagiert. Nach der Auflösung des Ensembles 1998 wieder Jazzmusiker und Schriftsteller.

Gesine Schulz

Gesine Schulz wurde in Niedersachsen geboren und ist im Ruhrgebiet aufgewachsen. Weil sie Bücher mochte und die Welt sehen wollte, wurde sie Bibliothekarin und ging für ein paar Jahre ins Ausland. Sie leitete, beriet oder reorganisierte Bibliotheken, war Frühstücksköchin in einem Hotel, entwarf und verkaufte Schmuck, eröffnete einen Trödelladen am Meer und vergnügte sich bei Ausgrabungen. Zur Zeit lebt sie wieder im Ruhrgebiet. Sie hat zahlreiche Kurzkrimis veröffentlicht und schreibt an einer Kinderkrimi-Serie. Sie ist Mitglied bei den "Sisters in Crime" und im "Syndikat".

http://www.gesineschulz.com

Brigitte Tholen

Geboren 1948 in Dülmen/Westfalen. Arbeitete als Sekretärin in Düsseldorf, Spanien und dem Irak. Seit 1994 lebt sie in Ostfriesland. Verheiratet. Schreibt seit 1997 vorwiegend Kriminal-Literatur und Kurzprosa verschiedener Genres. Im November 2001 den 2.Platz bei den Ostfriesischen Krimitagen. Mitglied bei den Sister in Crime und im Literaturkreis Kapfenberg.

http://www.schreib-lust.de/Brigitte.htm

Marcus Winter

Jahrgang 1957, arbeitet seit über zwanzig Jahren als Kriminalbeamter in einer nordrheinwestfälischen Großstadt. Bereits mit 23 Jahren war er Kriminalkommissar und war anschließend unter anderem als Einbruchsachbearbeiter eingesetzt, hat internationale Pkw-Verschiebung bekämpft und als Ermittler zur Bekämpfung der Organisierten Kriminalität und Drogenfahnder gearbeitet. Nebenberuflich hat er auch einige Jahre lang als Dozent für Kriminalistik den Kommissarnachwuchs an den Fachhochschulen Nordrhein-Westfalens ausgebildet.

http://www.krimi-homepage.de